Sigrid-Maria Grössing
Berühmte Frauen in der Geschichte

Sigrid-Maria Größing

Berühmte Frauen in der Geschichte

Fünf Portraits

BUCHVERLAG

ISBN 978-3-934863-83-5

Umschlagbilder und Bildnachweis:
Madame de Pompadour: Süddeutsche Zeitung Photo / SZ Photo (Seite 9)
Wallis Simpson: Süddeutsche Zeitung Photo / Scherl (Seite 49)
Evita Peron: Süddeutsche Zeitung Photo / SZ Photo (Seite 89)
Jacqueline Kennedy: Süddeutsche Zeitung Photo / SZ Photo (Seite 129)
Lady Diana: Süddeutsche Zeitung Photo / ddp images / AP (Seite 167)

www.mz-buchverlag.de

Inhalt

Vorwort

Weltgeschichte ist Männersache! Eine Aussage, die nur schwer widerlegbar ist, betrachtet man die Jahrtausende alte Geschichte der Eroberungen, der Kriege, der Bündnisse und Friedensschlüsse, des unendlichen Leides der einfachen Bevölkerung, der Morde aus politischen Gründen . . . Hätten die Frauen Geschichte geschrieben, wären die Blätter des Buches der Weltgeschichte höchstwahrscheinlich bei weitem nicht mit so viel Blut und Tränen getränkt. Nur manchmal ist es Frauen durch ganz bestimmte politische Konstellationen geglückt, an die Macht zu kommen wie bei Maria Theresia, Katharina II. von Rußland oder Queen Victoria. Ihr Regierungsstil war ein ganz anderer, denn sie mussten sich gegen ein Heer von Feinden behaupten. Sie standen im Rampenlicht und in der Kritik der europäischen Politik.

Aber es gab auch andere Frauen, die – gäbe es eine weibliche Form – man als »graue Eminenzen« bezeichnen könnte, die im Schatten ihrer Männer direkt oder indirekt in die Politik eingriffen, was oft erst die Nachwelt erkannt hat. Sie übten eine Faszination auf ihre Männer aus, wodurch es ihnen gelang, meist von diesen unbemerkt, ihre Politik durchzusetzen. Keineswegs konnte sich König Ludwig XV. von Frankreich vorstellen, dass seine langjährige Mätresse »en titre« schließlich die Regierungsgeschäfte von Frankreich führen würde. Und vermutlich wäre die Weltpolitik anders verlaufen, hätte sich der englische König Edward VIII. nicht unsterblich in die zweifach geschiedene Amerikanerin Wallis Simpson verliebt. Er opferte für diese Frau seinen Thron und damit seine politische Stellung, während sich der argentinische Diktator Peron von Anfang an im Klaren darüber war, dass er in seiner zweiten Frau Evita eine starke Persönlichkeit hinter sich hatte, der es gelang, die Massen zu faszinieren, nicht nur durch ihre Schönheit, sondern auch durch ihr politisches Engagement. Wie auch immer Jackie Kennedy ihren Jack beeinflusste kam erst in jüngster Zeit zutage, da man bisher annahm, dass sie sich wenig um politische Angelegenheiten kümmerte. Allein ihre negative Charakteristik des deutschen Bundeskanzlers Adenauer lässt aber aufhorchen und den Schluss zu, dass sie sehr wohl mit ihrer Meinung den Präsidenten beeinflusste.

Vielleicht weniger spektakulär mischte sich Prinzessin Diana in die Angelegenheiten Englands, wenngleich durch ihre Person die Stellung des britischen Königshauses unwahrscheinlich im Volke gefestigt wurde, denn als »Königin der Herzen« leistete sie nicht nur der Königsfamilie, sondern auch ihrem Heimatland internationale Dienste.

Die Frauen im Hintergrund machten Politik auf ihre Weise!

Großgmain im Oktober 2011
Sigrid-Maria Größing

Die wahre Königin und ihr Vasall

Madame de Pompadour und Ludwig XV.

»Sie hat kein gutes Wetter, die Marquise!« Langsam trat der König ans Fenster. Mit steinernem Gesicht blickte er unverwandt in den strömenden Regen hinaus, hinunter auf den kahlen Park mit den schwarzen, nassen Bäumen, durch den Madame de Pompadour, seine langjährige Mätresse, ihren letzten Weg antreten würde. Beinahe zwanzig Jahre ihres Lebens hatten sie miteinander verbracht, und diese Zeit schien an Ludwig XV. fast spurlos vorbeigegangen zu sein. Nur ein leichter Hauch des Bedauerns hatte ihn gestreift, ein Anflug von Trauer ihn kurz beunruhigt, als man ihm den lang erwarteten Tod der Marquise mitgeteilt hatte.
Der König wandte sich jäh um. Ein neues Leben konnte endlich beginnen, er war wieder frei. Frei wofür? Für seine Langeweile, die ihm die Marquise bis zur Selbstaufopferung zu vertreiben versucht hatte, frei für seine zögernde Entschlusslosigkeit, aus der ihn die Pompadour mit starker Hand gerissen hatte, frei für neue, junge, schöne Frauen und ihre Liebeskunst, die er auch an der Seite der Mätresse »en titre« in vollen Zügen hatte genießen können ...

Frei für neue Taten, aber für welche? Die Marquise war ihm im Laufe der Zeit zu einer bedrückenden Last geworden, die er täglich aufs Neue spürte, die er aber trotzdem brauchte. Er hatte es nicht bemerkt, wie Madame de Pompadour ihn ganz leise und beinahe unmerklich an sich gekettet hatte. Und das war bei einem wankelmütigen, durch alle möglichen Intrigen beeinflussbaren Menschen wie Ludwig XV. ein wahres Wunder. Die Marquise von Pompadour hatte alle Anfeindungen, alle Kabalen und Ränke, alle üblen Nachreden und Gerüchte, alle perfiden Verleumdungen schadlos überstanden. Sie war im Kampf um den König und damit im Ringen um die Macht als Siegerin hervorgegangen. Sie hatte das Zeug zu einer heimlichen Herrscherin, zu einer Politikerin von europäischem Format, zu einer Kunstmäzenin, die eine ganze Epoche prägte, aber auch zu einer intriganten, skrupellosen Ausbeuterin, die das französische Volk an den Bettelstab gebracht hatte. Sie war ein Mensch von überragenden Tugenden und abgrundtiefen Lastern, eine Frau, die alle guten und schlechten Seiten der menschlichen Natur verkörpern konnte.

Und dieser Frau hatte sich Ludwig XV., blind vor Besitzgier und Leidenschaft, ausgeliefert, diesem Weib war er ahnungslos in die Netze gegangen.

Beinahe über Nacht war Ludwig im zarten Alter von fünfzehn Jahren verheiratet worden. Man hatte es überaus eilig, dem Urenkel des Sonnenkönigs das Ehejoch aufzubürden. Dabei erwies es sich als kompliziert und schwierig, in Europa eine geeignete katholische Prinzessin ausfindig zu machen, die wenigstens einigermaßen im Alter zum zukünftigen König von Frankreich passte. Es gab zwar viele Töchter an den bedeutenden Höfen, die einen aber waren noch viel zu jung, die anderen wieder überreif, sodass man von ihnen keine Nachkommen mehr erwarten konnte. Nach langem Hin und Her blieb nur noch die unscheinbare Tochter des abgedankten Königs von Polen, Stanislaus Leszczinski, übrig. Der zukünftige Schwiegervater hatte Land und Krone verloren und in Frankreich um Exil gebeten. Grenzenlos muss die Enttäuschung des schönen Jünglings Ludwig gewesen sein, der sich Maria Leszczinska wohl als glutvolle Polin vorgestellt hatte, als der Wagenschlag der prächtigen Kutsche geöffnet wurde und das ältliche, temperamentlose und bigotte Mädchen herausstieg. Wer konnte es dem jungen König übelnehmen, wenn er den reizvollen Pariserinnen und den anmutigen Damen aus ganz Frankreich nie widerstehen konnte? Die holde Weiblichkeit war es, die ihn aus seiner Langeweile, aus seiner Tristesse reißen konnte, die seine Sehnsucht für kurze Momente stillte. In den weißen Armen und an den prallen Brüsten der willigen Mädchen vergaß der König seine Melancholie, seine Schwermut, die ihn ein Leben lang verfolgte; nur in den seidenen Himmelbetten konnte er ganz Mensch sein, ein ganzer Mann.

Sein Urgroßvater, der vielgepriesene und oft verfluchte Sonnenkönig, Ludwig XIV., hatte Generationen überdauert; er war gestorben, als Ludwig fünf Jahre alt war. Und der Knabe hatte den schon in seinen Grundfesten morschen Thron von Frankreich geerbt, ohne dass er natürlich in der Lage gewesen wäre, tatsächlich zu regieren. Zwei Regenten übten die Herrschaft in den nächsten zehn Jahren aus: Philipp von Orleans, der hemmungslose Sohn Liselottes von der Pfalz, der das Land durch gewagte Spekulationen dem finanziellen Abgrund, ja, dem Staatsbankrott bedenklich nahe brachte. Sein Tod in den Armen einer Mätresse war das Ende eines ausschweifenden Lebenswandels, von dem man im damaligen, bestimmt nicht prüden Frankreich nur schamrot zu flüstern wagte. Die Mär von den riesigen Schalen aus blankem Silber, auf denen nackte Mädchen von einem zum anderen gereicht wurden, war nur eine von Dutzenden solcher Geschichten über den Regenten. Sein Nachfolger, Herzog Louis Henri de Bourbon, kümmerte sich dagegen vor allem um die möglichst rasche Absicherung des Throns für das Haus Bourbon. Die Krone durfte unter keinen Umständen an das verfeindete Haus Orleans fallen; darum wurde auch die Verlobung Ludwigs XV. mit der kindlichen spanischen Infantin von einem Tag auf den anderen gelöst. Die junge Braut wurde ohne viel Federlesens kurzerhand heimgeschickt. Dass der Vater des Mädchens, König Philipp V. – ebenfalls ein Bourbone –, die Schmach, die man ihm und seiner Tochter angetan hatte, den Franzosen niemals vergessen würde, zeigte sich viele Jahre später.

In Paris war man über die neue Braut Maria Leszczinska entsetzt. Nie und nimmer würde dieses bigotte späte Mädchen, das noch dazu einige Jahre älter als Ludwig war, den bezaubernden jungen König fesseln können, niemals würde Maria neben ihm auf dem glänzenden französischen Thron gebührend repräsentieren können. Trotzdem wurde die Hochzeit sobald wie möglich gefeiert; der junge Ehemann sollte bald einen Sohn zeugen. Und diese Pflichten nahm er auch sehr ernst: In den nächsten zehn Jahren zeugte er in schöner Regelmäßigkeit und Beharrlichkeit zehn Kinder. Und obwohl er im Volksmund schon bald den Beinamen »der Vielgeliebte« erhielt, konnte man auch beim schlechtesten Willen dem König keine Eskapaden mit anderen Frauen nachsagen. Die Herzen flogen dem schönen jungen Mann mit den blauen Augen und dem ganz gegen die Sitte ungepuderten schwarzen

Haar zu, und einstweilen setzte man noch große Hoffnungen auf ihn. Nur manchmal fühlte man mit leichtem Schrecken, dass er melancholisch war, dass er, obwohl körperlich kräftig und wohlgebaut, einen wehmütigen Ausdruck in den Augen hatte, der so gar nicht zu seiner Jugend passen wollte. Ludwig hatte wenig wirkliche Interessen. Sein Leben war von Kindheit an leer geblieben, es hatte nichts gegeben, mit dem er sich ernsthaft beschäftigt hatte, außer mit der Jagd. Aber diese Leidenschaft entwickelte seinen Charakter nicht gerade in die beste Richtung, denn er begnügte sich schon bald nicht mehr damit, das Wild auf weidmännische Art zu jagen und zu erlegen; er ging daran, gefangene Tiere auf grausame Art zu Tode zu quälen und sich an den Schmerzen der bedauernswerten Kreaturen zu weiden.
Auch nach seiner Krönung war Ludwig nicht der Mann, der sich aufraffen, der sich versierte Berater suchen konnte, der in der Lage gewesen wäre, wohlüberlegte Entscheidungen zu treffen. Er war kein Charakter wie Maria Theresia! Er blieb lieber in den seidenen Kissen liegen und ergötzte sich an seiner öden Langeweile. Auch seine Familie, die neun Töchter und der Dauphin, konnte ihn nicht zu irgendwelchen Taten bewegen. Und seine Frau, die Königin, erkaltete in den Armen des unersättlichen, stürmischen Mannes mehr und mehr. Wahrscheinlich fürchtete sie die immer neuen und von Jahr zu Jahr gefährlicher werdenden Schwangerschaften. Bei seinen ausgeprägten sexuellen Neigungen aber konnte Ludwig alles andere eher brauchen als eine frigide Frau. Dieses offene Geheimnis war für die Intriganten am französischen Hof eine willkommene Chance. Denn das Bett war für den König der Hauptanziehungspunkt in der Öde seiner Tage.
Am Hof von Versailles begann man sich den Kopf darüber zu zerbrechen, wie man es wohl bewerkstelligen sollte, Ludwig eine Mätresse schmackhaft zu machen. Natürlich geschahen diese Überlegungen nicht aus uneigennütziger Menschenfreundlichkeit. Eine Clique intrigierte gegen die andere, jede wollte auf ihre Weise den labilen, unschlüssigen König mit Hilfe einer Geliebten aus dem eigenen Lager in die Hand bekommen, jede wollte die Macht am Hof erringen. Und so wetteiferte man, wem es wohl gelingen würde, den zunächst noch treuen, seiner Ehefrau ergebenen König in die Arme einer raffinierten Mätresse zu führen. Niemand, der bei Hof Rang und Namen hatte, ließ es sich nehmen, an dem amüsanten Spiel teilzuhaben. Und was der greise Kardinal Fleury in einem Anflug von lüsterner Laune begonnen hatte, setzte der Herzog von Richelieu fort. Man versuchte dem König, die Vorzüge der Gräfin de Mailly, der Tochter des Herzogs von Nesle, vor

Augen zu führen, ihren Namen bei jeder Gelegenheit wie beiläufig zu erwähnen und anzügliche Bemerkungen zu machen, die das Interesse des Königs wecken sollten. Aber immer noch wollte Ludwig von einem außerehelichen Abenteuer nichts wissen, er hielt sich wie ein Kind die Ohren zu und verbot jedem nachdrücklich, ihn in Versuchung zu führen. Aber Fleury und Richelieu ließen nicht locker, und eines Tages schritten sie entschlossen zur Tat: Eine Kutsche brachte die schöne Gräfin heimlich ins Schloss, wo sie schon erwartet wurde. Über eine geheime Treppe gelangte sie unbemerkt in die Gemächer des Königs. Dort räkelte sie sich – ihrem Auftrag gemäß – äußerst spärlich bekleidet, in verlockender Pose auf einem seidenen Kanapee, die Röcke hochgeschoben bis zu den spitzenbesetzten Strumpfbändern, die vollen Brüste unverhüllt. Als der ahnungslose König den Raum betrat, prallte er vor Schreck zurück. Aber sein Kammerdiener Bachelfer, der hinter ihn getreten war, gab ihm einen leichten Stoß, so dass Ludwig direkt in die offenen, bereitwilligen Arme der Gräfin fiel. Was blieb ihm anderes übrig, als ...

Mit der ersten Mätresse begann für Ludwig ein völlig neues Leben. Jetzt erst glaubte er zu wissen, was er in den zehn Jahren im Ehebett mit der langweiligen Polin versäumt hatte. Wie anders zeigte sich ihm jetzt die Liebe, wie viele Variationen des Genusses und der Lust waren ihm bisher verborgen geblieben! Das alles holte er jetzt im Übermaß nach. Fleury und Richelieu durchschauten den König ganz und gar, seine Trägheit, Planlosigkeit, seinen Mangel an Ehrgeiz und Entschlusskraft. Was sie aber nicht geahnt hatten, war, dass Ludwig immer wieder neue Abwechslungen suchen würde, dass die erste Mätresse, die sie ihm ins Bett gelegt hatten, sicherlich nicht die letzte sein würde. Hatten sie auch den König über die Gräfin Mailly in subtiler Weise beeinflusst, so war damit noch lange nicht gesagt, dass dies auch in Zukunft so sein würde. Bald würde der Tag kommen, an dem eine raffinierte, machtgierige, intrigante, aber auch intelligente Frau dem König das Zepter, das er so desinteressiert in Händen hielt, entreißen würde. Diese Frau musste kommen, das wussten alle am Hof von Versailles, und alle fürchteten sich davor.

Eine stadtbekannte Wahrsagerin hatte der kleinen Jeanne-Antoinette Poisson im zarten Kindesalter die Zukunft prophezeit, und die ehrgeizige, schöne Mutter des Kindes war hochbeglückt gewesen über die phantastischen Aussichten für die Tochter. Nach einem langen Blick in die gläserne Kugel glitt über das Gesicht der Madame Lebon ein strahlendes Leuchten und entzückt rief sie aus, dass Jeanne-Antoinette einmal ein Bissen für den König sein werde. Das war das höchste Glück für jedes Mädchen im damaligen Frankreich: im Bett des »vielgeliebten« Königs zu Reichtum und Ansehen zu kommen.

Im Hause Poisson hatte sich in den letzten Jahren viel ereignet. Jeanne-Antoinette kannte den Vater, einen Fleischer, der zum Heereslieferanten aufgestiegen war, nur aus den wenig schmeichelhaften Erzählungen der Mutter. Er hatte nicht nur betrogen und veruntreut, nein, er hatte sich auch an junge Mädchen herangemacht und sie brutal vergewaltigt. Die Polizei war Jean-Baptiste Poisson schon lange auf den Fersen, und der Metzger hatte Hals über Kopf Paris verlassen müssen, um dem Galgen zu entgehen. Dass der Ehemann verschwunden war, stimmte die lebenslustige Mutter, eine geborene de la Mothe, nicht allzu traurig, im Gegenteil: Jetzt erst konnte sie so richtig ihren Neigungen nachgehen, ihre Koketterie ausspielen und mit ihren Kavalieren lauschige Schäferstündchen genießen. Madame Poisson war weit und breit wegen ihrer Schönheit und ihres Charmes bekannt, man schätzte ihre Gesellschaft, vor allem, da sie sich zu vorgerückter Stunde nicht allzu prüde zeigte. Allerdings hatte als Liebhaber nur der eine Chance, der die richtige Anzahl von Goldmünzen auf ihrem Nachttisch – natürlich rein zufällig – vergaß.

Zwei sehr wohlhabende Männer machten schließlich das Rennen um die Gunst der schönen Verlassenen. Beide standen schon in reiferem Alter, hatten reichlich Lebenserfahrung gesammelt, und deshalb störte es sie nicht, dass Madame Poisson von einem Bett ins andere stieg. Als die reizende Tochter Jeanne-Antoinette am 29. Dezember 1721 das Licht der Welt erblickte, schmeichelte sich vor allem Lenormand de Turneheim, der Vater des schönen Kindes zu sein. Wahrscheinlich konnte selbst die Mutter den Namen des wahren Vaters nicht nennen, so schnell hatte sie ihre Liebhaber gewechselt. Offiziell allerdings galt der verschwundene Ehemann Jean-Baptiste Poisson ein Leben lang als der leibliche Vater der späteren Madame de Pompadour.

Das lebhafte Kind mit den seidigen braunen Locken erfreute nicht nur die stolze Mutter. Dem Blick ihrer großen dunkelgrauen Augen, in denen sich all seine Stimmungen und Gefühle ausdrückten, konnte vor allem der alternde Herr Lenormand nicht widerstehen; er dankte dem Himmel dafür, dass ihm auf seine alten Tage noch eine so reizende Tochter geschenkt worden war. Das Kind konnte von ihm alles haben, was das Herz begehrte, es brauchte ihn nur anzulächeln, und schon war es um ihn geschehen.

Madame Poisson oder de la Mothe, wie sie sich schon bald wieder nannte, und der stolze Ziehvater waren sich schon bald darin einig, dass für die Tochter, der die Welt offenstehen sollte, die besten Lehrer gerade gut genug seien. Jeanne-Antoinette sollte sich in jeder noch so vornehmen Gesellschaft so bewegen können, als wäre sie in der gepflegten Atmosphäre eines Schlosses aufgewachsen. Man konnte ja nie wissen, wie das Schicksal spielen würde. Womöglich ging die Prophezeiung der Wahrsagerin doch eines Tages in Erfüllung, und Jeanne würde den König von Frankreich in ihren Bann ziehen. Dann musste sie vor tausend neugierigen Augen bestehen, musste nicht nur Charme und Anmut, sondern auch Bildung zeigen.

Die Lehrer des jungen Mädchens waren begeistert von seinen Talenten und Fähigkeiten, aber auch von dem Eifer, mit dem Jeanne alles aufnahm, was sie ihr an Wissen und Erkenntnissen darboten. Nach anstrengenden Stunden über den Büchern, die für sie schon bald die Welt bedeuten sollten, schritt das Mädchen leichtfüßig übers glatte Tanzparkett und übte die graziösen Schritte ein, die ihm der berühmte Tanzmeister Guibaudet vorzeigte. Auch hier entwickelte Jeanne außerordentliches Talent und bewegte ihren Körper so anmutig, dass alle, die sie beobachteten, in Verzückung gerieten. Die Musen selbst schienen Pate gestanden zu haben, als man Jeanne aus der Taufe hob. Wenn sie dann mit ihrer melodiösen Stimme heitere Lieder sang und sich selbst auf der Laute begleitete, verstummten alle Gespräche. Jeanne war schon als Kind der vielbestaunte und bewunderte Mittelpunkt jeder Gesellschaft und so mancher vergaß über ihren Darbietungen Raum und Zeit und betrachtete hingerissen ihr ernsthaftes, ausdrucksvolles Gesicht. Die Kinderjahre verbrachte Jeanne sorglos und fröhlich zusammen mit ihrer Mutter und ihrem jüngeren Bruder im großen Haus des Herrn Lenormand von Turneheim, in gepflegter, geselliger Atmosphäre. Man lud sehr gerne Gäste ein und verbrachte so manchen Abend bei amüsanten Spielen, geistreichen Gesprächen oder auch nur bei exzellentem Essen, bei dem köstliche Weine natürlich nicht fehlen durften. Freunde und Bekannte gaben sich die Klinke in die Hand. Es war das unbeschwerte, abwechslungsreiche, amüsante Leben eines Mädchen aus reichem Hause, das alles besaß außer einem Adelsprädikat, das ihm den Weg in die erste Gesellschaft Frankreichs geebnet und die Tore zu den Palästen geöffnet hätte. Jeanne genoss die interessanten Diskussionen mit gebildeten Leuten, die als Gäste des Hauses geladen waren und sprach mit Malern und Bildhauern über neue Möglichkeiten in der Kunst. Dann wieder wechselte man das Thema und verkleidete sich, um zur Freude aller ein amüsantes Theaterstück aus der Feder eines jungen Dichters aufzuführen. Und Jeanne ließ sich nicht lange bitten, selbst in der Hauptrolle aufzutreten.

Sie hatte noch nicht die Kinderschuhe abgestreift, als schon galante Kavaliere jeden Alters versprachen, ihr die Welt zu Füßen legen zu wollen. Nicht für ein flüchtiges Abenteuer machten sie dem schönen Mädchen den Hof; alle hatten nur die eine Absicht, sie als Braut zum Altar zu führen. Aber für den »Ziehvater« kam nur ein Mann in Betracht, den er reichlich mit Geld und Besitztümer ausstatten wollte, damit er für Jeanne als Mann wenigstens auf diese Weise attraktiv sein konnte: Sein einziger Neffe, Charles-Guillaume Lenormand, sollte nach seinem Willen die allseits begehrte Mademoiselle Poisson als Gemahlin heimführen.
Freilich war dieser Heiratskandidat nicht das, was man sich unter einem Traummann vorstellt. Nicht einmal mittelgroß, schmächtig, mit einem eher unansehnlichen Allerweltsgesicht, hätte er es vielleicht gar nicht gewagt, das schöne Mädchen zu freien. Die beiden jungen Leute kannten sich schon seit ewigen Zeiten, ihr Verhältnis zueinander war seit jeher freundschaftlich gewesen. Charles war für Jeanne ein willkommener Spielgefährte, in dessen Gesellschaft sie sich immer wohlgefühlt hatte. An eine Heirat allerdings hatte sie nie gedacht. Die Hälfte der Güter des Onkels – und die waren ausgedehnt und ertragreich – sollten Charles-Guillaume überschrieben werden, wenn sie ihr Ja-Wort gab. Jeanne wusste, sie würde an der Seite dieses Mannes eine reiche Frau sein, die ihr zukünftiges Leben nach Lust und Laune gestalten konnte. Wer fragte da schon nach Liebe?
Charles-Guillaume war ein aufmerksamer und zärtlicher Ehemann, der alles versuchte, um die Liebe seiner jungen Frau zu gewinnen und ihre Leidenschaft zu entfachen. Er bemühte sich vergeblich, denn auch später im Bett des schönen, erfahrenen Königs von Frankreich geriet das kühle »Fischblut« Jeannes nicht in Wallung.
Obwohl die Ehe mit Charles-Guillaume nicht gerade abwechslungsreich war, spürte Jeanne doch jeden Tag aufs Neue die wärmende Fürsorge, mit der sie von ihrem Ehemann verwöhnt wurde. Dabei konnte sie sich nach wie vor kaum vor den manchmal recht zudringlichen Anbetern retten, da sie nach der Geburt ihrer beiden Kinder eher noch attraktiver geworden war. Ihr Söhnchen war schon nach wenigen Monaten gestorben, und so galt ihre ganze Fürsorge ihrer kleinen Tochter Alexandrine, die sie wie einen Augapfel hütete. So sehr sich die Verehrer auch bemühten, sie zu einem Abenteuer zu verführen, so standhaft blieb Madame d'Etioles, wie sie nun hieß. Sie genoss die begehrlichen, feurigen Blicke; die zarten, flüchtigen wie zufälligen Berührungen reizten sie zwar, und sie verstand es, die leidenschaftliche Glut ihrer Kavaliere immer wieder aufs Neue anzufachen. Aber keiner, auch nicht der Abbé Bernfis, der seine

kirchlichen Gelübde von einem Moment auf den anderen vergaß, wenn er in die schönen Augen Madame d'Etioles blickte, konnte ihre Sinne so reizen, dass sie sich in einer schwachen Stunde vergessen hätte. Und wenn die Anzüglichkeiten der Herren allzu deutlich zu werden versprachen, antwortete sie stets mit einem unergründlichen, schelmischen Lächeln, dass nur der König selbst für sie als Liebhaber in Betracht käme. Man lachte über diesen Scherz, und niemand ahnte, dass sich hinter dieser launigen Bemerkung eine felsenfeste Absicht verbarg.
Schloss Etioles, wo das junge Ehepaar den Sommer über wohnte, war schon bald weit und breit bekannt, nicht allein durch die attraktive, geistreiche Schlossherrin, sondern auch dadurch, dass Gelehrte, Dichter und Schriftsteller hier jederzeit willkommen waren. Männer, die später als Dichter Berühmtheit erlangen sollten, trugen in den geschmackvoll ausgestatteten Räumen ihre ersten Werke vor, man diskutierte und kritisierte, man regte an und schlug vor. Und so manche Gedanken wurden aufgegriffen und in Poesie umgesetzt. Der große Voltaire fühlte sich hier genauso heimisch wie Männer, die in der Kunst noch keinen Namen besaßen und die erst durch die Protektion der späteren Madame de Pompadour zu höchsten Ehren gelangen sollten. Maler und Kupferstecher stellten neue Farbkompositionen und Techniken vor – es waren die ersten Versuche und zaghaften Anfangsschritte, die später in der Kunst des Rokoko ihre Vollendung finden sollten.
Jeanne-Antoinette war von Jahr zu Jahr noch schöner und reizvoller geworden. Sie war eine echte Königin auf Schloss Etioles. Allmählich aber begann sie aus ihrer Traumwelt zu erwachen. Wann sollten die Worte der Wahrsagerin eigentlich für sie Wirklichkeit werden, wenn nicht in nächster Zukunft! Sie wollte nicht ein Leben lang die kleine Madame d'Etioles bleiben, sie wollte hinaus aus der Enge des Landschlosses, dorthin, wo sich die große Gesellschaft ein Stelldichein gab. Sie wollte im gleißenden Licht des Schlosses von Versailles an der Seite des Königs von Frankreich sitzen – als »maitresse en titre«, als heimliche Herrscherin. Lag sie einmal in den Armen des Königs, dann stand die Welt für sie offen. Das war aber leichter gedacht als getan. Lange zerbrach sie sich den Kopf, wie sie zu Werke gehen sollte. Ihre Beziehungen zum Hof waren äußerst dürftig, sie würde von den untersten Hofschranzen abgewiesen werden, wenn sie versuchte, den König in Versailles unter irgendeinem Vorwand aufzusuchen. Irgendwie musste es ihr gelingen, dem Vielumschwärmten aufzufallen! Aber dann war die Stunde gekommen, auf die Jeanne schon so lange gewartet hatte: Ihr Vetter Binet, der Kammerdiener des Königs, ließ ihr die

Nachricht zukommen, dass Ludwig XV. im Wald von Senart, in der Nähe von Schloss Etioles, zur Jagd unterwegs sei. Jeanne überlegte nicht lange, zog ihr elegantestes Jagdkleid an, holte ein prachtvolles Pferd aus dem Stall und sprengte in gestrecktem Galopp der Kutsche des Königs nach. Als sie Ludwig von weitem erblickte, hielt sie ihr Pferd kurz an, grüßte mit reizendem, vielversprechendem Lächeln und stob, so schnell sie gekommen war, wieder davon. Der verblüffte König wusste nicht, wie ihm geschehen war. Am nächsten Tag wiederholte sich das Schauspiel, denn Jeanne wusste genau, wann und wo der König zur Jagd fahren wollte. Und so fiel es ihr nicht schwer, immer wieder knapp an der Kutsche Ludwigs vorbeizureiten und dem allmählich neugierig werdenden Herrscher verheißungsvolle Blicke zuzuwerfen. Das Verhalten der schönen Unbekannten fiel auf, aber nicht nur der König nahm Notiz von ihr: Auch die regierende »maitresse en titre«, die Gräfin Châteauroux, dritte Tochter des Herzogs von Nesle, witterte Gefahr. Selbst ein Blinder konnte ja bemerken, wie die schöne Fremde allmählich alle Register der Verführungskunst zu ziehen begann.

Zum Hofgespräch wurde Madame d'Etioles eines schönen Tages, als eine himmelblaue Kutsche unvermutet den Weg des Königs kreuzte. Die Fenster des Wagens waren halb verhängt, aber Ludwig konnte doch die unbekannte Dame erkennen, raffiniert in Blaßrosa gekleidet, mit einem hinreißenden Lächeln auf den schönen Zügen. Am nächsten Tag bot sich eine ähnliche Überraschung: Jetzt saß die Dame, in prächtiges Himmelblau gehüllt, in einer rosafarbenen Kalesche. Noch bevor Ludwig irgendwelche Anordnungen erteilen konnte, handelte die Gräfin Châteauroux: So konnte es nicht weitergehen! Sie ließ der raffinierten Dame in aller Deutlichkeit mitteilen, dass ihre Gegenwart unerwünscht sei, wenn der König sich anschicke, in irgendeiner Gegend zu jagen. Er wolle nicht belästigt werden.

Jeanne-Antoinette verstand die heimliche Drohung und wusste, dass es lebensgefährlich für sie sein konnte, sich den Argwohn der Mätresse zuzuziehen. Sie musste ihre Taktik ändern, um ihr Ziel zu erreichen. Der Herrscher war auf sie aufmerksam geworden, der erste Schritt war gesetzt!

Als allgemein bekannt wurde, dass am 28. Februar 1745 anläßlich der Hochzeit des Dauphins Ludwig mit der Infantin Maria Theresia Antoinette von Spanien im Hôtel de Ville ein Maskenball stattfinden würde, zu dem alle Pariser, gleich welchen Standes, Zutritt haben sollten, wusste Jeanne, was sie tun wollte. Hier würde es ein Leichtes sein, direkt an den König heranzukommen. Ludwig XV. hatte eine ausgesprochene

Vorliebe für derlei volkstümliche Unterhaltungen. Hinter irgendeiner Maske versteckt, konnte er hier völlig ungezwungen nach den schönen Mädchen aus dem Volk Ausschau halten und war nicht an das steife Hofzeremoniell gebunden.
Madame d'Etioles hatte sich sorgfältig maskiert, und sie war sich sicher, dass das überaus geschmackvolle und sehr freizügige Kostüm die begehrlichen Blicke des Königs auf sich ziehen würde. Das Fest war schon in vollem Gange, als Jeanne, als Diana verkleidet, den Ballsaal betrat. Ein erstauntes Flüstern ging durch die Reihen der Tanzenden: Wer verbarg sich hinter dieser reizenden Maske? Auch der König war aufmerksam geworden, und seine bewundernden Blicke verfolgten Jeanne, als sie über das Tanzparkett glitt, wie zufällig ganz in seine Nähe.
Der »Vielgeliebte« war wie immer von einem Reigen der schönsten Damen umgeben, er verteilte huldvoll seine tiefen, vielsagenden Blicke und seine charmanten Komplimente. Aber wer war die schöne Unbekannte, die ihm solch lockende Blicke zuwarf? Von seinem Kammerdiener Binet hatte er erfahren, dass die kühne Reiterin und die geheimnisvolle Dame aus den bunten Kutschen sich auch auf dem Ball vergnügen wollte. Konnte es sein, dass sie jetzt vor ihm stand, sie, deren Bekanntschaft er so sehr herbeiwünschte? Die Gräfin Châteauroux war unerwartet gestorben, und der König sehnte sich nach einem neuen Abenteuer. Er fühlte sich einsamer denn je, aber Binet hatte ihm, bevor er Versailles verlassen hatte, versprochen, dass er sich an diesem Abend bestimmt nicht langweilen würde. Er kannte die Probleme seines Herrn, denn wie jeder Kammerdiener war auch er für Ludwig zugleich Vertrauter, Beichtvater und Freund. Er hatte reichlich Gelegenheit, mit seinem Herrn über die Frauen zu sprechen, und während er den König sorgfältig ankleidete, erzählte er ihm wie beiläufig von seiner schönen Cousine, der unbekannten Dame, die sich nichts sehnlicher wünschte, als die Bekanntschaft Ludwigs zu machen. Binet verstand es meisterlich, die Reize Jeannes zu schildern, ihren hinreißenden Charme und ihre künstlerischen Interessen. Allmählich fühlte der König, wie seine schlaffen Sinne belebt wurden von dem Gedanken, die schöne Madame Etioles in naher Zukunft persönlich kennenzulernen.
Neckisch umgirrte Jeanne den umschwärmten König, der keinen Schritt von ihrer Seite wich. Verführerisch schmiegte sie sich kurz an ihn und hauchte ihm einige Worte ins Ohr. Dann hob sie blitzschnell für einen Augenblick ihre Maske und war im nächsten Moment im dichten Gedränge verschwunden. Das war das Spiel, das der König liebte. Plötzlich war

er hellwach, alle Müdigkeit und Lethargie waren verschwunden, und er versuchte hinter der schönen Maske herzueilen, aber Jeanne war nirgends mehr zu finden. Mit einer graziösen Geste griff der König in seinen mit Gold und Edelsteinen kostbar bestickten Rock und zog ein reich mit Spitzen besetztes, parfümiertes Taschentuch heraus. Vor den Augen der Ballbesucher ließ er es langsam in die Richtung fallen, in der die schöne Maske verschwunden war. Ein überraschtes Gemurmel ging durch den Ballsaal, man steckte flüsternd die Köpfe zusammen, denn man kannte die Usancen des Herrschers und wusste, was diese königliche Geste zu bedeuten hatte: »Das Taschentuch des Sultans ist geworfen!« Der König hatte seine Absicht in aller Öffentlichkeit kundgetan. Eine neue Liaison kündigte sich an.

Aber qualvolle Wochen der Ungewissheit vergingen, die Madame d'Etioles der Verzweiflung nahebrachten. Der König ließ sich Zeit. Er hatte ihr weder eine Botschaft noch eine Einladung in seine Gemächer zukommen lassen. Konnte es sein, dass ihre ausgeklügelte Rechnung doch einen winzigen, aber umso schwerer wiegenden Fehler enthielt? Nach zahlreichen schlaflosen Nächten vertraute sie sich aufs Neue ihrem Vetter an, der nichts Eiligeres zu tun hatte, als die Sehnsucht des Königs nach einem neuen Abenteuer weiter zu schüren. Ein paar scheinbar nebenbei hingeworfene Worte der Andeutung, ein paar flüchtige Bemerkungen genügten, um in Ludwig die Neugierde auf die schöne Unbekannte wieder zu entfachen. Zu sehr hatte ihn die kühne Reiterin, die raffinierte Dame in der Kutsche und die verführerische Göttin der Jagd auf dem spiegelnden Parkett in Hôtel de Ville gereizt. Trotzdem zögerte der König immer noch, bis er den Auftrag gab, Jeanne zu einem intimen Souper in seine Gemächer zu bitten. Binet ließ es sich nicht nehmen, der schönen Cousine die Einladung selbst zu überbringen. Das goldene Tor in eine glanzvolle Zukunft war weit aufgestoßen. Jetzt lag es einzig und allein an ihr, den weiteren Weg zielsicher zu betreten.

Wie immer bei solchen Gelegenheiten empfing Ludwig XV. Madame d'Etioles in seinen Privatgemächern. Die vielen Diener, die dem König jeden Wunsch von den Augen ablasen, wussten genau, wie sie sich an derlei Abenden zu verhalten hatten. Sie würden sich auf einen diskreten Wink des Königs hin augenblicklich unauffällig zurückziehen.

Aufgeregt und neugierig wie ein Jüngling lauschte Ludwig auf das Knirschen der Räder des Wagens, in dem Madame d'Etioles vorfuhr. Binet selbst wartete unten im Hof des Schlosses, um seine Cousine über eine Hintertreppe bis zu den Räumlichkeiten des Königs zu geleiten. Der Augenblick, von dem Jeanne jahrelang geträumt hatte, war gekommen.

Leicht verwirrt und errötend versank sie in einem tiefen Hofknicks vor dem König, der ihr charmant die Hand reichte und ihr dadurch – ganz ein Kavalier – über die erste Verlegenheit hinweghalf. Nun stand sie also vor ihm, eine grazile junge Frau mit Augen, die ihn vom ersten Moment an in Bann schlugen, mit einem ebenmäßigen, schönen Gesicht und einem lockenden Mund. Sie war anders als die Frauen, die er bisher im Arm gehalten hatte, die alle mit ihren üppigen Reizen nicht geizten. Diese zerbrechliche, überschlanke Person strahlte etwas aus, das Ludwig nicht kannte und das ihn unsicher machte. Hier bot sich ihm nicht eine verführerische Kokotte an, die durch ihre Sinnlichkeit versprach, ihn als Mann zu faszinieren; von dieser Madame d'Etioles ging ein ganz anderes Flair aus. Ein Feuer funkelte in ihren dunkelgrauen Augen, das ihn anzog und zugleich erschreckte. Vielleicht erkannte Ludwig XV. schon bei dieser ersten Begegnung, vor der ersten Nacht, dass ihm hier eine Frau gegenüberstand, von der er nicht mehr loskommen sollte, so lange sie lebte, die ihn in Atem hielt, auch als sie ihn längst nicht mehr im Bett befriedigen konnte.

Einer Frau wie Jeanne-Antoinette war der Frauenkenner Ludwig noch niemals begegnet. Alle seine früheren Mätressen, unter denen die drei schönen Töchter des Herzogs von Nesle eine besondere Stellung eingenommen hatten, waren lediglich Frauen gewesen, die dem König angenehme und abwechslungsreiche Stunden im Bett bereitet hatten. Aber so intensiv diese Abenteuer ihn auch beschäftigt hatten, so schnell waren sie beendet. Erwartete die Mätresse ein Kind, so gab ihr Ludwig unmißverständlich zu verstehen, dass sie Versailles unverzüglich zu verlassen habe. Denn nichts war dem König mehr ein Greuel, als der Vater unehelicher Kinder zu sein. In dieser Hinsicht war er ganz anders als sein Urgroßvater, der Sonnenkönig, der seine zahlreiche Nachkommenschaft aus den verschiedenen Amouren bestens versorgt und mit Adelstiteln überhäuft hatte. Jede Dame hingegen, die Ludwig XV. lustvolle Stunden schenkte, wusste von Anfang an über ihr ferneres Schicksal Bescheid. Und da man keine anderen Mittel und Wege kannte, sich vor unerwünschten Kindern zu schützen, blühte das Geschäft der dubiosen Engelmacherinnen. Bei der legendären Kraft der königlichen Lenden kam es vor, dass die Damen öfter im Jahr Stammgäste in den obskuren Kammern waren, wo mit allerlei seltsamen Instrumenten die unerwünschten Folgen der langen Nächte beseitigt werden sollten. Auch Madame d'Etioles, die spätere Madame de Pompadour, schwächte ihre ohnedies angeschlagene Gesundheit mehr, als ihr zuträglich war, durch solch schmerzhafte und äußerst blutige Eingriffe.

Schon sehr früh am Abend waren in den intimen Gemächern des Königs die Kerzen in den schweren silbernen Leuchtern angezündet worden. Ihr flackerndes Licht brach sich in den geschliffenen Spiegeln und vervielfachte sich ins Hundertfache. Ludwig sah lächelnd in die geheimnisvollen Augen der schönen Fremden, suchte ihre Blicke zu ergründen und wusste doch, wie sich die nächsten Stunden gestalten würden. Die erlesenen Speisen, die livrierte Diener geräuschlos hereintrugen und auf den festlich geschmückten Tischen arrangierten, dufteten köstlich, aber Jeanne-Antoinette war der Hals wie zugeschnürt. Sie nippte lediglich an ihrem Wein, während der König mit großem Appetit den Speisen zusprach. Für Madame d'Etioles war es das erste Abenteuer und, wie sie jetzt schon fühlen konnte, das letzte. Der König war ein faszinierend schöner Mann, und als er behutsam die erste Seidenschleife an Jeannes Mieder öffnete, als sie seine Lippen zart fordernd an ihrem Hals spürte, da geriet selbst ihr kühles »Fischblut« in Wallung, und sie fühlte glücklich, dass sie sich in den nächsten Stunden nicht überwinden musste, die Geliebte des Königs von Frankreich zu werden.

Natürlich hatte der Ehemann keine Ahnung, wo sich seine Frau an diesem bedeutsamen Abend aufhielt. Ob Charles-Guillaume jemals Verdacht schöpfte, dass seine schöne Frau sich im Bett eines Liebhabers vergnügen könnte, ist nicht bekannt. Vielleicht hätte er keine großen Szenen gemacht, hätte ihm ein gewöhnlicher Marquis Hörner aufgesetzt. Aber das, was er nun erleben musste, erwies sich für ihn als Katastrophe. Denn der Geliebte seiner Frau war nun einmal kein gewöhnlicher Sterblicher, es war der König von Frankreich, der Jeanne-Antoinette höchstpersönlich beglückte, und da spielte natürlich der rechtmäßig angetraute Ehemann eine absolute Nebenrolle. Lenormand wurde wie aus heiterem Himmel unmissverständlich zu verstehen gegeben, dass er sich aufs Land zu begeben habe und dort für einige Zeit bleiben solle. Der Ärmste fiel aus allen Wolken, als ihn diese Nachricht erreichte. Er konnte die Welt nicht mehr verstehen und brach weinend und verzweifelt zusammen. Der Tod schien ihm der einzige Ausweg. Aber dann raffte er sich auf und versuchte Haltung und Fassung zu gewinnen. Wie ihm geheißen war, zog er aus Paris fort. Der König erwies sich als großzügig und unterstützte ihn mit Aufgaben und Ehren und versuchte so, ihm einen gewissen Trost zu bieten. Denn seine Frau würde er niemals mehr umarmen, das musste er als Bedingung annehmen.

Dabei hatte sich Ludwig wider Erwarten mit einer endgültigen Entscheidung reichlich Zeit gelassen. Irgendwie fühlte er auch nach der ersten Nacht mit Madame d'Etioles eine seltsame Scheu vor ihr, die er nicht erklären konnte. Vielleicht erkannte er in seiner angeborenen Schwäche ihre dynamische Stärke, die ihn in den nächsten Jahren aus seiner gewohnten Bahn werfen sollte. Er fühlte den Sturm, der auf ihn zukommen würde, und schloss beinahe instinktiv die Fenster. Aber obwohl er ahnte, dass sich sein Leben von Grund auf verändern würde, wenn Madame d'Etioles ihren Einzug in Versailles hielt, konnte er dennoch seinem Schicksal nicht entgehen. Die Worte der Wahrsagerin, die ihm Jeanne mitten im Liebesrausch schlau ins Ohr geflüstert hatte, klangen jede Minute, jede Stunde in ihm nach.

Jeanne-Antoinette d'Etioles, geborene Poisson, eine Bürgerliche aus einer Familie ohne Reputation, eine Frau aus dem Volk, würde die neue Mätresse des Königs sein! Für die machtgierigen Höflinge von Versailles war die neue Favoritin ein Alptraum. Sie gehörte naturgemäß zu keiner der bekannten Cliquen, sie hatte keine Lobby hinter sich, und niemand konnte vorhersagen, welchen Einfluss sie auf den König haben würde. Sie war nicht einzuschätzen, sie war eine ungezinkte Karte im Spiel um die Macht bei Hof.

Zunächst natürlich setzten auch die gefährlichsten Intriganten ihr Sonntagsgesicht auf. Sie wollten einige Zeit verstreichen lassen und sie studieren, um dann desto dichter ihre unsichtbaren Fäden zu ziehen. Nur der Herzog von Richelieu, der lange versucht hatte, dem König eine andere Mätresse zuzuführen, machte kein Hehl aus seiner abgrundtiefen Abneigung. Dabei waren der Herzog und Monsieur de Luxembourg die ersten Gäste, die zu einem gemeinsamen Souper am 22. April 1745 geladen waren. An diesem warmen, heiteren Frühlingstag beschloss der König, Madame d'Etioles endgültig zu seiner Mätresse »en titre« zu machen. Dies bedeutete, dass sie in unmittelbarer Nähe des Königs wohnen und die Privatgemächer der ehemaligen Mätresse, der Madame de Mailly, beziehen würde.

Die neue Favoritin erregte in Frankreich ungeheures Aufsehen. Der Adel war empört und durch ihre Person beleidigt, aber auch das Volk war über die bürgerliche Geliebte wütend. Und diese Verachtung wurde noch subtil von Höflingen geschürt, die Schmählieder und Spottgedichte fabrizierten. So grölte der Pöbel in den schmutzigen Gassen von Paris schon bald folgendes Lied:

»Que je perde ma vertu,
Que ma faute sofft publique,
Que mon mari sofft cocu,
Que le peuple ma critique,

Eh! qu'est-ce que ça m'fait à moi?
Un certain honneur me pique,
Eh! qu'est-ce que ça m'fait à moi?
Je suis maîtresse du Roi.«

»Ob ich meine Tugend verliere, ob mein Fehltritt öffentlich wird, ob ich meinem Mann Hörner aufsetze, ob die Leute mich kritisieren, was kümmert mich all das? Eine bestimmte Ehre ist mir sicher, was kümmert mich all das? Ich bin des Königs Mätresse.«

Aber so sehr man am glanzvollen Hof von Versailles über die neue Mätresse ein Gesicht schnitt, und so sehr sich das bettelarme Volk von Paris das Maul über die Favoritin zerriss, so glücklich waren die Künstler und Schriftsteller, die Dichter und Wissenschaftler über die Wahl des Königs. Endlich war eine aufgeschlossene Frau, die schon als gewöhnliche Madame d'Etioles die Künstler gefördert hatte, die Vertraute des Königs. Jetzt war der langersehnte Zeitpunkt gekommen, an dem Frankreich durch ihren Einfluss und ihr Mäzenatentum kulturell die erste Rolle in Europa spielen würde.

In großer Eile hatte man die Räumlichkeiten, die für die neue Herzdame des Königs bestimmt waren, nach ihren Vorstellungen eingerichtet. Scharen von Handwerkern arbeiteten nach den Plänen und Anweisungen, die sie von Jeanne persönlich erhielten. Der König staunte, als er die Gemächer betrat, die endlich in ihrem vollen Glanz erstrahlten. Ja, diese Frau hatte Geschmack und einen bewundernswerten Kunstsinn.

Ludwig XV. hatte sich lange den Kopf darüber zerbrochen, wie er seine neue Mätresse auszeichnen könnte. Schließlich überschrieb er ihr das Marquisat Pompadour und ernannte sie als Besitzerin der Güter zur »Madame de Pompadour«. Die neue Mätresse war hoffähig geworden; es fehlte nur noch die offizielle Vorstellung durch den König. Dieses Problem hatte Ludwig auf sich zukommen sehen, also hatte er den Termin, so lange es ging, hinausgezögert, da ihm die brüske Ablehnung der neu ernannten Marquise durch seine Familie kein Geheimnis geblieben war. Vor allem sein einziger Sohn, der bigotte, unscheinbare Dauphin, gab wahre Hasstiraden von sich, wenn die Rede auf die Mätresse kam. Auch die Töchter waren von der Handlungsweise ihres Vaters schockiert und weigerten sich beharrlich, auch nur ein einziges Wort mit Madame de Pompadour zu wechseln. Nur die Königin selbst, Maria Leszczinska, verhielt sich zurückhaltend. Sie hatte ihr trauriges, demütigendes Schicksal heldenhaft auf sich genommen und sich einmal ihrem Ehemann gegenüber so geäußert:

»Sire, ich habe einen König im Himmel, der mir die Kraft gibt, meine Schmerzen zu ertragen, und einen König auf Erden«, denn Maria Leszczinska sah sich zum Abwarten gezwungen. Sie verteufelte die neue Frau an Ludwigs Seite nicht von vornherein, obwohl sie in ihrer streng katholischen Moral die allgemeine Sittenlosigkeit aufs Tiefste beklagte. Jeannes Vorgängerinnen in Ludwigs Bett hatten sich der verschmähten Königin gegenüber äußerst arrogant benommen und sie bei jeder Gelegenheit ihren Triumph spüren lassen. Nachdem der Königin Madame de Pompadour offiziell vorgestellt worden war, setzte die neue Mätresse auch wirklich alles daran, um die Sympathien Marias – so weit dies im Bereich des Möglichen war – zu erwerben. Sie erwies Maria die vorgeschriebenen Ehren, aber nicht wie die Damen vor ihr, herablassend triumphierend, sondern charmant devot.

Der König verfolgte das Verhältnis der beiden Frauen zueinander mit wachsendem Interesse. War es möglich, dass seine Frau, die jahrelang im Schatten seiner Mätressen dahingewelkt war, jetzt ab und zu ein heiteres Gesicht zeigte? Madame de Pompadour hatte das Wunder fertiggebracht, dass Ludwig XV. sich manchmal Maria Leszczinska gegenüber wie ein Kavalier verhielt. Denn nachdem er seine Gemächer streng von den ihren getrennt hatte, hatte er von seiner Ehefrau keinerlei Notiz mehr genommen, im Gegenteil, er hatte sich Maria gegenüber, die in ihrem Sanftmut alles ertrug, geradezu sadistisch benommen. Bei offiziellen Anlässen, zu denen die Königin geladen war, ließ er die Ärmste manchmal so lange stehen, bis sie einer Ohnmacht nahe war, während er gemütlich in seinem prunkvollen Lehnsessel lag. In Gegenwart des Königs von Frankreich durfte nämlich nur der sitzen, dem es ausdrücklich erlaubt oder der persönlich vom König dazu aufgefordert worden war. Nur zu verständlich, dass die Königin fast aus allen Wolken fiel, als Ludwig ihr nun bei einem Empfang einen Platz an seiner Seite bot. Bei Hof begannen schon alle möglichen Gerüchte zu kursieren, besonders seit dem Tag, an dem der König seine Gemahlin an einem Spieltisch freundlich begrüßt und ihr viel Vergnügen gewünscht hatte.

Madame de Pompadour, die sich im Laufe der Jahre die Königin beinahe zur Freundin machte, war auf jeden einzelnen Menschen angewiesen, der ihr am intriganten Hof von Versailles Sympathien entgegenbrachte. Denn die Hofkamarilla warf, wo sie nur konnte, ihr Netz und ihre Fußangeln aus, in denen sich die neue Favoritin verstricken sollte. Zu jeder Tages- und Nachtzeit lagen hochbezahlte Spione auf der Lauer, die jede kleinste Entgleisung der »Madame Poisson« (über diesen Namen, der auf deutsch »Fisch« bedeutet, machte man sich gerne und oft lustig)

lautstark verbreiteten. Wie Beckmesser drehten sie jedes Wort, das die Pompadour von sich gab, hin und her und gaben sie so der Lächerlichkeit preis. Denn obwohl Jeanne-Antoinette eine gute Erziehung genossen hatte, hatten ihre Lehrer doch nicht daran gedacht, dass sie auch bei Hof würde bestehen müssen, und es konnte nicht ausbleiben, dass sie sich hin und wieder eine Blöße gab.
Der König bemerkte die Schwierigkeiten seiner neuen Favoritin nicht, er war blind vor Verliebtheit. Kein Tag verging ohne neue Überraschung, und es blieb ihm keine Zeit, in seine alte Trübseligkeit zu verfallen. Eines wusste er jedenfalls ganz genau: Er würde kaum eine Stunde lang mit politischen Problemen konfrontiert werden, die Staatsgeschäfte erledigten ganz andere Leute, die sich dafür interessierten und die ihn, den König, Gott sei Dank mit dieser zeitraubenden Beschäftigung verschonten. Dabei konnte er sich während seiner ganzen langen Regierungszeit nicht entschließen, einen Premierminister zu ernennen, da ihm dies zu gefährlich schien. Wie leicht konnte ihm die absolute Macht aus den Händen gleiten! Dabei bemerkte er nicht, dass er nur als Repräsentationsfigur, als eine Art Marionette an der Spitze Frankreichs stand. Ein von ihm erwählter Kanzler, der vor allem den Hofintriganten zu Gesicht stehen und zu Willen sein musste, saß ebenso wie die Staatssekretäre im Staatsrat und hatte wie alle anderen Funktionäre, die natürlich nur aus den Reihen des Hochadels in ihre Positionen gekommen waren, mit viel Geld seine Ämter erkauft.
Madame de Pompadour lernte schnell. Es dauerte nicht lange, da wurde dem König das Gerücht zugetragen, dass seine neue Mätresse beginne, sich in das politische Geschehen einzumischen. Was für den König nicht wahr sein konnte, das glaubte er auch nicht, das tat er mit einer müden Handbewegung ab. Wann sollte die Marquise noch Zeit für die Politik finden, wo sie doch ununterbrochen damit beschäftigt war, ihm, dem König, zu Diensten zu sein und ihm täglich neue Abwechslungen zu bieten? Sie arrangierte für den königlichen Geliebten märchenhafte Feste um Mitternacht, wo im unwirklichen Licht des Mondes raffiniert bekleidete Mädchen tanzten und wie lebendig gewordene Feen aus einer Zauberwelt über den weichen Rasen der Parkanlagen schwebten. Ein anderes Mal wurden der verblüffte König und die Hofgesellschaft in ein intimes kleines Theater entführt, das die Marquise hatte heimlich erbauen lassen, um Ludwig mit neuen Werken der modernen französischen Dichter zu erfreuen. Sie selbst ließ es sich nicht nehmen, die Hauptrolle in den Stücken zu spielen und ihr komödiantisches Talent vor dem erlauchten Publikum unter Beweis zu stellen. Am nächsten Tag zog eine

fröhliche Jagdgesellschaft durch die Wälder rund um Versailles. Hatte man genug von der Jagd, dann lud der König zu einem zwanglosen Souper, bei dem er seine hungrigen Gäste manchmal mit selbst zubereiteten Speisen überraschte. Man gab sich ungezwungen, legte die kostbare Hofkleidung ab und versuchte, wie ein normaler Mensch zu sein.

Der Hof von Versailles war im Laufe der Zeit unüberschaubar geworden. Auch Ludwig empfand das Zeremoniell, das er von seinem Urgroßvater übernommen hatte, als drückend. Mit Freuden begrüßte er daher die Idee der Marquise, rund um Versailles kleine Lustschlösser erbauen zu lassen, wo man ohne großen Hofstaat das Leben in vollen Zügen genießen konnte.

Jetzt war Madame de Pompadour erst so richtig in ihrem Element. Sie engagierte die berühmtesten Künstler Frankreichs, Baumeister, Stuckateure, Maler und Bildhauer, die darin wetteiferten, ihre Ideen und Pläne der Marquise darzulegen. Die künstlerischen Auffassungen hatten sich verändert, das Überladene, Schwere, Goldstrotzende des Barock sollte einer neuen Leichtigkeit weichen. Die starken Farben Gold, Rot und Schwarz fanden keinen Platz mehr in den luftigen, hellen Räumen; zarte Farben unterstrichen die Freude am Leben und sollten die zierlichen Bauten in die Natur einbinden. Das »maskuline« Barockzeitalter hatte seinen Abschied bekommen, die neue Ära schien feminin und zart. Das Rokoko hielt seinen Einzug, und die Mäzenin dieser luftig-verspielten Kunst war keine andere als Madame de Pompadour.

Mit reichen Gaben wurden die Künstler unterstützt, die sie protegierte, sie konnten frei von allen Sorgen in komfortablen Häusern leben und sich ganz ihren Aufgaben widmen: Dichter wie Crebillon, Bernfis, Duclos und Marmontel, Diderot und d'Alembert und natürlich der hochverehrte Voltaire, Maler wie Boucher, Vanloo, Oudry und Adam. Madame de Pompadour hatte sich und dem König eine eigene Welt geschaffen, die nur ihr und einigen wenigen Auserlesenen offenstand. Die Marquise führte lange Gespräche mit den Künstlern, und aus dem Zusammenklang der Ideen entstand in nur wenigen Jahren ein Gesamtkunstwerk aus einer neuen, anmutigen Architektur, verfeinerter Malerei und ausgefeilter Handwerkskunst. Harmonisch fügte sich auch der private Lebensstil in dieses kunstvolle Bild. Ein Heer von Schneiderinnen stichelte Tag und Nacht an den überreichen Kleidern aus Samt, Seide und farbenfrohen Brokaten, mit Rüschen, kostbaren Spitzen und Schleifen verziert, zwischen denen Edelsteine ihr Feuer versprühten. Abgrundtief waren die Dekolletés an den eng geschnürten

Korsagen und ließen manchmal die Brustwarzen der Trägerin nicht nur erahnen. Kostbar und prächtig kleidete sich auch der König. So empfing er eines Tages den türkischen Gesandten in einem leuchtend roten Samtrock, der über und über mit Diamanten bestickt war. Wieviel Geld dieses Prunkstück die französische Bevölkerung gekostet hatte, darüber wagte man nur zu flüstern, denn niemand durfte die Unsumme von 23 Millionen Franc offen nennen.

Natürlichkeit war nicht gefragt, auch nicht in der Haarmode. Die gepuderten Perücken der Herren, kunstvoll frisiert, beherrschten das Bild bei den Soupers und Diners, während die Damen das Haar zu dieser Zeit noch nicht allzu üppig gebauscht, wie es später Mode wurde, trugen. Wohlduftende Parfüms und feinster Puder wurden in großen Mengen an den Hof geliefert. Sie waren viel gefragt, denn dem Waschwasser stand man eher reserviert gegenüber. Der Sonnenkönig hatte sich bloß die Finger in einem goldenen Becken benetzt, um sich die Augen zu betupfen. Er kannte nicht das Buch über Anstand und Körperpflege, in dem empfohlen wurde, sich täglich das Gesicht mit einem leinenen Lappen abzureiben, um die Haut gründlich zu reinigen. Vor allem für die Damen wäre dies sicherlich wichtig gewesen, da sie sich die Wangen dick mit leuchtend grellem Rouge und Bleiweiß bestrichen, um frisch und blühend auszusehen. Die Wirkung ließ aber sehr zu wünschen übrig; Fürst Kaunitz, der Abgesandte Maria Theresias, berichtete voll Entsetzen über den grotesken Anblick, den nicht nur Madame de Pompadour, sondern auch die übrigen Damen am Hof von Versailles durch dieses übertriebene Schminken boten. Rasch verbreitete sich in Wien die Kunde, dass die vielumschwärmten Pariser Damen wie angemalte Gespenster aussähen.

Die Körperhygiene lag besonders im Argen. Die »oberen Zehntausend« waren ausgesprochen wasserscheu und badeten kaum. In ganz Paris gab es zu Beginn des 18. Jahrhunderts lediglich zwei öffentliche Badeanstalten, deren Ruf freilich nicht der beste war. Hielt man etwas auf Anstand und Moral, so konnte man sich unmöglich in einem öffentlichen Bad zeigen. Daher schickten die vornehmen Leute, wenn sie einmal jährlich das Bedürfnis nach einem erfrischenden, reinigenden Bad hatten, ihre Diener, die eine Wanne in ihr Schloss oder in den Palast bringen sollten. Hatte man die Schmutzkrusten dann, stundenlang im Wasser liegend, aufgeweicht, wurde der große hölzerne Zuber wieder abtransportiert. Wenn besondere Festtage bevorstanden, pflegte man sich Ohren und Fingernägel reinigen zu lassen. Vielleicht hatte man die Chance, zur königlichen Tafel geladen zu sein, und da ging es freilich nicht an, mit schmutzigen Nägeln in die silbernen Schüsseln zu greifen. Der Mode der Zeit entsprechend bevorzugte man bei Hof weiße Strümpfe zu den seidenen Kniehosen. Die Füße steckten in schnallenbesetzten Schuhen in der Farbe der übrigen Kleidung, und jeder Kavalier wirkte durch die hohen Absätze größer als er war. Dem Inhalt der kostbaren Schuhe musste man sich allerdings mit Vorsicht nähern: Es war unüblich, sich die Füße zu waschen. Kapazitäten auf dem Gebiet der Hygiene wie die beiden Ärzte Borden, brachten 1775 ein medizinisches Werk heraus, in dem vor übertriebenen und zu häufigen Waschungen gewarnt wurde, da die Reinlichkeit der Gesundheit in vielerlei Hinsicht schaden könne und vor allem dem Vergnügen abträglich sei. Welches Vergnügen gemeint war, ließen sie allerdings offen. Dass viele Krankheiten und Epidemien durch die mangelnde Hygiene übertragen wurden und sich in Windeseile im ganzen Land ausbreiten konnten, war daher nicht verwunderlich. Vernünftige Mediziner blieben Rufer in der Wüste, sie fanden für ihre Vorstellungen nur taube Ohren. Viel lieber konsultierte man dubiose Quacksalber und schlitzohrige Pillendreher, deren absurden Therapien man Glauben schenkte. Auch der König und Madame de Pompadour waren in dieser Hinsicht echte Kinder ihrer Zeit. Obwohl sie von unwahrscheinlichem Luxus umgeben waren, unterschied sich ihr privatestes Leben von dem des gemeinen Volkes höchstens darin, dass sie die teuersten, wohlriechendsten Parfüms flaconweise über sich schütten konnten, um ihren üblen Körpergeruch einigermaßen zu überdecken.

Mit der Gesundheit der Marquise de Pompadour stand es nicht zum besten. Wahrscheinlich hatte sie sich schon als Kind eine Lungenkrankheit zugezogen, die nie richtig auskuriert worden war. Um wenigstens vorübergehend gesund und frisch zu erscheinen, obwohl sie immer öfter Blut spuckte, griff sie zu geheimnisvollen Mitteln, um nur halbwegs das immer wiederkehrende, schwächende Fieber einzudämmen. Denn alles konnte Ludwig XV. um sich ertragen, nur keine kranken Menschen. Er selbst war ein kerngesunder Mann, der nicht das leiseste Verständnis für irgendwelche körperlichen Unpässlichkeiten aufbrachte. Für ihn bedeutete Kranksein eine Strafe Gottes, daher wollte er sich auch nicht mit Leuten umgeben, denen der Himmel im Augenblick offensichtlich nicht gewogen war.

Jeanne-Antoinette hatte eine schwere Last auf sich genommen, als sie es sich zum Ziel gesetzt hatte, den König von Frankreich für sich zu gewinnen. Denn mit dem Erobern allein war es nicht getan; sie hatte nicht die Absicht, nur vorübergehend das Bett mit dem König zu teilen wie so viele vor ihr. Ihr Ziel war, Ludwig über Jahre zu fesseln und dadurch die Macht über ihn zu besitzen. Die Marquise war eine Frau, die ihre Vorzüge und Nachteile genau kalkulierte. Als Geliebte und Bettgespielin des Königs waren ihre Möglichkeiten begrenzt. Ihre körperlichen Reize reichten bei weitem nicht mehr aus, den ungestümen, sinnlichen Mann zu befriedigen. So reizvoll sie für den König auch im ersten Jahr gewesen war und so sehr er sie begehrt hatte, so schnell ließ sein Interesse an ihrem Körper nach. Was Ludwig freilich nicht wusste, war, dass die Krankheit an ihren Kräften zehrte und dass sie sich manchmal nur mit äußerster Mühe aufrecht halten konnte. Ihr körperlicher Verfall erregte allgemeines Aufsehen. Freund und Feind beobachteten jede Veränderung in ihrem Gesicht, jede kleinste Falte wurde zum Hofklatsch, jedes Pfund, das sie an Gewicht verlor, ermutigte die große Schar ihrer Gegner. Madame de Pompadour hatte noch nicht die dreißig erreicht und wirkte doch welk und schlaff wie eine alte Frau.

Jeden Morgen stand sie stundenlang vor dem Spiegel und betrachtete ihr müdes, eingefallenes Gesicht, noch bevor Rouge und Puder die tiefen Furchen, die sich um Mund und Augen eingegraben hatten, überdeckten. Es musste Mittel und Wege geben, den Verlust der Jugend aufzuhalten. Wozu mixten Kräuterweiber und Wunderheiler ihre Zaubertränke? Es konnte doch möglich sein, dass auch für sie ein Kraut gewachsen war, das sie vor dem allzu frühen Altern bewahren konnte. Suspekte Personen priesen ihr Elixiere und Pasten an, die garantiert das jugendliche Aussehen zurückbringen würden. Ohne auf die Warnungen ihrer wenigen Freunde zu achten, probierte Jeanne alles aus, was ihr empfohlen worden war. Dabei musste sie manchmal mit Entsetzen feststellen, dass die gereizte Haut auf die oft übelriechenden Cremes mit juckenden Ausschlägen und eitrigen Pusteln reagierte. Wie sehr Madame de Pompadour unter dem Verlust der Jugend litt, ging aus einem Brief an ihre Freundin und Vertraute, die Gräfin Baschi, hervor: »Ich halte an dem Satze fest, eine schöne Frau fürchtet nicht einmal den Tod so sehr wie den Verlust von Jugend und Schönheit. Wer das leugnet, der lügt, oder aber er besitzt nicht Verstand genug, um einzusehen, dass eine Frau mit dem Verlust der Jugend und ihrer Reize so ziemlich alles verloren hat.«

Mit jedem Jahr, das ins Land zog, wurde ihr Gesicht kantiger, die Wangen fielen ein, und die schönen Augen wirkten übergroß in den tiefen Höhlen. An den einst so bewunderten runden Schultern konnte man die Knochen deutlich erkennen, und neidisch betrachtete sie die üppigen jungen Mädchen mit den lockenden Lippen. Jede wartete nur auf den heimlichen Blick und die bekannte Handbewegung, um mit dem »Vielgeliebten« ins Schlafgemach eilen zu können. Die Marquise wusste nur zu genau, was der unersättliche König suchte und was er brauchte. Längst war sie in seinen Armen erstarrt, und sein nimmermüdes Begehren war ihr immer unangenehmer, beinahe ekelhaft geworden. Aber mit keinem Blick, mit keiner Geste und vor allem mit keinem Wort durfte sie ihre Gefühle verraten. Sie heuchelte Liebe und Leidenschaft, so gut sie konnte, so schwer ihr dies auch fiel. Aber es kam der Tag, an dem sie beinahe keinen Ausweg mehr wusste. Sie hatte alle Rezepte ausprobiert, alle Säfte und Elixiere brav getrunken, die ihre Liebeslust und Liebeskraft steigern sollten. Widerwillig hatte sie die übersüße, mit Vanille gewürzte Schokolade hinuntergewürgt, und schon beim Geruch des Selleriesaftes und beim Anblick der Trüffeln überfiel sie Brechreiz. Aber nichts hatte geholfen, sie vermochte die vielfältigen Wünsche des Königs im Bett nicht mehr zu erfüllen.

Für Ludwig war das Verhalten der Marquise keine Überraschung. Er hatte längst erkannt, dass er sich in ihr nicht die richtige Bettgefährtin ausgewählt hatte. Natürlich hätte es nur eines kleinen Wortes bedurft, eines einzigen Winkes, und Madame de Pompadour hätte ihren Platz in Versailles für immer geräumt. Aber das war nicht mehr so einfach. Der König hatte sich an die Marquise gewöhnt – auch an ihre Kälte und Uninteressiertheit in seinen Armen. Es war die Macht der Gewohnheit, die ihn an sie band. Dennoch war dem König eines Nachts die Geduld gerissen, als sie sich beim Liebesspiel so gar nicht erwärmen wollte. Kurzerhand war er aus dem Bett gestiegen, hatte seine seidene Bettdecke ergriffen und sich auf einem Sofa eine notdürftige Lagerstatt gemacht. Erschreckt hatte Madame de Pompadour das Handeln des Königs verfolgt und ließ sich auch nicht durch die Bemerkung Ludwigs beruhigen, dass es ihm in ihrem Bett einfach zu heiß sei.

Die Gefahr, ihre Stellung als Mätresse »en titre« in den nächsten Monaten zu verlieren, war für Jeanne riesengroß geworden. Darauf hatte man bei Hof längst gewartet. Einer ihrer gefährlichsten Feinde, d'Argenson, hatte Morgenluft gewittert und wollte endlich das wahr machen, wovon er schon jahrelang geträumt hatte. Madame de Pompadour hatte sich lange bemüht, ihn auf ihre Seite zu ziehen, in ihren Bann zu schlagen, aber alle Versuche waren kläglich gescheitert. Als die Marquise merkte, dass sie bei ihm nichts ausrichten konnte, begann sie den Grafen beim König anzuschwärzen und zu verleumden, damit Ludwig ihm endlich den »Lettre de cachet« überreichen ließ. Dieser Siegelbrief des

Herrschers bedeutete das Ende jeder Karriere und gesellschaftlichen Stellung und gewöhnlich die Inhaftierung in der berüchtigten Bastille. Dass dieses Gefängnis nicht besonders furchterregend war, wusste man in Paris und in ganz Frankreich selbstverständlich nicht. Die trutzigen Mauern erzeugten Angst und Schrecken; nur diejenigen, die für kurze Zeit in die Bastille gewandert waren, konnten ihren Freunden unter Augenzwinkern berichten, dass es hier hinter verschlossenen Türen ganz fröhlich zugegangen war. Die Insassen konnten sich jeden Luxus leisten. So ließ der wegen der Quälereien seiner Frauen berüchtigte Marquis de Sade sich die kahlen Wände der Räumlichkeiten mit kostbaren Teppichen und Bildern ausschmücken, hielt sich Hunde und Katzen, schlief in seidener Bettwäsche und er und seine Freunde, die ihn besuchen durften, delektierten sich an köstlichen Speisen und erlesenen Weinen.

Und trotzdem waren die »Leittres de cachet« gefürchtet. Denn der Abschied vom Hof bedeutete auch das Ende des reichlichen Geldregens, der nur in unmittelbarer Nähe des Königs niederging. Es war notwendig, sich bei Ludwig tagtäglich aufs Neue in Erinnerung zu rufen, sich in sein Blickfeld zu drängen, denn nur dann bestand die Chance, von ihm bedacht zu werden. Dass nicht er die Entscheidungen fällte, war allerdings allgemein bekannt. Wer vom König etwas haben wollte, der musste wohl oder übel der Mätresse zu Gesicht stehen. Längst hatte es sich Ludwig XV. angewöhnt, durch ein kurzes, uninteressiertes Kopfnicken die Beschlüsse der Marquise zu bestätigen. Madame de Pompadour dachte für ihn und handelte für ihn. Der König war glücklich, sich nie mehr den Kopf über Dinge zerbrechen zu müssen, die für sein eigenes Leben völlig unbedeutend waren.

Madame de Pompadour regierte also ganz nach eigenem Gutdünken, und nur drei Männer störten ihre Kreise empfindlich: d'Argenson, Maurepas sowie der Herzog von Richelieu. Alle drei hatten schon lange den unumschränkten Einfluss der Marquise auf den König erkannt und schluckten vieles hinunter, was ihnen so gar nicht behagte. Dabei zeigten sie der Mätresse gegenüber offen ihre Ablehnung, obwohl dies für sie ausgesprochen gefährlich war. Denn alles konnte die Marquise verzeihen, nur nicht das arrogante Verhalten dieser Adeligen, wenn sie sich, leicht spöttisch lächelnd, gleichsam herabließen, mit der kleinen Fleischerstochter Konversation zu machen. Sie zahlte mit barer Münze alle Beleidigungen heim und ließ keine Gelegenheit vorübergehen, um ihre Widersacher beim König anzuschwärzen. Ludwig XV. aber war viel zu sehr an deren Gesellschaft gewöhnt, als dass er sie vom Hof verbannt

hätte. Madame de Pompadour allerdings hatte ihre Mühlen angeworfen, und die mahlten langsam, aber desto feiner.
Am wenigsten fürchtete der Herzog von Richelieu ihren Einfluss beim König. Er wiegte sich jahrelang in Sicherheit und provozierte die Marquise bei jeder Gelegenheit. So tanzte er einmal mit genagelten Schuhen, die er sich eigens für diesen Zweck hatte anfertigen lassen, über ihren Gemächern eine ganze Nacht lang, dass der Fußboden krachte und dröhnte, während sie von Fieber geschüttelt in ihren Kissen lag. Aber sie war nicht die Frau, die nur im Geheimen ihre Fäden zog, sie stellte den Herzog auch persönlich zur Rede. So schrieb sie an ihn folgende Zeilen:
»Sie haben die Schwachheit, eifersüchtig auf die Macht einer Frau zu sein. Mit welchem Rechte, frage ich Sie? Sie halten sich für fähig, unter dem Namen des Königs zu regieren? Aber bloß Sie allein sind dieser Ansicht. Sie behaupten, mir überall auf Ihrem Wege als Hindernis zu begegnen. Und ich allein sei es, die Ihren großen Lauf durch mein beständiges Dazwischentreten aufhält. Legen Sie doch Ihre Hand, mein Herr – nicht auf Ihr Herz – aber auf Ihr Gewissen, und lernen Sie von einer Frau wahr und maßvoll urteilen!
Ich gebe zu, dass ich einige Ansehen genieße, was ich jederzeit im Dienste derjenigen nützte, die mir würdig erschienen sind. Oftmals, das muss ich leider zugeben, habe ich mich getäuscht, indem ich kleinlich Ehrgeizige für verdienstvolle Menschen hielt. Sie sind nicht der einzige von dieser Gattung, die sich niedrigen Undankes gegen mich schuldig gemacht haben und alle Ehren und Würden, die sie der Güte und Schwäche anderer zu danken hatten, persönlichem Verdienste allein zuschrieben. Wäre ich so mächtig, wie Sie behaupten, hätte ich mich an Ihnen zu rächen vermocht für die Beleidigungen, die Sie mir zugefügt haben und noch immer fortfahren, mir zuzufügen.«
Für die hochadelige Gesellschaft gab es mehr als genug Gründe, Madame de Pompadour abzulehnen. Der labile König hörte nur noch auf ihren Rat. Damit hatte sie unumschränkte Macht in Händen. Diese Frau bestimmte alles, auch die Politik Frankreichs. Ihr Einfluss auf die Bündnisse in Europa war nicht zu übersehen, wobei persönliche Sympathien und Antipathien eine entscheidende Rolle spielten. Nicht Traditionen und althergebrachte Feindschaften waren für sie von Bedeutung, sondern gute persönliche Kontakte oder abfällige Bemerkungen, die ihr hinterbracht worden waren. Von heute auf morgen war auf ihre Veranlassung hin das Bündnis mit Preußen aufgekündigt worden, das noch 1740 bestanden hatte. Französische

Truppen waren damals gemeinsam mit dem beutegierigen Preußenkönig Friedrich II. gegen die junge, politisch unerfahrene Maria Theresia ins Feld gezogen, denn Frankreich war immer zur Stelle, wenn es gegen die Habsburger ging. Und wahrscheinlich hätte sich dieser Gegensatz noch lange fortgesetzt, wäre der preußische König nicht plump mit der Tür ins Haus gefallen. Er machte aus seinem Herzen niemals eine Mördergrube und ließ schon von weitem erkennen, dass er nun einmal kein Frauenfreund war. Der uncharmante preußische Haudegen konnte und wollte sich nicht in die Mentalität einer Frau hineinversetzen und ließ es sich nicht nehmen, hämische und beleidigende Äußerungen über die Damen zu machen, die in Europa entweder offiziell auf dem Thron saßen oder über das königliche Bett zu Macht und Ansehen gekommen waren. Alles aber konnte Madame de Pompadour vertragen, nur keine anzüglich-boshaften Bemerkungen. Und als ihr von Voltaire, den sie als ihren Abgesandten zu Friedrich II. geschickt hatte und der dem König von Preußen ihre Grüße überbringen sollte, berichtet wurde, Friedrich habe geantwortet, er kenne keine Madame de Pompadour, da schwor sie sich, niemals in ihrem Leben dem König diese Beleidigung zu verzeihen. Sie wollte alles daran setzen, ihn zu strafen, ja, ihn so weit zu bringen, dass er zu ihren Füßen um Gnade flehen musste.

Jahrhundertelang waren Frankreich und Österreich einander feindlich gegenübergestanden, seit den Tagen der burgundischen Heirat Maximilians I. Aber jetzt gelang es zwei Frauen, die ihrem Wesen und ihrer Herkunft nach völlig verschieden waren, die Versöhnung zu erreichen.

Nun, wo Preußen gegen Österreich und England gegen Frankreich in Übersee im Feld standen, reifte in Maria Theresia und ihrem Kanzler Kaunitz ein diplomatischer Plan: Jetzt war die Gelegenheit günstig, sich mit dem uralten Feind Frankreich auszusöhnen. Die Stunde schien günstig, Frankreich zu einem Wechsel der Bündnisse zu überreden. Kaunitz selbst reiste, mit vielen Vollmachten der Herrscherin ausgestattet, nach Paris.

Maria Theresia hatte den richtigen Mann ausgewählt. Kaunitz konnte bezaubernd sein, und Madame de Pompadour war von dem Charme des galanten Wiener Diplomaten, der ihren Einfluss auf den König mit einem Blick erfasst hatte, von der ersten Begegnung an hingerissen. Kaunitz erkannte mit sicherem Instinkt, dass ihm hier eine ungewöhnliche Frau gegenüberstand, die nicht mit den allgemeinen Maßstäben der Mätressen zu messen war. Sie war kein auswechselbares Spielzeug des Königs; hier hatte er eine scharfsinnige, klar denkende Politikerin vor sich, die keine Nebenrolle zu spielen gewillt war. Mit ihr konnte man die Geschicke Europas verändern, und diese Chance wollte er unter allen Umständen zum Vorteil der Habsburger nützen. Aber er sah auch, dass die Position der Marquise noch lange nicht gefestigt war – man schrieb die ersten Jahre des fünften Jahrzehnts; sie benötigte Unterstützung. Und Maria Theresia war gewillt, ihr diese Hilfe zu leisten: Der Preis war ein Bündnis mit Frankreich.

Überraschenderweise trat in dieser Situation plötzlich Ludwig XV. auf den Plan. Er vermochte es sich einfach nicht vorzustellen, dass seine Truppen an der Seite des Erzfeindes kämpfen sollten. Je mehr sich aber der Krieg mit England in den Kolonien verschärfte, desto mehr gewannen die Vorstellungen der Marquise an Gewicht. Warum sollte er, Ludwig, sich eigentlich unnütz den Kopf darüber zerbrechen, auf welcher Seite Frankreich in Hinkunft stehen würde, auf welchem Schlachtfeld seine Soldaten fallen sollten? Der sture preußische König mit seinem spartanischen Lebensstil war ihm ohnedies noch nie sympathisch gewesen; allerdings fühlte er sich auch nicht unbedingt zu Maria Theresia hingezogen – sie war ewig in anderen Umständen, und das war etwas, was er bei einer Frau schon gar nicht leiden konnte. Aber wenn er seine Sympathien abwägen und über diese Angelegenheit überhaupt einen Gedanken verschwenden sollte, dann waren ihm die Österreicher doch noch lieber als die humorlosen, soldatischen Preußen.

Nachdem Fürst Kaunitz Maria Theresia hoffnungsvolle Nachrichten aus Frankreich überbracht hatte, schickte die Kaiserin den Grafen Staremberg mit einer Botschaft an den Hof von Versailles. Aber der König gewährte ihm zunächst keine Audienz. Allerdings schickte ihm die Marquise eine Einladung zu einer vertraulichen Unterredung, bei der auch Abbé Bernfis, der in alles eingeweiht worden war, zugegen war. Der Abbé vertrat seit einiger Zeit die Interessen Frankreichs in Wien und kannte die österreichischen Verhältnisse sehr genau. Man beriet sich eingehend, und es schien nur noch eine Frage von wenigen Wochen zu sein, bis es der Marquise gelingen würde, den König zur Unterschrift unter den Bündnisvertrag mit den Habsburgern zu bewegen.

Aber beinahe hätte die Liebeslust des Königs den politischen Überlegungen einen Strich durch die Rechnung gemacht. Denn Ludwig war gerade zu dieser Zelt in eine neue Affäre verstrickt, und es sah ganz so aus, als sei die junge, schöne Marquise de Coislin drauf und dran, die Position als Mätresse »en titre« von Madame de Pompadour zu übernehmen. In diesem Augenblick höchster Gefahr hatte die Marquise

natürlich ganz andere Sorgen als die Bündnissysteme in Europa; das, was sich hier vor ihren Augen hinter verschlossenen Türen, in unmittelbarer Nähe ihrer Gemächer, abspielte, beunruhigte sie Tag und Nacht. Düster schien ihr Schicksal zu werden, wenn es nicht gelang, den König als Mann und Liebhaber, aber auch als Gesprächspartner zurückzugewinnen.
Madame de Pompadour griff zu einer List. Sie begann ihre Reisekisten zu packen und streute das Gerücht aus – das natürlich dem König zugetragen wurde –, sie wolle dem Glück Ludwigs nicht im Wege stehen und daher in aller Heimlichkeit aus seinem Leben verschwinden. Nichts war dem König unangenehmer, als unerfreuliche Dinge hören zu müssen, als mit Angelegenheiten konfrontiert zu werden, für die ihm jedes Verständnis fehlte. Wie konnte es die Marquise eigentlich wagen, ihn ohne vorherige Ankündigung plötzlich allein lassen zu wollen, nachdem man schon so viele gemeinsame Jahre verbracht hatte? Kam dies nicht einem Verrat gleich? Er musste sie zur Rede stellen. Als er die gepackten Truhen und die kaum zurückgehaltenen Tränen in den traurigen Augen der Frau sah, die er einmal heiß begehrt und vielleicht sogar geliebt hatte, da überfiel ihn ein Gefühl, das er bis dahin nicht gekannt hatte. Plötzlich fürchtete er sich davor, sie zu verlieren!
Er musste, ob er wollte oder nicht, auf die heißen Nächte mit der kleinen Coislin verzichten und versprach Madame de Pompadour, die neue Geliebte auf der Stelle wegzuschicken, da diese Affäre auch international genug Staub aufgewirbelt hatte. In Wien hatte man durch die Liaison des Königs eine Entlassung Madame de Pompadours und damit eine Gefährdung des beabsichtigten Bündnisses mit Frankreich befürchtet. Jetzt atmete man am Kaiserhof befreit auf, als man vom Sieg der Marquise über ihre junge Rivalin erfuhr.
Am 1. Mai 1756 wurde in Versailles das Neutralitäts- und Verteidigungsbündnis zwischen Österreich und Frankreich unterzeichnet. Der Wechsel der Allianzen hatte endgültig stattgefunden, das Ansehen Madame de Pompadours war auf dem Höhepunkt angelangt. Am 7. Juni 1756 schrieb ein dankbarer Graf Kaunitz an die Marquise:
»Es ist Ihrem Eifer und Ihrer Weisheit, Madame, zuzuschreiben, was bisher zwischen den beiden Höfen vereinbart wurde. Ich empfinde so und kann mir die Genugtuung nicht versagen, es Ihnen zu bekennen, und danke dafür, dass Sie so gütig waren, bis zu dieser Stunde mein Führer sein zu wollen. Ich darf Sie auch nicht in Unkenntnis lassen darüber, dass Ihre Kaiserliche Majestät Ihnen alle Gerechtigkeit hat widerfahren lassen, die Ihnen zukommt, und für Sie Gefühle hegt, die Sie sich nur wünschen können. Was geschehen ist, muss, so scheint es mir,

die Zustimmung der unparteiischen Öffentlichkeit und der kommenden Generation finden. Aber was noch getan werden muss, ist sehr viel und zu sehr Ihrer würdig, als dass Sie verzichten könnten darauf, den Versuch jener Leistung zu unternehmen, die Sie dem Vaterland für immer teuer machen muss. Ich bin auch überzeugt, dass Sie nicht aufhören werden, Ihre Sorgfalt einem so wichtigen Gegenstand zu widmen. Dann aber scheint mir der Erfolg sicher zu sein. Im voraus schon teile ich den Ruhm und die Genugtuung, die Ihnen daraus erwachsen müssen, da gewiss niemand Ihnen aufrichtiger oder ehrfurchtsvoller zugetan sein kann als Ihr sehr demütiger und gehorsamer Diener Graf von Kaunitz.«

Damit war es aber mit den Ehrungen für die Marquise von österreichischer Seite noch nicht genug. Die Kaiserin selbst ließ ihr ein Lackschreibzeug mit ihrem Porträt schicken, mit kostbaren Edelsteinen reich verziert. Maria Theresia selbst schrieb nie an die Mätresse des französischen Königs; die Gerüchte, die darüber vom Preußenkönig ausgestreut worden waren, dementierte die Kaiserin selbst in einem Brief an die Kurfürstin von Sachsen:

»Sie irren, wenn Sie meinen, wir hätten jemals Verbindung mit der Pompadour gehabt, niemals gab es einen Brief, noch hat Unser Minister oder Unser Ministerium je diesen Weg gewählt. Man hat ihr wie allen anderen auch den Hof machen müssen, aber es kam nie zu irgendeiner Intimität. Diese Methode hätte mir nicht zugesagt. Ich habe ihr lediglich im Jahr 1756 mit Erlaubnis des Königs (Ludwigs XV.) ein eher galantes als prächtiges Geschenk gemacht.«

Um beide Frauen in Europa in Misskredit zu bringen, hatte Friedrich II. nicht nur Briefe unter falschem Namen an alle möglichen Herrscher geschickt, er hatte auch verbreitet, dass die bigotte Habsburgerin die »Königshure« von Frankreich in zahlreichen Briefen als »meine liebe Schwester« tituliert hätte. In seinem Hass schreckte der Preußenkönig vor nichts zurück, um die Allianz der Frauen, die sich gegen ihn gebildet hatte – auch Zarin Elisabeth von Rußland war eine erklärte Feindin des kompromisslosen Preußen – lächerlich zu machen.

Auch dem französischen König gegenüber wollte sich die Kaiserin, die wieder ein Kind erwartete, dankbar zeigen: Ludwig sollte der Taufpate des Kaiserkindes sein. Allerdings schenkte Maria Theresia einer Tochter das Leben, Maria Antonia, die als spätere Marie Antoinette in Frankreich ein trauriges Schicksal erleiden sollte.

Das Bündnis mit Habsburg sollte Frankreich nicht sehr viel Ruhm einbringen, denn obwohl die vereinigten Heere eine gewaltige Übermacht über das preußische Militär bildeten, versäumten die von Madame de

Pompadour protegierten Heerführer die günstigsten Gelegenheiten zur entscheidenden Schlacht. Ja, man betrachtete die ganze Angelegenheit, so wie die Kriege in den letzten Jahren auch, eher als amüsante Abwechslung in der Eintönigkeit des Lebens. Man ritt nicht nur mit Sack und Pack, sondern auch mit Köchen und Leibdienern, mit Musikanten und Mätressen ins Feld, ein bunter Haufen lärmenden Volkes zog durch die Lande und lagerte in Sichtweite des Feindes. Es änderte sich auch nichts, als die Absolventen der 1751 von der Marquise von Pompadour gegründeten Militärschule ihr Glück im Kampf versuchen wollten. Nur wer von hoher Geburt war und über einen prallen Geldsack verfügte, hatte die Chance, ein Kommando übertragen zu bekommen. Man machte sich wenig ernsthafte Gedanken um den Krieg und konnte den Preußenkönig nicht verstehen, der auf eine Entscheidung drängte. Alles zu seiner Zeit, dachten die Franzosen und amüsierten sich nächtelang bei Theatervorstellungen und in den Armen charmanter Damen. Nur dann und wann wurde die gute Stimmung durch die betrübliche Mitteilung am Schluss einer Komödie etwas abgeschwächt, wenn angekündigt wurde: »Morgen keine Aufführung wegen der Schlacht. Übermorgen: Der Hahn im Korb!«

Dabei gab es durchaus französische Offiziere, die dann am nächsten Tag, wenn es ernst wurde, Kopf und Kragen für ... ja, für wen eigentlich riskierten? Denn Volk und Vaterland zu schützen und zu verteidigen, dazu bestand wahrlich kein Grund. Und für den König? Dieser Gedanke entlockte so manchem Haudegen höchstens ein süffisantes Lächeln. Der König war eine Marionette in den Händen der Pompadour. Und für sie, die in Frankreich schon bald zur mächtigsten, aber auch gefährlichsten Frau aufgestiegen war, für sie lohnte es sich wahrlich nicht zu sterben!

So war es kein Wunder, dass Soubise, der Schützling der Marquise, seine Offiziere und Soldaten im Krieg gegen den gefährlichen Preußenkönig nicht in der Hand hatte. Es kam, wie es kommen musste: Friedrich schlug mit einem Häuflein bestens ausgebildeter Soldaten, die er mit eiserner Hand in die Schlacht gezwungen hatte, eine dreifache Übermacht der Feinde. Fassungslos über die schwere Niederlage ergriffen die Franzosen Hals über Kopf in panischem Schrecken die Flucht. Der Preuße hatte sie gelehrt, dass ein Krieg kein amüsantes Kavaliersgeplänkel war. Dieser europäische Krieg, der als Siebenjähriger Krieg in die Geschichte eingehen sollte, war ein Wechselbad der Taktiken, ein Auf und Ab des Schlachtenglücks, ein Hin und Her der diplomatischen Bemühungen und dadurch völlig unüberschaubar geworden. Der Freund von gestern

stand morgen vielleicht schon auf der Gegenseite – wer konnte das alles wirklich deuten? Die Zivilbevölkerung aber war wie üblich am schwersten in Mitleidenschaft gezogen. Hoffnungslos schien die Zukunft. Aber allmählich erkannten auch die Mächtigen auf allen Seiten, dass es sinnlos war, das jahrelange Kämpfen fortzusetzen. 1763 beendete man das Blutvergießen in Europa und in den Kolonien. Unterhändler aus zahlreichen Ländern kamen in Hubertusburg zusammen, diskutierten, verhandelten und unterzeichneten schließlich einen Friedensvertrag. Maria Theresia blieb nichts anderes übrig, als zähneknirschend das heiß umkämpfte Schlesien aufzugeben.
Frankreich aber war der wahre Verlierer in dem erbitterten Ringen um die Vormachtstellung. Es verlor im Frieden von Paris nicht nur sein Gesicht, sondern an den Hauptfeind England große und wichtige Gebiete in den amerikanischen Kolonien. Man wusste längst, wem man die Schuld an dem unseligen Krieg in die Schuhe schieben konnte, wie die Urheberin allen Unglücks hieß. Nicht der König war in den Augen des Volkes ein lethargischer Nichtstuer, ein entschlussloser Parasit; die aufgestaute Wut richtete sich gegen den »bösen Geist« des »Vielgeliebten«. Die Pompadour war an allem schuld!
Das Volk schrie nach Brot, und sie baute um riesige Summen Theater und Lustschlösser! Sie kannte in ihren Ausgaben weder Maß noch Ziel! Über zwei Millionen Franc allein verschlangen alljährlich die Theater, während ein einfacher Landgeistlicher mit dreihundert Franc im Jahr mehr schlecht als recht sein Leben fristete. Nur wer im Umfeld Ludwigs XV. seine Tage mit Nichtstun verbrachte, der konnte gewärtig sein, aus den königlichen Kassen überreichlich versorgt zu werden. Der Hof von Versailles glich einer kleinen Stadt, Menschen aus allen Schichten drängten sich in den engen Gängen und saßen untätig auf mitgebrachten Sesseln oft tagelang, um vielleicht von einem Blick des meist desinteressiert vorüberschlendernden Königs gestreift zu werden. Fliegende Händler versorgten die Wartenden mit Nahrung, Gaukler und Zauberkünstler vertrieben ihnen die Zeit. Man wusste eigentlich nicht so recht, warum man sich hier eingefunden hatte, aber es konnte sein, dass es über kurz oder lang eine lohnende Aufgabe gab, eine kleine, nicht anstrengende Beschäftigung, die Geld einbrachte. Vielleicht aber hörte man durch Zufall ein interessantes Gerücht, das man dann an gegebener Stelle gut in klingende Münze umsetzen konnte.
Nur wer reich war, konnte im Frankreich des 18. Jahrhunderts sorgenfrei leben. Geburt allein garantierte noch lange kein Leben in Saus und Braus. So zählten auch die Landadeligen zu den Ärmsten der Armen.

Sie hatten nichts als ihren Titel, denn durch die unsinnigen Erbgesetze, nach denen vom väterlichen Besitz der Erstgeborene zwei Drittel bekam, stürzten alle Nachgeborenen unweigerlich ins Elend. Wie gern hätte sich so mancher als Handwerker, Kaufmann oder Soldat sein Brot verdient! Aber dies war gegen die Ehre des Standes und daher strikt untersagt. Die gewaltige Kluft zwischen unwahrscheinlich Reichen und Bettelarmen führte schon in der Mitte des 18. Jahrhunderts immer wieder zu offenen Revolten, die aber durch den Einsatz von königstreuen Soldaten im Keim erstickt wurden. Ein Attentat, das auf Ludwig XV. verübt wurde, hätte das Volk aufrütteln können, aber stattdessen verfolgte der Pöbel, der zunächst johlend und grölend unter den Fenstern der verhassten Marquise vorbeigezogen war, mit wahrer Begeisterung die bestialische, stundenlange Folterung und darauffolgende Hinrichtung des armen Damiens.

Der König war nur leicht verletzt worden, fühlte sich aber zu Tode verwundet und verfiel in geradezu hysterische Reue. Er wollte sofort den leibhaftigen Beweis seiner Sünde und Schuld entfernen und Madame de Pompadour den Laufpass geben. Aber wie schon früher gelang es der Marquise auch diesmal, die Absichten des Königs zu durchkreuzen.

Die immer trister werdende Stimmung und die miserable Situation des Volkes ließen Ludwig XV. und seine Mätresse völlig kalt. Und obwohl Madame de Pompadour ein Kind dieses Volkes gewesen war, schien es, als hätte sie mit ihrem Einzug in Versailles nicht nur die Vergangenheit abgestreift, sondern auch ihre Identität gewechselt. Die Macht, die sie erreicht hatte, demonstrierte sie, indem sie den Besuchern abverlangte, ihr beinahe königliche Ehren zu erweisen. Wie Ludwig XV. empfing sie die Bittsteller im Bett sitzend, oder sie thronte in einem prächtigen Stuhl mitten im Zimmer. Keiner der übrigen Anwesenden hatte die Gelegenheit, irgendwo Platz zu nehmen, das Sitzen war einzig ihr Vorrecht. Aber nicht alle, die von ihr eine Audienz erbeten hatten, fügten sich in ihre Anordnungen. So kam es vor, dass ein Mann von Rang und Adel sich einfach die Kühnheit herausnahm und sich, wenn er müde war, auf die Lehne ihres Stuhles setzte. In Ausnahmefällen ließen sich prominente Bittsteller sogar auf ihrem Bettrand nieder. Madame de Pompadour war über solch unziemliches Verhalten natürlich außer sich und beschwerte sich auf der Stelle bitter beim König, aber Ludwig amüsierte sich bloß über diese Vorfälle, und damit war die Sache für ihn abgetan.

Wer sich freilich um ein hohes Staatsamt bewarb oder einen lukrativen Posten bei Hof anstrebte, der dienerte bis zum Boden und bot

der Marquise diskret einen dicken Beutel mit Goldstücken. Alles war in Frankreich käuflich geworden, selbst die berüchtigten »Leittres de cachet«, die so manchen Unschuldigen ins Gefängnis brachten.
Je länger die Marquise an der Seite des Königs lebte, desto größer wurde die Schar ihrer Feinde, die sie in Grund und Boden verdammten. Nur wenigen konnte sie wirklich vertrauen, so dem Grafen Choiseul, der lange Jahre ihr unerbittlicher Gegner gewesen war. Das Eis war gebrochen, als man ihn in eine Intrige hineinziehen wollte, die wahrscheinlich das Ende der Karriere der Pompadour gewesen wäre. Ihr erklärter Feind, Graf d'Argenson, hatte ein Komplott gegen die heimliche Herrscherin angezettelt, dem auch eine langjährige Freundin und Vertraute, die Gräfin d'Estrades, nicht widerstehen konnte. Ziel war es, die Mätresse »en titre« endgültig zu entmachten, und alle waren sich darin einig, dass dies bei Ludwig XV. nur auf dem Umweg über das Bett möglich sein würde. Eine junge, reizvolle Geliebte sollte den König dazu bringen, der Pompadour den Abschied zu geben. Geschickt fädelte der Graf d'Argenson alles ein: Eine Hofdame der Töchter des Königs, die entzückende Madame de Choiseul, sollte den König verführen. Ludwig war es gewohnt, dass sich die Damen nicht lange zierten, wenn er sie beglücken wollte. Durch ihre scheinbare Weigerung hatte die Gräfin die brennende Leidenschaft des Königs entfacht. Sieben Tage wurde der König von der schönen Dame vertröstet, bis sie sich endlich ergab.
Auf diese schwache Stunde hatten die Rädelsführer der Kabale nur gewartet: Madame de Choiseul sollte dem König das Versprechen abringen, der Marquise de Pompadour den Laufpass zu geben. Triumphierend überbrachte die neue Geliebte ihren Auftraggebern die ersehnte Nachricht. Sie war aber so unvorsichtig, ihren Onkel Etienne-François Choiseul-Amboise, Graf de Stainville, als Postillon d'Amour einzuschalten, von dem sie glaubte, dass ihm ebenfalls viel daran gelegen sein müsste, die Pompadour zu entmachten. Aber plötzlich besann sich der Oheim eines Besseren; er witterte die Chance seines Lebens. Nicht der König würde ihm in Zukunft dankbar sein für seine Dienste. Eine ganz andere Person würde ihm seine Informationen sicherlich nie vergessen – und diese Person war natürlich die Pompadour.
Sein Glück war gemacht, während seine kleine Nichte ins Unglück stürzte. Die Rache der Marquise war fürchterlich: Meisterlich verstand sie es, den König so weit zu bringen, dass er sie, seine treue Freundin, reumütig für diesen Seitensprung um Vergebung bat. Madame de Pompadour verzieh dem »Vielgeliebten«, aber die vermessene Person, die in ihrer Verblendung um alles oder nichts gespielt hatte, wurde »wie

eine kleine Hure, die sich schlecht benommen hatte und ein Auge auf den König geworfen hat«, vom Hof gejagt.

Der Vorfall allerdings gab Madame de Pompadour zu denken. Was hier geschehen war, konnte jeden Tag aufs neue passieren. Sie musste die Augen offen halten und wachsam sein. Aber die Marquise wusste auch, wie sinnlich Ludwig veranlagt war und dass alle ihre Künste seine Triebe nicht befriedigen und ihn nicht davon abhalten konnten, bald wieder in die Arme einer Abenteurerin zu fallen. Bevor ihm andere wieder eine neue Mätresse ins Bett legten, wollte sie selbst die Sache in die Hand nehmen. Für sie war es lebenswichtig, dass jede zukünftige Geliebte dem König bloß einen unbedeutenden, kurzlebigen Liebesrausch bot. Kinder aus dem Volk, kerngesund, hübsch, möglichst jung und natürlich Jungfrauen, das waren die Gespielinnen, die Madame de Pompadour für den nimmersatten König aussuchen wollte. In ihren Armen würde sich Ludwig bis zur Erschöpfung verausgaben; alle anderen Vergnügen aber wollte sie selber für den König arrangieren, und nach seinen nächtlichen Amouren würde er ihre amüsante Gesellschaft, die leichte, aber gehaltvolle Plauderei desto mehr schätzen.

Bald hatte es sich herumgesprochen, dass schöne junge Mädchen unter der Obhut der Marquise ihr Glück in den Armen des Königs machen konnten. Tag und Nacht liefen bei Hofe entsprechende Angebote ein; die eigenen Eltern priesen marktschreierisch die körperlichen Vorzüge ihrer blutjungen Töchter an. Man sah es als Ehre an, wenn sich der König herabließ, die Tochter höchstpersönlich zu »entehren«. Der Batzen Geld, der als Lohn für die verlorene Jungfernschaft winkte, tröstete so manche über den ersten Schmerz hinweg.

Die Marquise suchte selbst die Mädchen aus, denn sie wusste, was Ludwigs Blut in Wallung versetzte. Hatte ein schönes Kind alle strengen Kriterien erfüllt, von prallen Brüsten bis zu zierlichen Fesseln, von lockenden Lippen bis zur weißen Haut, dann wurden Ärzte gerufen, die die Jungfrau auf Herz und Nieren zu untersuchen hatten. Aber auch die Familie wurde einer strengen Kontrolle unterzogen und eine Zeit lang genau beobachtet, denn nur so war der König vor einer tödlichen Ansteckung zu bewahren. War alles zur vollsten Zufriedenheit ausgefallen, dann sprach man über das Geschäftliche, und die Apanage, die bis zu 200000 Livres betrug, wurde vertraglich festgelegt.

Damit sich der König völlig ungestört ganz seiner Lust hingeben konnte, richtete ihm seine erfinderische Freundin mitten in einem wunderschönen Park, im »parc aux cerfs«, dem Hirschpark, unweit des Schlosses, ein kleines, komfortables Haus ein. Ungesehen von

der neugierigen Schar der Höflinge, konnte der König hier seinem Vergnügen nachgehen, wann immer ihn das Verlangen überkam. Im Hirschpark fand Ludwig XV. all das, was ihm seine Mätresse schon lange nicht mehr bieten konnte.
Die Tage im Hirschpark waren für die Mädchen allerdings meist schnell gezählt, denn der König kannte in seiner Sinnlichkeit nicht Maß noch Ziel; bald schon sahen die einstigen Jungfrauen Mutterfreuden entgegen. Damit war zwar das Ende der Affäre mit dem König gekommen, aber das Füllhorn Fortunas war noch lange nicht leer. Die werdende Mutter wechselte ihren Wohnsitz und zog auf Wunsch der Marquise in ein gut eingerichtetes Haus, in dem sie das Königskind zur Welt brachte. Nach der Geburt wurde der jungen Mutter die fürstliche Abfindung überreicht, und eine sorgenfreie Zukunft stand ihr offen, denn die Mädchen aus dem Hirschpark galten als attraktive Partien; meist boten Männer von Adel den abgelegten Königsliebchen Hand und Titel an.
Wie viele Kinder Ludwig XV. in seinem idyllischen Haus im Hirschpark zeugte, wusste keiner. Die zahlreichen Söhne und Töchter, die dem Vater manchmal wie aus dem Gesicht geschnitten waren, interessierten ihn nicht im geringsten. Nur einmal wurde ein unehelicher Sohn beinahe zum Streitthema zwischen ihm und der Marquise.
Madame de Pompadour hatte aus ihrer legitimen Ehe eine schöne Tochter, Alexandrine, die im besten Internat Frankreichs Wissen und Bildung erlangen sollte. Obzwar die Pompadour wegen ihrer vielfältigen Aufgaben und Probleme in ständiger Anspannung lebte, kümmerte sie sich doch, wo sie konnte, um die Tochter. Auch der König war dem schönen, charmanten Kind mit den faszinierenden Augen sehr zugetan. Im Jahr 1747 schrieb die Marquise folgende Zeilen an ihre Tochter:
»Jedermann sagt mir, dass Sie Ihrer Mutter Ehre machen und mein Herz versichert mich dessen gleichfalls. Ihre Damen sind sehr zufrieden mit Ihnen und werden nicht müde, Ihren Geist und Ihre Grazie zu rühmen. Befleißigen Sie sich, so vieler Zärtlichkeit und Fürsorge würdig zu sein, dadurch erfreuen Sie mich und werden sich in späteren Jahren auch der Wertschätzung anderer erfreuen. Besuchen Sie mich nächsten Freitag und bringen Sie Ihre kleine Freundin Mademoiselle de Rosieres mit. Der König wird es nicht an Zärtlichkeit fehlen lassen, denn er liebt Sie wie sein eigenes Kind. Er unterhält sich häufig mit mir über Sie, und ich zweifle nicht, dass, wenn es einmal dazu kommt, Ihnen eine Position zu schaffen, er etwas ganz Beträchtliches für Sie tun wird. Adieu, mein geliebtes Kind, geben Sie auf Ihre Gesundheit recht acht und lieben Sie Ihre Mutter in gleichem Maße, wie Sie von ihr geliebt werden.«

In Madame de Pompadour reifte ein kühner Heiratsplan für die Tochter: Nur ein Sohn des Königs sollte ihr geliebtes Kind zum Altar führen. Ludwig XV. hatte einen einzigen legitimen Sohn, den Dauphin, der die Favoritin seines Vaters abgrundtief hasste; aber es gab ja auch zahllose illegitime, äußerst gutaussehende Söhne des Königs, und auf einen, auf den Grafen de Luc, hatte Madame de Pompadour ihr Hauptaugenmerk gerichtet.

Voller Erwartung unterbreitete sie Ludwig ihren Plan. Aber sie hatte sich verrechnet. Der König, der sich auch um den Grafen de Luc, seinen Sohn, den er mit der Gräfin Vintemille gezeugt hatte, kaum gekümmert hatte, lehnte den Heiratsvorschlag rundweg ab. Sosehr die Marquise auch für ihre Tochter bat und in Ludwig drang, sie erreichte nur, dass der König unwillig wurde und nicht mehr über diese Angelegenheit zu sprechen wünschte. Die wahren Gründe für seine Ablehnung wurden nie bekannt; vielleicht fürchtete Ludwig in seiner Entschlusslosigkeit, mit Familienproblemen belästigt zu werden.

Aber das Schicksal sollte der Marquise einen noch viel grausameren Schlag versetzen. Alexandrine hatte kaum ihren zehnten Geburtstag gefeiert, als sie an einer fieberhaften Erkältung erkrankte, die – trotz aller ärztlichen Hilfe – tödlich endete.

Madame de Pompadour war untröstlich, als sie vom Hinscheiden ihres einzigen Kindes erfuhr. War dies die Strafe des Himmels dafür, dass sie immer wieder Kinder Ludwigs hatte abtreiben lassen, wenn sie sich schwanger fühlte? Sie hatte so viel aufs Spiel gesetzt, und es sah so aus, als würde sie letztlich alles verlieren. Aber sie war nicht die Frau, die so schnell die Flinte ins Korn warf. Mit eiserner Energie und Willenskraft unterdrückte sie Schmerz und Trauer, denn sie wusste, wie sehr der König betrübte, kummervolle Gesichter hasste. Aber sie fühlte nun, wie die tödliche Krankheit ihren Körper zerstörte. Rouge und Puder vermochten die schwarzen Ringe unter den Augen und die tief eingegrabenen Furchen um den Mund nicht mehr zu kaschieren. Sie hatte Elixiere und Wundersäfte hinuntergeschluckt, hatte Fröhlichkeit geheuchelt, auch wenn die Schmerzen schier unerträglich waren, und mit eiserner Überwindungskraft den König in eine Betriebsamkeit gestürzt, die ihr selbst die letzten Kräfte nahm. Allmählich aber musste sie Tribut zahlen für den Raubbau, den sie jahrelang an ihrem Körper getrieben hatte.

Mit 42 Jahren war sie nun am Ende. Der Tag der Abrechnung war nahe. Sie war die meistgehasste Frau in Frankreich; erbitterte Flüche des ausgebeuteten und hungernden Volkes verfolgten sie Tag und Nacht,

und am Hof von Versailles wünschte man sich nichts sehnlicher, als dass sie lieber heute als morgen das Zeitliche segnete.
Und wie stand es um den König, für den sie alles gegeben hatte? Ludwig war sie zwar unentbehrlich, aber schon lange als Frau und als Mensch gleichgültig; sie fühlte bitter, dass sie für ihn zu einer Art Einrichtung geworden war. Wer brauchte sie eigentlich noch, ja, gab es einen Menschen, der sie wirklich liebte?
Die wahren Freunde, die sie im Leben gehabt hatte, konnte sie an einer Hand abzählen. Sicherlich waren ihr die Künstler Frankreichs zugetan, aber war es nicht blanker Eigennutz, der einen Voltaire, einen Boucher oder einen Diderot, d'Alembert auf ihre Seite schwenken ließ? Hatte sie nicht den Enzyklopädisten durch ihren Einfluss auf den König zum Durchbruch ihres bahnbrechenden Werkes verholfen? War sie es nicht gewesen, die den König auf dieses Jahrhundertwerk, das, bevor es allgemein publik werden konnte, durch den Einfluss der Kirche verboten worden war, aufmerksam gemacht hatte, indem sie Ludwig veranlasste, darin nachzulesen? War sie es nicht gewesen, die die Meister der Porzellanherstellung nach Frankreich geholt und so den Anstoß zur Gründung der weltberühmten Manufaktur von Sevres gegeben hatte? Hatte sie nicht eine ganze Kunstrichtung – das Rokoko – inspiriert?
Ja, sie, Jeanne-Antoinette Poisson, verehelichte Madame d'Etioles, Marquise von Pompadour, hatte vieles in Bewegung gesetzt, hatte dem Theater in Frankreich einen neuen Stellenwert gegeben und hatte auf der politischen Bühne jahrelang eine der Hauptrollen gespielt. Sie hatte es durch ihren Einfluss beim König erreicht, die jahrhundertelange Feindschaft zu den Habsburgern zu überbrücken und sich die Kaiserin Maria Theresia gewogen zu machen.
Aber sie hatte auch mitgeholfen, Frankreich an den Bettelstab zu bringen. Durch ihre Schuld hatte Frankreich riesige Gebiete in den Kolonien an England verloren; dem Ansehen des Staates in der Welt war ein schwerer Schlag versetzt worden. Madame de Pompadour hatte ihr Spiel gespielt, verloren und gewonnen. Das Volk hungerte und verfluchte die Pracht der Schlösser, die Schönheit der Gemälde, die Zartheit des Porzellans und die wohlgesetzten Worte der Dichter – das unsterbliche Werk der Marquise für spätere Zeiten. Die Abrechnung, die Madame de Pompadour hielt, wies ein erstaunliches Haben auf, aber auch ein ebenso starkes Soll. Sie selbst konnte nichts mehr an dieser Bilanz verändern, denn der Tod hatte längst seine Hand nach ihr ausgestreckt.

Schon 1757, mit 36 Jahren, hatte sie ihr erstes Testament aufgesetzt, aber damals erholte sie sich wider Erwarten von einer bösartigen Krankheit. Im März 1764 allerdings überfiel sie wieder ein schweres Fieber, sodass sie das Bett nicht mehr verlassen konnte. Erstaunlicherweise besuchte sie der König jeden Tag und holte sich von ihr Rat und Instruktionen. Der Tod gewährte ihr noch einen kleinen Aufschub, sodass sie mit ihrer Seele ins Reine kommen konnte. Ein Leben lang war sie der Kirche, vor allem den Jesuiten gegenüber, feindlich gesinnt gewesen – ihre letzte entscheidende Tat war, dass der Jesuitenorden in Frankreich auf ihre Intervention hin verboten wurde. Bis zuletzt saß sie mit großer Mühe in ihrem Bett, durch Kissen gestützt, aufrecht und ließ sich von ihrem Vertrauten Janelle die Postgeheimnisse mitteilen. In dieser Haltung empfing sie auch den Priester, der ihr die Letzte Ölung und das Abendmahl reichte. Als sich der Geistliche zum Gehen wandte, lächelte sie ihm schwach zu und sagte: »Warten Sie doch noch einen Augenblick, Herr Pfarrer, wir gehen dann zusammen!«
Am 15. April 1764 betrat der König die Gemächer der Marquise nicht. Er konnte niemanden sterben sehen, am allerwenigsten Madame de Pompadour. Nervös ging er auf und ab und erwartete voll Angst, aber dennoch ungeduldig die entscheidende Nachricht. Heftig widerstreitende Gefühle kämpften in ihm. Überdeutlich fühlte er, dass mit dem Tod der Marquise ein Abschnitt in seinem Leben zu Ende gegangen war, der durch ihren Einfluss, durch ihre Kraft, aber auch durch ihre Liebe zu den glücklichsten in seinem Leben gezählt hatte.
Was Ludwig XV. sich in seiner Schwachheit nicht eingestehen wollte, drückte der alte Voltaire aus. Er schrieb: »Ich trauere um sie aus Dankbarkeit ... Von Geburt aufrichtig, liebte sie den König um seinetwillen. Sie besaß Güte in ihrer Seele und Gerechtigkeit in ihrem Herzen. All dem begegnet man nicht jeden Tag.«
Sogar der Königin, Maria Leszczynska, ging der Tod der Marquise, die einige Jahre die Ehre gehabt hatte, ihre Palastdame zu sein, nahe. Einige Tage nach der Beisetzung der Pompadour richtete sie an den Parlamentspräsidenten Henault folgende Zeilen: »Übrigens fragt man nun ebensowenig nach ihr, die nicht mehr ist, als ob sie nie gewesen wäre. So ist die Welt. Es lohnt sich wahrhaftig nicht, sie zu lieben.«
Der König hatte sich nach dem Tod der Marquise kaum die Tränen aus den Augen gewischt, als schon geschickte Diplomaten, die um Macht und Einfluss bei Hof buhlten, ihm eine neue Mätresse anboten.
Die junge, blühende Dubarry war eine aufreizend sinnliche Frau, die keine Nebenbuhlerin duldete. So sehr sie auch durch ihre Leidenschaftlichkeit

den König, der in die Jahre gekommen war, ermüdete, er fand doch immer noch die Kraft, wenn ihn die Lust überkam, sich irgendwelche Mädchen von der Straße ins königliche Bett zu holen. Der Dubarry aber fehlte die instinktive Weisheit einer Pompadour: Sie schloss das Haus im Hirschpark und glaubte, den König dadurch noch fester an sich zu ketten. Aber sie kannte Ludwig viel zu wenig. Heimlich schlich er sich in zwielichtige Etablissements und suchte in der Halbwelt das, was er nicht an die gesundheitliche Gefahr, die sich aus den wahllosen körperlichen Beziehungen ergeben konnte. Und so ereilte ihn denn auch sein Schicksal:
Mit seinen 64 Jahren war er immer noch kerngesund, als er eine erfahrene, lebenslustige Schauspielerin mit dem Künstlernamen Raucourt kennenlernte. Wegen ihrer wilden Lebenslust trug sie den Beinamen »die Wölfin«, und der König erwartete von ihr besondere Raffinessen in der Liebe in seinen »petits Appartements«. Als Madame Dubarry erfuhr, wer sich im Bett des Königs wälzte, überfiel sie rasende Eifersucht. Sie griff nach einer Schere, lauerte der gemeinen Person auf, und es kam zu einer undamenhaften, vulgären Rauferei. Blut spritzte, und die »Wölfin« fiel in Ohnmacht. Fieberhaft suchte man nach einem Arzt, und es fand sich auch einer: Ein gewisser Dr. Guillotin hielt sich eben im Schloss auf, um dem König ein neues Projekt vorzustellen. Er eilte herbei und verband die leichte Verletzung an der Hand, musste aber mit Erstaunen feststellen, dass die nicht gerade schwächliche Frau in eine tiefe Ohnmacht gefallen war.
Guillotin – seine berühmte Erfindung sollte etliche Jahre später auch die Dubarry ins Jenseits befördern – betrachtete die leblose Frau lange und intensiv – und schwieg.
Die Schauspielerin war bereits mit den gefürchteten Schwarzen Pocken infiziert, als sie intimen Kontakt mit Ludwig XV. hatte. Der ehemals schöne König ging einem hässlichen, fürchterlichen Ende entgegen. Am 27. April 1774 zeigten sich auf einer Jagd die ersten dunklen Flecken auf der Haut, die in eiternde Schwären übergingen. Der König verweste bei lebendigem Leib. Bestialischer Gestank erfüllte das Krankenzimmer. Von unerträglichem Durst gequält, wälzte sich der Sterbende auf seinem Lager, aber niemand kam in seine Nähe, um ihn mit erfrischenden Getränken zu laben. Kaum einer wagte, mit vorgehaltenen Tüchern vor dem Mund, den Raum zu betreten; nur die Dubarry zeigte keinerlei Furcht, obwohl sie selbst noch nie die Pocken gehabt hatte, und erbarmte sich heldenhaft des Sterbenden.
Am Rande seines Totenbettes lieferten sich die politischen Intriganten aus zwei Lagern heiße Debatten darüber, welches Geschlecht weiterhin

in Frankreich regieren sollte. Würde nämlich der König lasterhaft, wie er gelebt hatte, ohne Absolution in Sünde sterben, so konnte unmöglich das Haus Bourbon weiterhin an der Spitze des Staates stehen. Die Orleans hielten sich schon bereit, um die Regierung zu übernehmen. Aber Ludwig XV. machte der verhassten Clique noch einen Strich durch die Rechnung. Abbé Maudoux, der Beichtvater des Königs, kam beinahe in letzter Minute. Eitrige Pusteln zersetzten schon die Zunge, und kaum hörbar flüsterte der König von Frankreich seine letzte Beichte. Vom Tod gezeichnet, bereute Ludwig sein skandalöses, unmoralisches, unchristliches Leben. Die Absolution und die Sterbesakramente schienen dem Todkranken noch einmal letzte Kräfte zu verleihen, denn er diktierte eine Erklärung, die bei seinem Begräbnis von allen Kanzeln verlesen werden sollte. Darin bat er sein Volk um Verzeihung für all das, was er jedem Einzelnen durch sein kostspieliges, ausschweifendes Leben angetan und was er versäumt hatte, zum Wohl seiner Untertanen zu tun. Öffentlich bereute er sein Nichthandeln und seine Lethargie.

Nur wenige trauerten um den Mann, der zu schwach gewesen war, sich gegen die mächtigen Intriganten bei Hof und gegen den Einfluss der starken Madame de Pompadour durchzusetzen; die anderen wünschten seine Seele zur Hölle. Das Volk von Frankreich rüstete schon zur Revolution.

Für ihre Liebe opferte er einen Thron

Wallis Simpson und Edward VIII.

»David ist tot! Erinnerst du dich noch, dass Clifton Webb ihn immer David nannte? Ich war einmal zum Abendessen auf ihrem Schloss. Was für ein Abend! Sie saß da, ›ganz das elegante Skelett‹, und nach dem Essen klatschte sie in die Hände, als würde sie einen Dienstboten rufen und sagte in diesem affektierten Amerikanisch: ›Geh, David! Zieh deinen Kilt an und führe unseren Gästen deinen Tanz vor!‹ Und dieser Mann, der einmal König war, geht tatsächlich! Und er kommt wie ein Chorjunge aus Bridadoon in komplett schottischer Nationaltracht zurück und vollführt einen Tanz – auf Zehenspitzen und mit wirbelndem Röckchen! Schrecklich! Und die Hunde! Hast du je ihre hässlichen Hunde gesehen? Sie hecheln! Lange Dinger tropfen aus ihren eingedrückten Nasen, und ihre Glotzaugen tränen. Was für eine Art zu leben! Schreckliche Leute – sie hatten einander verdient!«
Von der pietätvollen Aufforderung »de mortibus nihil nisi bene« scheint Marlene Dietrich nicht viel gehalten zu haben, als sie sich in so abfälligen

Worten über den ehemaligen König von England äußerte, jenen König, der aus der verhängnisvollen Liebe zu einer geschiedenen Frau heraus auf Macht, Reich und Thron verzichtet hatte.
Als die Diva jene höhnischen Zeilen schrieb, war viel Zeit vergangen seit den Tagen, als sich das Schicksal Edwards VIII. so dramatisch gestaltete. Tiefe Furchen hatten die Jahre in sein ehemals hübsches Gesicht gegraben, und die unzähligen Nächte, die der Herzog von Windsor an der Seite seiner exzentrischen Frau zum Tag gemacht hatte, waren nicht spurlos an beiden vorübergegangen; sie hatten Edward vorzeitig verbraucht und ihn früh altern lassen.
Die Windsors waren gern gesehene Partygäste, und obwohl sie sich eher herablassend gaben – Adel verpflichtet –, so fühlte man sich doch im internationalen Jet-Set geehrt und geschmeichelt, wenn das Herzogspaar sein Erscheinen zusagte. Aber welche Abwechslung hätten der Exkönig und seine Frau auch in den vielen Jahren der politischen Untätigkeit und menschlichen Bedeutungslosigkeit haben können, als die Welt zu bereisen und die Nachtclubs und Bars mit ihrer Anwesenheit zu beglücken? Wo der ehemalige König von England mit seiner bürgerlichen Gemahlin auftauchte, war die Boulevardpresse sofort zur Stelle und berichtete eingehend, mit welch sündteuren Kleidern und exquisiten Pelzen die Herzogin, die zehn Jahre hindurch den Titel der bestangezogenen Frau der Welt trug, ihren immer dürrer werdenden Körper aufzuputzen versuchte. Aus dem überreifen Romeo und der männererfahrenen Julia, die nur nach allergrößten Schwierigkeiten zum Altar gefunden hatten, war ein ältliches Ehepaar geworden, ein langweiliger, bevormundeter, entscheidungsloser David und eine spitzzüngige, umtriebige, herrschsüchtige Wallis.
Sie waren seit ihrer Eheschließung unzertrennlich geworden, und das, was sich Edward VIII. in den vielen Nächten vor der schwerwiegenden Entscheidung im Herbst 1936 so sehnlichst gewünscht hatte, war wahr geworden: Sie hatten ein langes Leben gemeinsam verbracht. Aus König Edward VIII. war ein David geworden, der sich freiwillig dem Kommando seiner Frau unterstellt hatte. Aber vielleicht gab es doch ab und zu für ihn eine stille Stunde, in der er sich manchmal fragte, ob er damals die richtige Entscheidung getroffen hatte.
Zu sehr war er von Stanley Baldwin, dem Premierminister, und dem Erzbischof von Canterbury, Dr. Lang, in die Enge getrieben worden. Wie ein trotziger Primaner hatte er allen Widerständen männlich die Stirn bieten und die Frau seines Herzens unter gar keinen Umständen aufgeben wollen. Edward, ein Mann hoch in den Dreißigern, hatte sich im

Jahre 1931 in die beinahe gleichaltrige Frau von Ernest Simpson, einem Schiffsmakler, bis über beide Ohren verliebt. Diese Liebe hatte ihn zwar nicht wie ein Blitz aus heiterem Himmel getroffen; sie entwickelte sich langsam und allmählich, wurde aber zu einer Lebens- und Existenzfrage für den Frauen gegenüber eher zurückhaltenden zukünftigen König von England.

Edward, Prinz von Wales, der erstgeborene Sohn König Georges V. und seiner Gemahlin Mary von Teck, hatte die aparte, überschlanke Mrs. Simpson auf einer kleinen, intimen Gesellschaft kennengelernt. Vielleicht wäre ihm die Amerikanerin gar nicht weiter aufgefallen, hätte sie nicht ihm gegenüber eine spitze Bemerkung fallen lassen, die so gar nicht zur Konversation mit einem Thronfolger gepasst hatte. Durch diese eher schnippischen Worte blieb ihm die selbstsichere Frau im Gedächtnis. Als Edward die Bekanntschaft von Wallis Simpson, geschiedene Spencer, geborene Bessie Warfield, machte, war er seit drei Jahren mit einer Dame der britischen Gesellschaft, Thelma Furness, liiert. Man nahm daran bei Hof keinen Anstand, hoffte lediglich, dass sich der doch ein wenig in die Jahre gekommene Prinz allmählich entschließen würde, zu heiraten. Denn die Tage seines kranken Vaters, des Königs, schienen gezählt, und man hoffte, dass Edward, der englischen Tradition entsprechend, als Familienvater den Königsthron besteigen würde.

Nicht nur die eigene Familie sorgte sich um eine Frau für Edward, auch die internationale Presse schien die Herzenswünsche des zukünftigen britischen Königs erraten zu wollen. Kaum tauchte Edward in Gesellschaft irgendeines heiratsfähigen Mädchens auf, hörten die Leser der Boulevardzeitungen schon die Hochzeitsglocken läuten. Dabei schien Edward weder an den jungen Damen sonderlich interessiert noch machte er sich etwas aus standesgemäßen Partien. Im Gegenteil: Er sah Heiraten innerhalb weniger Familien der europäischen Hocharistokratie als verhängnisvoll an und äußerte sich seiner ob dieser revolutionären Bemerkungen entsetzten Mutter gegenüber mehr als einmal abfällig über derartige Verbindungen. Mit Bangen erkannten die Eltern, dass ihr ältester Sohn wohl kaum von einer Konventionsehe zu überzeugen sein würde. Edward würde sich die Frau seines Lebens selbst suchen, ohne Rücksicht auf Tradition und Familie.

Edward war das, was man heute als einen »Softie« bezeichnen würde: Ein fügsames Kind, ein problemloser Jugendlicher, der sich den Anordnungen seiner Lehrer und Erzieher fügte, der keinen Widerstand leistete und der die Eltern und die Geschwister innig liebte. Der

Kronprinz war in seiner Jugendzeit sportlich durchtrainiert und scheute nicht davor zurück, sich im Ersten Weltkrieg in Frankreich die ersten Lorbeeren im Schützengraben zu erwerben. Dabei war er aber kein unüberlegter Haudegen, sondern er behielt kühlen Kopf auch in den gefährlichsten Situationen.

Nach dem Krieg hielt es sein Vater für angebracht, den Thronfolger ins Ausland zu schicken, damit sich der zukünftige König von England ein Bild von den Zuständen in dem riesigen Weltreich machen konnte. Edward ging mit offenen Augen und mit viel Anteilnahme durch die Welt, suchte Kontakt mit der Bevölkerung und hörte von den Leuten, die bald Vertrauen zu ihm gefasst hatten, von ihren Sorgen und Nöten. In seiner freundlichen Art gewann er die Herzen aller, obwohl es ihm natürlich durch seine traditionelle, konservative Erziehung verwehrt war, die Hintergründe mancher Dinge zu durchschauen, die sich bei genauerer Untersuchung und näherer Betrachtung anders erwiesen, als es zunächst den Anschein hatte. Edwards Sympathien für die extremen politischen Richtungen der Zeit sind so zu erklären. Immer und überall versuchte er aber redlich, das moderne Leben zu verstehen. Dieses Bemühen wurde allgemein anerkannt, und man war in England und in den Ländern der britischen Krone froh, einen jungen, aufgeschlossenen, modern denkenden Thronfolger zu haben. Man sah in ihm den idealen Nachfolger seines eher zu konservativen Vaters und hoffte auf viele grundlegende Neuerungen, wenn ihm in naher Zukunft die Krone aufs Haupt gesetzt werden würde.

Die Zeit nach dem Ersten Weltkrieg war auch für Großbritannien keineswegs rosig. Die sozialen Probleme schienen der Regierung über den Kopf zu wachsen; weite Schichten der Bevölkerung waren ohne Arbeit, ohne Einkommen, ohne Hoffnung. Die britische Regierung stand unter enormem Druck; Extremisten hämmerten ihre Parolen, und je aussichtsloser die Lage für die Menschen wurde, desto empfänglicher wurden sie für derlei Botschaften. Auch die Kolonien erkannten die Gunst der Stunde und forderten von der Regierung in London vehement weitgehende Rechte und Selbständigkeit. Winston Churchill, der große britische Staatsmann, erklärte in diesen kritischen Jahren: »Die Krone ist das geheimnisvolle, ja ich möchte sagen, das magische Bindeglied geworden, das unser locker zusammengehaltenes, aber eng verflochtenes Commonwealth der Nationen, Staaten und Völker miteinander verbindet.« Und alle waren sich darin einig, dass auf den zukünftigen König von England schwere Aufgaben in einer ungewissen, schicksalhaften Zeit warteten. Aber Edward schien gut gerüstet, er verfügte über all das, was man sich von einem modernen Herrscher erwartete. Die Sterne standen gut für den englischen Thron. Alles schien in geordneten Bahnen zu verlaufen, niemand hatte Angst um die Zukunft im Hause Windsor. Bis zu jenem verhängnisvollen Abend, an dem Edward Wallis Simpson begegnete.

Es war keine gewöhnliche Einladung gewesen, die Ernest und Wallis Simpson in ihrem Haus Bryanston Court Nr. 5 erhalten hatten. Denn obwohl die Simpsons ein sehr geselliges Leben führten, das bei weitem ihre finanziellen Möglichkeiten überstieg, war die Überraschung doch groß, dass sie am 10. Januar 1931 im Landhaus von Lady Furness in Melton Mowbray in Leicestershire zur illustren Gästeschar zählen sollten. Schon bald hatte Wallis Simpson durch ihre Freundinnen in Erfahrung gebracht, dass auch der Prinz von Wales anwesend sein würde.

Wallis erzählte ihrer Tante Bessie, der sie regelmäßig nach Amerika schrieb und alle Neuigkeiten haarklein berichtete, von der ersten Begegnung mit dem zukünftigen König von England: »Trotz meiner Erkältung nahmen wir am Samstag den 3.20 Zug, zusammen mit Ben Thaw. Connie war in Paris. Wir kamen um 6.30 an, der Prinz & Thelma Furness trafen gegen 7.30 ein, mit Prinz George und dem Stallmeister des Prinzen, General Trotten; Prinz George blieb nur kurz und fuhr dann weiter zu Lady Wodehouse. So waren wir nur noch sieben – du kannst dir vorstellen, was für ein Hochgenuss es war, den Prinzen auf diese ungezwungene Weise kennenzulernen. Am Samstag fand keine Dinnerparty statt, aber am Sonntag waren zehn Gäste zum Dinner geladen, auch Prinz George kam wieder dazu. Gestern mittag sind wir zurückgekommen. Es war wirklich ein Erlebnis und da ich ja, seit ich hier bin, fest entschlossen war, ihn kennenzulernen, bin ich jetzt erleichtert. Aber ich hätte nie gedacht, dass alles, auch mit Prinz George, so ungezwungen passieren würde.«

Der Eintritt in die königliche Gesellschaft bedeutete für Wallis weit mehr als nur eine Prestigeangelegenheit. Ihr ganzes Denken in den nächsten Monaten kreiste um den Prinzen von Wales. Er hatte zwar auf sie als Mann keinen umwerfenden Eindruck gemacht – sie schilderte ihn in ihren Memoiren als eher klein, wenn auch distanziert charmant –, aber wahrscheinlich blendete sie der Glanz, den die Krone von England jetzt schon auf ihren Anwärter warf. Nicht jedermann war es vergönnt, mit dem Thronfolger ein Wochenende zu verbringen, nicht jedermann zählte zu den Bekannten eines späteren Monarchen.

Wallis Simpson war eine modern denkende, emanzipierte Amerikanerin, frei von Traditionen und althergebrachten Sitten. Sie lebte seit 1928 in England, wo sie in zweiter Ehe den Schiffsmakler Ernest Simpson geheiratet hatte, der sich aus Liebe zu ihr von seiner ersten Frau und dem gemeinsamen Kind getrennt hatte. Auch Wallis hatte eine gescheiterte Ehe hinter sich; nach fünf Ehejahren hatte sie die Scheidung von ihrem ersten Mann Winfried Spencer, einem feschen Marinepiloten aus Chicago, der zu oft und zu tief ins Whiskyglas geschaut hatte, eingereicht und damit ihre konservative Familie, vor allem den Erbonkel, so geschockt, dass er das Geld, das er ihr nach seinem Tode zugedacht hatte, bis auf eine kleine Summe anderweitig vergab.

Zunächst hatte es so ausgesehen, als würde sich Wallis nicht mehr so leicht dazu entschließen können, Sicherheit in einer weiteren Ehe zu suchen. Die aparte junge Frau mit den leuchtend blauen Augen und dem schwarzen Haar verstand es meisterlich, sich den entsprechenden Freundeskreis zu schaffen, in dem sie als exzellente Unterhalterin und Gesellschafterin begehrt und beliebt war. Sie versprühte Charme und fesselte ihre Umgebung durch geistreich-witzige Gespräche, ohne aber allzu intelligent zu wirken. Die leichte Konversation war ihre Stärke, Koketterie ihre Waffe, von der sich so mancher nur allzu schnell besiegt fühlte.

Wallis genoss das Leben als Mittelpunkt der Gesellschaft in vollen Zügen, entschloss sich dann aber doch, vielleicht aus Vernunftgründen, Ernest Simpson zu heiraten. Am 15. Juli 1928 schrieb sie einen Brief aus London an ihre Mutter in Washington:

»Liebste Mutter, ich habe mich nun endgültig entschlossen, Ernest zu heiraten. Es ist wohl das beste und klügste, was ich tun kann. Ich habe ihn sehr gern, er ist liebevoll und das ist ein großer Vorteil ... Mama, Du wirst mir schrecklich dabei fehlen, aber das zweite Mal ist irgendwie einfach nicht mehr so wichtig – und nach Weihnachten komme ich nach Hause. Vielleicht kann ich Tante B. dazu überreden, bis dahin nach London zu kommen und dann mit ihr heimfahren. London ist ziemlich düster – im Winter werde ich sicher einsam sein und Heimweh haben. Aber ich kann für den Rest meines Lebens nicht immer nur herumziehen, ich bin es so leid, der Welt immer nur alleine entgegenzutreten, noch dazu ohne Geld. Und mit 32 ist man nicht mehr so jung, wenn man all die jugendlichen Gesichter ansieht, mit denen man konkurrieren muss. So werde ich mich also auf ein recht bequemes Alter einrichten ...« Wenn Wallis durch diese Heirat gerechnet hatte, finanziell in Zukunft abgesichert zu sein, so hatte sie sich allerdings schwer getäuscht. Die Geschäfte gingen nach dem Schwarzen Freitag in New York sehr schlecht, und aus der gesicherten Position, die Ernest lange Zeit innegehabt hatte, wurde ein Zittern und

Bangen um die nächsten Aufträge. Zwar hatte Wallis nie aus dem Vollen schöpfen können, sie hatte sich aber durch ihren reichen Freundeskreis in den Staaten an einen gewissen aufwendigen Lebensstil gewöhnt. Und darauf konnte und wollte sie auch in London nicht verzichten. Wallis wollte ihren neuen Londoner Freunden aus den besten Kreisen in keiner Weise nachstehen, und sie verstand es ausgezeichnet, aus wenig viel zu machen, sodass es niemandem auffiel, dass sich dieses Paar, das auf dem gesellschaftlichen Parkett neu eingeführt war, all das eigentlich nicht leisten konnte, was es nach außen hin bot. Waren die Geldmittel erschöpft, so flatterte meist ein kleiner Scheck von der guten Tante Bessie in die Hände ihrer Nichte.

Die Simpsons führten in den ersten Jahren ihres Londoner Aufenthalts ein Leben, in dem die Nacht zum Tag gemacht wurde. Wallis galt als exzellente Tänzerin und brillierte jeden Abend aufs Neue durch Charme und Weltoffenheit. Man sprach in London von ihrer Eleganz und ihrem erlesenen Geschmack; nicht nur ihre Garderobe erregt neidlose Bewunderung, auch die gepflegte Atmosphäre in ihrem Haus wurde beinahe sprichwörtlich.

Die Stunden in dem luxuriösen Landhaus von Lady Furness hatte sie in vollen Zügen genossen. Die charmante Unterhaltung mit dem Prinzen von Wales entzückte sie. Diese Umgebung hatte sie schon lange gesucht, und sie warf all ihren Geist und ihren Charme in die Waagschale, um wieder eingeladen zu werden. Es musste doch möglich sein, auch in Zukunft in Kontakt mit dem Prinzen zu bleiben. So nahm sie denn ihren ganzen Mut zusammen und lud den Prinzen von Wales zu einem Dinner im kleinen Kreis, und tatsächlich ließ die Zusage auch nicht lange auf sich warten.

Der Abend wurde ein voller Erfolg. Wallis trachtete in jeder nur erdenklichen Weise, Edward zu verwöhnen. Sie hatte sich ein besonderes Menü ausgedacht, das sie selbst nach eigenen raffinierten Rezepten zubereitete. Anstelle anderer Vorspeisen wurde Suppe aus schwarzen Bohnen serviert, die dem Prinzen ganz besonders mundete, dann folgten gegrillter Hummer, eine Lieblingsspeise Edwards, Brathähnchen Maryland erinnerten an die amerikanische Abstammung der Gastgeberin, und als Dessert rundete kaltes Himbeersouffle das Mahl ab. Es wurde ein gelungener Abend, und Edward war von der Atmosphäre im Hause Simpson tief beeindruckt. Dabei war nur allzu leicht zu erkennen, dass nicht nur die Kochkunst von Wallis Edward gefallen hatte. Sie war eine perfekte Gastgeberin: Es lief alles wie am Schnürchen, kein Misston trübte die gute Stimmung, die Gesprächsthemen wurden von ihr geschickt ausgewählt, die Diskussionen durch interessante Einwürfe in immer neue Bahnen gelenkt. Wallis aber stand im Mittelpunkt, makellos vom dunklen Scheitel bis zum Maßschuh.

Tief in Gedanken versunken, verließ Edward das Haus in Bryanston Court weit nach Mitternacht. Es war ein faszinierender Abend gewesen, und am anziehendsten war die Hausfrau selbst. Der Prinz fühlte den Wunsch, möglichst bald wieder hierher zurückkehren zu können, nicht nur zu Wallis; auch mit Ernest Simpson hatte ihn spontane Sympathie verbunden. Dieser Ernest Simpson ahnte wahrscheinlich nicht, dass er mit dem Feuer spielte. Noch waren die Flammen klein, sie zügelten einstweilen im Verborgenen; Wallis und Edward aber spürten die Welle der Zuneigung, die von einem auf den anderen übersprang, waren sie einander nahe. Für Wallis war Edward der Prinz aus dem Märchen, den ein Glanz umgab, der sie bis zur Blindheit blendete, und der Prinz sah in Wallis die Frau, die ihn in ihrer knabenhaften, grazilen Schlankheit körperlich anzog wie kaum eine andere vor ihr und deren Interesse und Anteilnahme echt und ungekünstelt schienen.

Sobald er es für schicklich hielt, revanchierte sich Edward mit einer Einladung an das Ehepaar Simpson. Noch im Januar brachen beide auf, um in Fort Belvedere ein Wochenende zu verbringen. Das Fort war von Edward nach seinen Vorstellungen zu einem luxuriösen Landsitz ausgebaut worden, wo er jene Tage im Jahr verbrachte, in denen er Privatmann sein konnte. Hier hatte er alles, wonach er sich sehnte, ein komfortables Zuhause, Zimmer mit großzügigen, modernen Bädern, ein Dampfbad, in dem man sich herrlich entspannen konnte, angenehme, durch eine Zentralheizung wohltemperierte Räume und geschmackvoll möblierte Gesellschaftszimmer. Hier war er nicht der vielbeachtete Thronfolger Englands, hier konnte er ganz Mensch sein inmitten seines riesigen Parks, den er nach seinen Vorstellungen gestaltet hatte, denn Edward war ein begeisterter und sehr geschickter Gärtner.

Schon am ersten Abend in Fort Belvedere fühlte sich Wallis sichtlich wohl und vergaß für ein paar Stunden die drückenden Geldsorgen. Hier in Belvedere war sie vom Luxus umgeben, hier war der Ort, wo sie sich von ihrem strapaziösen Partyleben erholen konnte. Wallis genoss es, bis weit in den Vormittag hinein zu schlafen, während die übrigen Gäste zusammen mit Edward dem Unkraut im Park den Kampf ansagen mussten, ihm beim Heckenschneiden behilflich waren und dann wie echte Gärtner zerzaust und schmutzig ins Schloss zurückkehrten. Das war nicht die Tätigkeit, die Wallis suchte. Lieber räkelte sie sich in den

Seidenkissen und wartete, bis das Stubenmädchen diskret an die Tür klopfte und das Frühstückstablett auf dem Nachttisch absetzte.
Die Tage waren ausgefüllt mit Gesprächen über die Jagd, an denen sich Wallis kaum beteiligte, weil sie ganz und gar nichts vom edlen Waidwerk verstand, ganz im Gegensatz zu den Damen der britischen Gesellschaft, die der Prinz gewöhnt war. Den Tee nahm man im Salon und kleidete sich dann abendlich-festlich zum Dinner um. Oft kam es vor, dass sich der Prinz diskret zurückzog, um seinem seltsamen Hobby zu frönen – der Petit-Point-Stickerei, die er von Kindheit an beherrschte. Mit dieser akribischen Handarbeit, die er von seiner Mutter gelernt hatte, beruhigte er seine manchmal mitgenommenen Nerven.
Nach dem exquisiten Dinner traf man sich bei Spiel und Tanz. Dabei blieb niemandem verborgen, dass Edward und Mrs. Simpson das ideale Tanzpaar waren, dass ihre Schritte außergewöhnlich gut harmonierten. Einen naheliegenden Schluss daraus zu ziehen wagte aber noch niemand.
Allmählich war es für die Simpsons nichts Außergewöhnliches mehr, wenn man entweder gemeinsam mit dem Prinzen von Wales und Lady Furness bei Freunden eingeladen war oder aber, wenn der Butler eine Einladung ins Fort überbrachte. Und obwohl Wallis deutlich spürte, dass Edward sich immer mehr zu ihr hingezogen fühlte, fanden diese Begegnungen immer nur in Gesellschaft Thelmas statt. Wie die spätere Herzogin von Windsor in ihren Memoiren schrieb, hatte sie zur damaligen Favoritin des Prinzen eine freundschaftlich-unbefangene Beziehung, die aber nicht sehr intim war, da beide keine Frauen waren, die gerne Vertraulichkeiten miteinander austauschten. Zwar hatte Wallis in früheren Zeiten gern und oft Freundinnen um sich – sie war sogar auf einer ihrer Reisen nach Südfrankreich am Rande eines Skandals miterwähnt worden, da einige ihrer amerikanischen Freundinnen wegen lesbischer Beziehungen angegriffen worden waren –, zu Thelma aber blieb ihr Verhältnis eher distanziert.
Der Londoner High Society entging es natürlich nicht, dass die Simpsons immer häufiger in Gesellschaft des Thronfolgers gesehen wurden. Und so nahm es niemanden wunder, dass es Wallis als geschiedener Frau sogar gelang, bei Hof vorgestellt zu werden, etwas, das bis dahin undenkbar gewesen war. Die Königsfamilie hatte es, so lange man denken konnte, strikt abgelehnt, geschiedene und wiederverheiratete Personen zu empfangen.
Das Leben der Simpsons blieb hektisch und ermüdend. Wallis litt an immer wiederkehrenden Magengeschwüren und quälenden Halsbeschwerden;

sie kurierte sich nur vorübergehend aus und war glücklich, als sie für ein paar Wochen England mit seinem tristen, feuchten Wetter verlassen konnte, um ihre Tante Bessie in den USA zu besuchen. Ihre Freunde und Bekannten freuten sich über das Wiedersehen, man gab ihr zu Ehren Einladungen und Cocktailparties, auf denen sie der gefeierte Mittelpunkt war. Sie genoss die Bewunderung und die Komplimente ihrer alten Kavaliere und fühlte sich wieder jung und unbeschwert. Viel zu schnell verflogen die schönen Wochen und ins graue England zurückgekehrt, vermisste sie die fröhliche Leichtigkeit des amerikanischen Lebens mehr denn je. Beinahe deprimiert schrieb sie in einem Brief an ihre Tante am 25. Juni 1933:

»Ich habe noch immer Heimweh nach Washington, denn hier behandeln mich die Männer wie eine ältere Frau. Diese Reise war wirklich mein letzter großer Auftritt.«

Die Beziehung zwischen Thelma Furness und Edward war inzwischen sichtlich abgekühlt. Die Lady aber war kein Kind von Traurigkeit; sie erkannte die entscheidende Stunde, in der sie ohne dramatische Auftritte das Feld für eine andere räumen wollte und sie wusste auch ganz genau, wer in ihre Fußstapfen treten würde. Um sich elegant aus der Affäre ziehen zu können, beschloss sie, eine luxuriöse Vergnügungsreise nach Amerika zu machen, auf der sie den umschwärmten Prinzen Ali Khan ins Visier nahm. Beim Abschied legte sie Wallis »den kleinen, einsamen Mann« mit den Worten ans Herz: »Du kannst dich ja um ihn kümmern, während ich weg bin.«

Das brauchte man Wallis wahrlich nicht zweimal zu sagen. Längst schon hatte sie die Blicke richtig interpretiert, die Edward auf sie richtete, wenn sie im Fort zu Gast weilte oder zusammen mit ihrem Mann zum Dinner eingeladen war. Aus vielerlei Gründen genoss sie die unumschränkte Bewunderung, die der Prinz ihr augenfällig entgegenbrachte. Und bald hatte sie nur noch das Bestreben, Thelma so gut wie möglich zu »vertreten«. Sie begann wieder jung zu werden, sie, die vor kurzer Zeit beinahe in Panik geraten war, als sie erkannte, dass die erste Blüte der Jugend verschwunden war. Und nun brachte ihr der zukünftige König von England eine beinahe jungenhafte, schwärmerische Verehrung entgegen! Sie spürte eine Verlockung, eine verführerische Stimme, die ihr zuraunte, Edward entgegenzukommen, ihm zu zeigen, dass auch er ihr nicht gleichgültig war, obwohl sie bis zu dieser Bekanntschaft eine glücklich verheiratete Frau gewesen war – oder sich zumindest so gegeben hatte. Die Türen der Londoner Hocharistokratie öffneten sich plötzlich weit, wenn sie an der Seite des britischen Thronfolgers erschien. Die

Freundschaft war nach Thelmas Abreise nur noch inniger geworden, der Prinz rief sie immer öfter an, nur um ihre Stimme zu hören, und Edward fand auch nichts mehr dabei, unangekündigt im Hause Simpson zu erscheinen, vor allem dann, wenn er wusste, dass Ernest geschäftlich unterwegs war oder zu arbeiten hatte. In Wallis' Gegenwart fühlte sich der Prinz wohl, mit ihr konnte er über politische Konzepte sprechen, über neue Sozialpläne für die Tausenden Arbeitslosen, über das Komitee für Sozialfürsorge oder ganz allgemein über sein tagtägliches Arbeitsprogramm. Wallis war eine interessierte und aufmerksame Zuhörerin, wie Edward noch nie eine gefunden hatte. Er meinte, eine Frau entdeckt zu haben, die völlig mit ihm übereinstimmte, die alle seine Vorstellungen teilte.

Natürlich war Wallis sich im Klaren darüber, dass sie allmählich in London zum Tagesgespräch wurde, aber dies störte sie nicht im mindesten. Bis in die USA waren die Klatschmeldungen über sie und den Kronprinzen gedrungen.

Beruhigend schrieb Wallis an ihre Tante, die ihr leise Vorhaltungen machte:

»Das mit dem Prinzen ist nur Klatsch. Es ist nicht meine Art, meinen Freundinnen den Kavalier auszuspannen. Wir gehen oft zusammen aus, und natürlich klatschen die Leute darüber. Ich glaube, ich amüsiere ihn. Ich bin sein Hofnarr, und wir tanzen gern miteinander – habe immer Ernest im Schlepptau, also ist alles ungefährlich.«

Längst war allerdings aus dem Spiel mit dem Feuer für Edward Ernst geworden. Für Freunde und Bekannte stellte sich die Frage, ob Wallis auch nur eine der zahlreichen Favoritinnen des Prinzen werden und bleiben sollte – oder ob diese Liaison verheerende Folgen haben würde. Und obwohl es sich der Prinz wahrscheinlich selbst noch nicht so ganz eingestehen wollte, wie sehr er Wallis liebte, überführte ihn doch seine alte Freundin und Geliebte Thelma Furness nach ihrer Rückkehr.

Sie schrieb in ihren Memoiren: »Nach einer Weile sagte ich: ›Wallis, der Prinz hat mich für nächstes Wochenende ins Fort eingeladen ... Hättet ihr, du und Ernest, Lust zu kommen? Das wäre vielleicht ganz gut.‹ ›Natürlich‹, antwortete Wallis herzlich, ›wir kommen sehr gerne.‹ Dieses Wochenende hat sich in meinem Gedächtnis eingeprägt ... Der Samstag (1. April) verlief bis zum Abend ohne Zwischenfall. Beim Dinner jedoch bemerkte ich, dass der Prinz und Wallis kleine private Scherze zu machen schienen. Als er einmal ein Salatblatt mit den Fingern aufnahm, schlug Wallis ihm spielerisch auf die Hand ... Wallis sah mich an. Und da wusste ich, dass der ›Grund‹ Wallis war ... Da erkannte ich,

dass sie sich außerordentlich gut um ihn gekümmert hatte. Dieser kalte, herausfordernde Blick hatte mir die ganze Geschichte verraten.
An diesem Abend ging ich früh zu Bett, ohne irgend jemandem gute Nacht zu sagen ... Ein wenig später kam der Prinz in mein Schlafzimmer und wollte wissen, ob er mir irgend etwas gegen meine Erkältung bringen lassen könne? ... ›Liebling‹, fragte ich direkt, ›ist es Wallis?‹ Das Gesicht des Prinzen erstarrte. ›Sei nicht albern‹, sagte er scharf. Dann ging er aus dem Zimmer und schloss die Tür leise hinter sich. Ich wusste es. Am nächsten Morgen verließ ich das Fort.«
Obwohl Wallis alle Gerüchte hartnäckig zu leugnen versuchte, gestand sie doch ihrer Tante Bessie gegenüber ein, dass der Prinz ihr regelrecht den Hof machte. Sie fühlte sich verehrt und geschmeichelt und genoss jedes Wort und jede Aufmerksamkeit. Ihr Denken kreiste nur noch um »HRH« (»His Royal Highness«), wie sie Edward oft in ihren Briefen nannte. Seine Anwesenheit erfüllte sie mit Freude, und sie tat alles, um ihn zufriedenzustellen. Seltsamerweise schien sie sich um die Zukunft keine Sorgen zu machen, obwohl sie ständig daran denken musste, dass sie ja einen Mann hatte, mit dem sie für gewöhnlich unter einem Dach lebte.
Ernest Simpsons Probleme und Sorgen wuchsen von Tag zu Tag. Während sich seine Frau an der Seite des britischen Thronfolgers sonnte, wusste er so manches Mal nicht, wo er das Geld auftreiben sollte, das seine Frau so dringend benötigte. Es wäre für Wallis unvorstellbar gewesen, sich in billigen Kleidern mit dem Prinzen in Gesellschaft zu zeigen; dazu waren elegante Roben aus renommierten Modehäusern nötig, die natürlich den entsprechenden Preis hatten. Ihrem Mann gegenüber, der die horrenden Rechnungen bezahlen musste, argumentierte sie sehr einleuchtend: »Er will, dass man schick aussieht.« Ernest Simpsons Großzügigkeit kannte anscheinend keine Grenzen. Freilich schienen seine Stimmungen doch auch ab und zu zu wechseln, denn seine Frau machte darüber eine Bemerkung ihrer Tante gegenüber: »Ernest spart oder er hat wirklich nichts mehr; weil ich mir eine Masseuse für 15 Shilling nahm, sprachen wir eine Weile nicht mehr miteinander, derart wütend war er. Sie ist billiger als ein Dr. und es hilft, überschüssige Magensäure abzubauen.«
Aber Wallis gelang es immer wieder, ihren Mann zu besänftigen und ihn sogar dazu zu bringen, sie mit dem Prinzen allein zu lassen. Wie es ihr gelang, Ernest einzureden, dass er sich durch das Abenteuer seiner Frau geschmeichelt fühlen sollte, war eines der Geheimnisse in dieser seltsamen Dreierbeziehung.

Noch wahrte man aber den Schein, noch ergingen alle Einladungen des Prinzen von Wales an Mr. und Mrs. Ernest Simpson. Auch als Edward beschloss, wieder, wie so oft, eine Reise nach Biarritz zu unternehmen, ließ er bei Mr. Simpson anfragen, ob er und seine Frau seine Gäste sein wollten. Aber Ernest hatte andere Sorgen, als sich die Zeit an der Biscaya um die Ohren zu schlagen. Endlich winkten für ihn lukrative Geschäfte in den Vereinigten Staaten, und die wollte er auf keinen Fall aufs Spiel setzen. Seine Frau sollte, wenn sie wollte, allein fahren oder auch Tante Bessie, die zu Besuch in Europa weilte, mitnehmen.
Die Wochen in Spanien verbrachte die illustre Gesellschaft, die sich um den Kronprinzen scharte, mit »Dolce far niente«. Man räkelte sich in der Sonne, suchte Abkühlung im frischen Meer, traf sich auf dem Golfplatz oder verabredete sich zum Bridgespiel. Wallis lernte hier das Leben der Reichsten kennen, so wie es in den Dreißigerjahren in der internationalen Gesellschaft gang und gäbe war. Wahrscheinlich niemals vorher und auch später nicht mehr führte die Hautevolee ein so luxuriöses Leben wie damals, in jener Zeit gespannter Ruhe vor dem großen Sturm. Es schien, als ginge man mit geschlossenen Augen durch die Welt, den Blick einzig und allein auf das eigene, nicht enden wollende Vergnügen gerichtet. Was kümmerte es diese Menschen, dass die sozialen Zustände in Europa immer trister wurden, dass die Arbeitslosigkeit grenzenlos geworden war, dass es Tausende von Menschen gab, die nicht mehr wussten, was sie am nächsten Tag essen sollten, dass radikale Politiker immer mehr Zulauf erhielten? All dies war weit weg, man schwebte in einer anderen Sphäre und hatte keine Verbindung zur Realität.
Nach einer Schiffsreise auf der Yacht von Freunden des Prinzen kehrte Wallis voll von neuen Eindrücken nach London zurück. Sie fühle sich wie »Wallis im Wunderland«, äußerte sie entzückt ihrem Mann gegenüber. Ernests trockener Kommentar lautete daraufhin spöttisch: »Das klingt für mich wirklich wie eine Reise in das Buch ›Alice hinter den Spiegeln‹. Oder vielleicht noch besser, in das Reich von Peter Pans ›Never-Never-Land‹«. Allmählich fiel es auch Edward auf, dass seine neue Favoritin wohl über einen hervorragenden Geschmack, aber nicht über das nötige Kleingeld verfügte, um sich so zu kleiden, wie es ihrem Stil entsprach. Und da Edward selbst durch äußerst gewählte Kleidung auffiel – ein neuartiger Krawattenknoten, den er kreierte, wurde sogar nach ihm benannt –, steckte er Wallis diskret immer wieder Geld zu, damit sie ihre Herzenswünsche erfüllen konnte. Wallis berichtete ihrer Tante auch von Leopardenfellen, die Edward ihr geschenkt hatte und woraus sie sich einen hübschen, leichten Sportmantel machen lassen

wollte. Edward war großzügig in seinen Geschenken und verwöhnte die Dame seines Herzens vor allem durch überaus kostbare Preziosen. Da zu Wallis' blauen Augen besonders gut dunkelblaue Saphire harmonierten, besaß Mrs. Simpson schon sehr bald eine ansehnliche Kollektion dieser Edelsteine.

Der Prinz von Wales und Mrs. Simpson galten nun für alle Welt als Liebespaar, und man fragte sich, wie sich Ernest Simpson zu dieser Affäre seiner Frau stellen würde. Scheidungsgerüchte begannen zu kursieren, die aber sowohl von Ernest als auch von Wallis vehement dementiert wurden. Im Gegenteil, Wallis gab vor, es sei keine leichte Aufgabe, sich um zwei Männer gleichzeitig kümmern zu müssen. Auf die Ermahnungen ihrer Tante antwortete sie am 5. November 1934:

»Hör bloß nicht auf diesen lächerlichen Klatsch. E. und ich denken nicht an Scheidung, wir hatten eine lange Unterredung über PW und mich und haben auch mit dem Prinzen darüber gesprochen, alles wird so weitergehen wie bisher, das heißt, wir drei sind die besten Freunde, was in der Welt allerhand Verwirrung hervorrufen dürfte, denn jeder wartet nur darauf, dass meine Ehe in Brüche geht. Ich werde so klug vorgehen, dass ich sie beide behalten kann.«

Der Prinz war ohne Zweifel ein bemerkenswerter Mann, gebildet, weitgereist, vielseitig interessiert, charmant und aufgeschlossen. Aber eine Eigenschaft suchte man bei ihm vergebens: Stärke gegenüber sich selbst. Er war nicht der Mensch, der seine persönlichen Gefühle zu beherrschen oder hintanzustellen vermochte. Er träumte einen langen, schönen Traum, in dem die Dame seines Herzens Wallis war und fürchtete sich vor dem Morgen des jähen Erwachens, denn er wusste, dass er ohne diesen Traum nicht leben konnte. Seine erträumte Zukunft hing allerdings von der Einstellung seiner königlichen Eltern ab, das wusste Edward nur zu gut. Und so versuchte er, Wallis vorsichtig in die königliche Familie einzuschleusen, diplomatisch, wie er glaubte. Die Hochzeit seines Bruders George von Kent mit der griechischen Prinzessin Marina schien ihm der geeignete Anlass zu sein, den Eltern die Frau seines Herzens diskret vorzustellen.

Wallis hatte sich für dieses vielleicht entscheidende Ereignis besonders vorbereitet. Sie trug ein violettes Lamékleid mit giftgrüner Schärpe, das die Blicke aller auf sich zog. Prinz Paul von Griechenland ließ sich zu der bewundernden Bemerkung hinreißen: »Mrs. Simpson, es steht außer Fage – Sie tragen das bemerkenswerteste Kleid hier im Raum.«

Aber was sich Edward vielleicht erhofft hatte, blieb aus: Die Eltern schienen von Wallis nicht mehr und nicht weniger Notiz zu nehmen

als von allen anderen geladenen Gästen. Sie tauschten ein paar bedeutungslose Höflichkeitsfloskeln mit ihr, dann war das Gespräch zu Ende.
Zu Beginn des Jahres 1935 war es für Edward längst klar geworden, dass er ohne Wallis nicht mehr leben wollte. Er bedauerte jeden Tag, jede Stunde, die er nicht in ihrer Nähe verbringen konnte. Er liebte sie, ja, er betete sie geradezu an. Unwiderstehlich war ihre Anziehungskraft. Sie faszinierte den Prinzen nicht durch körperliche Reize, durch sexuelle Erfahrung, durch raffinierte Verführungskünste; sie strahlte etwas aus, was ihn unausweichlich, unentrinnbar in ihren Bann zog.
Seine Freunde und Bekannten beobachteten die Veränderung, die im Wesen des Thronfolgers vor sich ging. Winston Churchill, ein treuer Freund in Freud und Leid, berichtete über die Verwandlung Edwards:
»Er blühte in ihrer Gesellschaft auf und ihre Eigenschaften waren für sein Glück so wesentlich wie die Luft zum Atmen. Jene, die ihn gut kannten und beobachteten, merkten, dass seine Nervosität sich völlig legte. Er war ein ausgeglichener Mensch und nicht mehr eine kranke, gequälte Seele. Diese Erfahrung, die den meisten Menschen in ihrer Jugend widerfährt, machte er erst spät im Leben, und deshalb war sie für ihn umso kostbarer und auch zwingender. Die Verbindung war eher seelischer als sexueller Natur und wohl auch nur ausnahmsweise von Sinnlichkeit geprägt.«
Es war die große Tragik in dieser Beziehung, dass Wallis eine verheiratete Frau war, die außerdem noch eine andere gescheiterte Ehe hinter sich hatte. Damit konnte sie nach anglikanischem Gesetz als Frau des Thronfolgers niemals in Frage kommen. Die bürgerliche Abstammung und ihre Herkunft aus Amerika wären keine Hindernisse gewesen, im Gegenteil, man hätte es vielleicht sogar begrüßt, hätte sich der britische Thronfolger für eine Frau von jenseits des Ozeans entschieden. Die traditionell guten politischen Beziehungen zu den USA wären dadurch wahrscheinlich noch gefestigt worden. Aber eine Mrs. Simpson, geschiedene Spencer, musste sich der zukünftige König von Großbritannien ein für allemal aus dem Kopf schlagen. Walter Monckton, ein enger Freund Edwards, erkannte schon früh die Tragik, die sich unausweichlich anbahnte:
»Niemand ... der nicht ... die Intensität und Tiefe der Liebe des Königs für Mrs. Simpson begreift, wird jemals seine Lebensgeschichte verstehen. Für ihn war sie die ideale Frau. Sie tat alles dafür, dass er sich wohlfühlte und immer sein Bestes gab und er betrachtete sie als Quell der Inspiration. Es ist ein großer Irrtum anzunehmen, dass er sie lediglich

auf die gewöhnliche physische Weise liebte. Ihre Beziehung bestand in einer Art intellektueller Kameradschaft, zweifelsohne fühlte er sich durch die geistige Verbundenheit mit ihr weniger einsam ... Er fühlte zutiefst, dass er und Mrs. Simpson füreinander geschaffen waren und es gab für ihn nur eine ehrenhafte Lösung in dieser Lage: die Ehe.«

Edward – oder David, wie ihn Wallis seit geraumer Zeit zärtlich in ihren Briefen nannte – war in eine Abhängigkeit geraten, aus der es kein Entrinnen mehr gab. Die Gesundheit seines Vaters verschlechterte sich von Tag zu Tag, und die Stunde näherte sich, da er das schwere Amt als König von England würde antreten müssen. Aber neben ihm auf dem Thron konnte niemals eine Wallis, geschiedene Simpson, geschiedene Spencer, Platz nehmen. Dagegen sprachen nicht nur Tradition und Sitte – er selbst hatte Wallis einem anderen Mann abspenstig gemacht –, dagegen wandten sich auch vehement die eigene Familie, die Kirche und die Regierung, allen voran Premierminister Stanley Baldwin und fast das gesamte Kabinett. Die englische Bevölkerung, allerdings, die auf Edward große Hoffnungen setzte, teilte sich – so weit sie informiert war – in zwei Lager. Die einen verurteilten die Liaison des Kronprinzen und waren über ihn und sein Liebchen zutiefst empört, die anderen aber fragten sich, warum es eigentlich dem zukünftigen König nicht gestattet sein sollte, die Frau, die er von Herzen liebte und mit der er glücklich werden konnte, zu heiraten.

Wie sollte Edward diese verhängnisvolle Dreierbeziehung, in die er, Wallis und Ernest Simpson geraten waren, ehrenvoll lösen? Lange hatte der Mann von Wallis gute Miene zum lockeren Spiel seiner Frau gemacht, aber allmählich schienen ihn die groß aufgemachten Berichte in der amerikanischen Presse doch zu stören. Auch die Beteuerungen von Wallis ihrer Tante gegenüber, dass »das Leben unverändert friedlich mit Ernest verläuft, trotz HRH auf der Türschwelle«, schienen nur noch eine Beschwörung zu sein. Aber je düsterer die Aussichten schienen, desto leidenschaftlicher wurde die Liebe des Prinzen zu Mrs. Simpson. Sie hatten einen gemeinsamen Skiurlaub und ein paar wunderbare Tage in Wien miteinander verbracht – ohne Tante Bessie und selbstverständlich ohne Ernest –, und da man das Osterfest nicht miteinander verbringen konnte, schrieb Edward aus Cornwall an Wallis einen seiner ersten Liebesbriefe:

»Meine (zweimal unterstrichen) Eanum (dreimal unterstrichen) Wallis,

Dies ist nicht die Art Osterfest, das WE sich wünschen, aber nächstes Jahr wird es anders sein ... Ich liebe Dich jede Minute mehr & mehr & mehr & Du fehlst mir so (dreimal unterstrichen) schrecklich hier. Ich fehle Dir auch, nicht wahr, mein Herz. Gott segne WE. Immer Dein (zweimal unterstrichen) David.«

In allen Briefen der nächsten Jahre taucht das seltsame Wort »Eanum« auf, das die beiden wie einen Geheimcode für sich geschaffen hatten und das beide genauso wie die beiden Buchstaben »WE« für sich benutzten. Dabei bedeutete »eanum« soviel wie »winzig, schwach, rührend oder ergreifend« und WE natürlich »Wallis und Edward«.

Wallis erkannte in den nächsten Monaten klar, dass es für sie kein Zurück mehr gab. Sie hatte eigentlich fast alles erreicht, was sie wollte: Der britische Thronfolger war ihr mit Haut und Haaren verfallen. Und doch stiegen in ihr von Zeit zu Zeit Zweifel auf, ob sie den richtigen Weg eingeschlagen hatte. Allmählich nämlich verlangte Ernest, der gutmütige, so lange widerspruchslose Kavalier, doch eine Klärung der seltsamen Situation. Erst jetzt begann sich Wallis ernstlich klar darüber zu werden, in welche Lage sie sich durch ihr Verhalten gebracht hatte. Sie, die bis jetzt willensstark und unbeirrt ihr Ziel verfolgt hatte, begann zu schwanken. Ihr Brief an Edward im April oder Mai 1935 brachte diese Überlegungen zum Ausdruck:

»David, Liebster, ich war und bin noch immer schrecklich aufgeregt. Versteh doch, mein Lieber, man kann nicht durchs Leben gehen und dabei anderen Leuten auf die Füße treten. Ich weiß, dass Du zutiefst in Deinem Herzen nicht wirklich egoistisch oder gedankenlos bist, aber in Deinem Leben hat sich alles immer nur um Dich gedreht, also denkst Du natürlich nur an Deine Wünsche und nimmst Dir, was Dir gefällt, ohne dabei einen Gedanken an andere zu verschwenden. Man kann dasselbe Ergebnis auch auf etwas freundlichere Art erreichen. Gestern abend hatte ich eine lange, ruhige Aussprache mit E, und am Ende fühlte ich mich sehr eanum. Alles, was er sagte, ist so wahr. Der Abend war problematisch, weil Du viel zu lange geblieben bist. Ist Deine Liebe zu mir denn nicht so groß, dass Du mir die Dinge etwas leichter machen möchtest? Die wunderschönen Dinge, die Du mir sagst, sind nicht sehr viel wert, wenn sie nicht durch entsprechende Taten bekräftigt werden ... Manchmal denke ich, Du bist, was die Liebe angeht, nicht ewachsen geworden, und vielleicht ist es nur eine knabenhafte Leidenschaft, denn es fehlt ihr sicherlich die Rücksichtnahme auf mich, wozu die Liebe eines Mannes aber fähig ist ... Dein Benehmen gestern abend ließ mich erkennen, wie einsam ich eines Tages sein werde – und weil ich Dich liebe, habe ich anscheinend nicht die Kraft, mich vor Deiner Jugendlichkeit zu schützen Gott segne WE und sei die kommenden Jahre gut zu mir, denn ich habe etwas wirklich Edles verloren wegen eines Jungen, der vielleicht immer Peter Pan bleiben wird.«

Dieser Brief, der für Edward Zuckerbrot und Peitsche wohldosiert enthielt, fachte die Glut des Prinzen aufs Neue an. Jetzt war es für ihn endgültig klar, dass sich Wallis scheiden lassen musste. Er, »ihr Junge«, wie er sich oft in seinen glühenden Briefen bezeichnete, brauchte sie wie die Luft zum Atmen. Nicht ein Mann von über vierzig Jahren warb hier um eine kaum jüngere, erfahrene Frau: Edward verfiel in die Rolle eines bis über beide Ohren verliebten Jünglings. Alles andere, das bis dahin für ihn Bedeutung gehabt hatte, schien unwichtig geworden zu sein. Sein ganzes Leben, jeder Tag, jede Stunde waren ausgefüllt von dem Gedanken an Wallis. Am Dienstag, dem 23. Juli 1935, schrieb er ihr um ein Uhr nachts:

»Wallis – ein Junge hält sein Mädchen heute nacht so fest in seinen Armen. Er wird sie morgen noch mehr vermissen, weil er dann einige Stunden länger von ihr fort sein wird und sie nicht vor Mittwochabend sehen kann. Ein Mädchen weiß, dass niemand und nichts WE trennen kann – nicht einmal die Sterne – und dass WE einander für immer gehören. WE lieben (zweimal unterstrichen) einander mehr als das Leben, also segne Gott WE. Dein (zweimal unterstrichen) David.«

So glühende Briefe der Thronfolger auch an seine angebetete Wallis sandte, so kühl wirkten ihre kurzen Schreiben:

»Ich finde, es wäre sehr nett, die (Winston) Churchill-Drinks auf der Veranda vor dem Salon einzunehmen. Ich finde auch, dass Du ein sehr netter Junge bist.«

Der Sommer 1935 war heiß und abwechslungsreich für Wallis und Edward. Man verbrachte Wochen des Nichtstuns an der französischen Riviera, dann segelte man auf einer luxuriösen Yacht nach Korsika, um von dort über Budapest, Wien und Paris nach London zurückzukehren. Wallis genoss jeden Tag in vollen Zügen, den Reichtum, den Luxus, die Aufmerksamkeiten ihrer Umgebung, die Reisen, die teuren Kleider, die sie sich durch Edwards Unterstützung in den besten Modehäusern von Paris kaufen konnte, wo man sie wie eine Königin hofierte. Und Wallis sah jetzt klar, dass sie nie mehr dorthin zurückkehren wollte, wo sie ihren eigentlichen Platz hatte. Ihre Ehe mit Ernest war endgültig zu Ende, die von finanziellen Sorgen belastete Atmosphäre im Haus Bryanston Court war für sie unerträglich geworden.

Mit Festen und Vergnügungen ging das Jahr 1935 zu Ende. Als der Januar des neuen Jahres heraufzog, ahnte mancher, dass in absehbarer Zeit große Entscheidungen in der Königsfamilie fallen würden, denn der

Gesundheitszustand Georg V. wurde von Tag zu Tag beunruhigender. Am 20. Januar 1936 schloss der Vater Edwards auf Schloss Sandringham im Kreise seiner Familie für immer die Augen.
Der einstige Liebling des Volkes war König geworden, und man sah erwartungsvoll auf den neuen Monarchen. Doch dieser neue Herrscher hatte keine Augen mehr für die Sorgen und Nöte der Bevölkerung; wer konnte ahnen, dass sich seine Gedanken nicht mit den Problemen Großbritanniens beschäftigten, sondern dass all sein Denken und Trachten darum ging, Wallis Simpson um sich zu haben, ihre Nähe zu spüren, ihre Stimme zu hören, ihre Zärtlichkeiten zu fühlen und eine Möglichkeit zu finden, sie zu heiraten? Mit Argusaugen betrachteten die englischen Politiker, aber auch die Mitglieder des Königshauses und die Vertreter der anglikanischen Kirche Wallis Simpson auf Schritt und Tritt. Bisher war man ihr gegenüber eher zurückhaltend gewesen, jetzt aber wurde sie zum Feindbild für Staat und Familie. Nur wenige Politiker brachten es übers Herz, ihr gegenüber halbwegs objektiv zu bleiben. So äußerte sich der Unterhausabgeordnete Harold Nicolson über Wallis, die er in Begleitung des Prinzen im Theater erblickt hatte, er habe sie »juwelenbehängt, mit gezupften Brauen, klug und zurückhaltend« gefunden, »spürbar entschlossen, ihm zu helfen«.
Zuerst traten die Vertreter der Kirche zum Kampf gegen die Unmoral des Königs auf den Plan, und sie verstanden es meisterlich, das Ansehen Edwards subtil zu untergraben. Bei den sonntäglichen Gottesdiensten wurden von den Kanzeln versteckte, flüchtige Andeutungen gemacht, ein zweideutiges Gerücht blieb im Raum hängen und verunsicherte die königstreuen Gläubigen. Der Erzbischof von Canterbury, Dr. Lang, der kompromisslose, mächtigste Kirchenmann Großbritanniens, ein persönlicher Freund König Georgs V., hatte niemals versucht, die Sympathie Edwards zu erringen. Sein Standpunkt war dem König längst bekannt. Er wusste, dass Dr. Lang, ein Mann mit einer ungewöhnlichen Vergangenheit – der ehemalige Schauspieler war erst auf Umwegen in den Schoß der Kirche zurückgekehrt –, ihn niemals als Ehemann einer Wallis Simpson zum König krönen würde. Mit Schrecken musste Edward erkennen, dass die Phalanx gegen ihn immer dichter und geschlossener wurde. Auch die ablehnende Haltung des Premierministers verstärkte sich. Edward konnte in diesem zähen Ringen um die Behauptung der öffentlichen und privaten Interessen niemals den Sieg davontragen, beschränkte sich doch seine Macht auf unwesentliche Dinge, während Baldwin hinter sich das britische Kabinett wusste. Nur der eine oder andere persönliche Freund des Königs, wie der spätere Kriegsminister

Duff Cooper, wagte in den entscheidenden Abstimmungen ein vorsichtiges Wort der Verteidigung für die Interessen des Königs.
Im Herbst 1936 spitzte sich die Lage verhängnisvoll zu, als bekannt wurde, dass der lang erwartete Scheidungsprozess von Wallis Simpson in Ipswich stattfinden sollte. Obwohl man die Sache so geheim wie möglich abhandeln wollte, hatte die Presse von der Sensation, die sich anbahnte, Wind bekommen. In den ausländischen Journalen las man in großer Aufmachung alles über die Ursachen und Gründe des Scheiterns dieser Ehe. Zur allgemeinen Überraschung wurde Mr. Ernest Simpson für schuldig befunden, seine Frau Wallis mit deren Freundin Mary Raffray, die unter dem Pseudonym Buttercup Kennedy aufschien, im Hotel de Paris in Brat' betrogen zu haben. Der Staatsanwalt machte mit griesgrämigem Gesicht gute Miene zum abgekarteten Spiel und billigte der »verlassenen Ehefrau« die Scheidung zu. Ernest musste zusätzlich noch die Gerichtskosten übernehmen, und Wallis wurde auferlegt, ein halbes Jahr keinerlei nähere Kontakte zu Männern zu pflegen. Der Prozess mit dem überraschenden Urteil hatte die Gemüter aufgewühlt, und auch die britische Presse war nun nicht mehr gewillt, sich weiterhin in Schweigen zu hüllen. Wie auf Kommando informierten die Zeitungen in dicken Schlagzeilen die Briten bis ins kleinste Detail über den König und seine Mätresse. Die Situation für Edward VIII. war unhaltbar geworden. Es gab für ihn nur zwei Möglichkeiten: Entweder er trennte sich, so rasch es ging, von Wallis, oder er gab seinen Rücktritt bekannt. Aber es schien noch eine letzte Hoffnung zu geben, die ein guter Freund Edwards, Esmond Harmsworth, der Sohn des Zeitungskönigs Lord Rothermere, plötzlich dem König unterbreitete: eine morganatische Ehe. Wallis würde nach diesem in England unüblichen Heiratsgesetz nie zur Königin von England gekrönt werden; sie würde lediglich den Titel einer Herzogin oder Gräfin führen, Kinder aus dieser Verbindung könnten niemals erbberechtigt sein. In der europäischen Geschichte war diese Form der Heirat manchmal praktiziert worden, zum Beispiel bei dem Habsburger Franz Ferdinand und seiner Frau Sophie. Nach anfänglichem Zögern erschien Edward diese Idee seines Freundes wie ein Rettungsanker. Wallis allerdings konnte der Sache nicht viel abgewinnen und bezeichnete diese Art der Eheschließung Harmsworth gegenüber als seltsam und unmenschlich. Ohne dass sie es vielleicht beabsichtigte, hatte sie durch diese Bemerkung ihre geheimen Ambitionen verraten: Sie wollte Königin von England werden und neben, mit oder statt Edward regieren. Sie wollte ihn lenken und leiten, wie sie wollte. Aber sie spürte auch, dass Edward dem Premierminister gegenüber auf verlorenem

Posten stand, dass Baldwin hart wie Granit war. Der Premier und die Regierung stellten den König vor die endgültige Wahl: Krone oder Wallis Simpson!
Das letzte Ringen um den englischen Königsthron dauerte nur ein paar Wochen. Edward trug Baldwin die Idee von der morganatischen Heirat vor und merkte sofort, dass der Vorschlag beim Regierungschef auf keine Gegenliebe stieß. Baldwin gab ihm zu bedenken, dass nicht er über diese Form der Eheschließung des britischen Königs zu entscheiden hätte, sondern dass dafür einzig und allein das Kabinett zuständig sei und dass man auch die Zustimmung der Regierungschefs in den Dominions einholen müsste. Und Stanley Baldwin wusste von vornherein, dass die Premierminister der Dominionstaaten eine morganatische Ehe des Königs ablehnen würden. Am 27. November fiel die Entscheidung im Kabinett: Es würde keine Gesetzesnovelle geben, es würde daher auch keine morganatische Ehe des Königs geben und es würde vor allem keine Mrs. Simpson als Ehefrau des Königs von Großbritannien geben!
Damit war das Schicksal König Edwards VIII. entschieden. Als Wallis von der Entscheidung der Regierung erfuhr, erlitt sie beinahe einen Nervenzusammenbruch. Die Ereignisse in den letzten Wochen hatten sie in eine schwere psychische Krise getrieben. Der sogenannte »Mann auf der Straße« war nicht untätig geblieben. Es hagelte Schmähbriefe in ihre neue Wohnung in Cumberland Terrace, man warf ihr die Fensterscheiben ein und schreckte nicht davor zurück, ihr Leben zu bedrohen. Nur im Schutze der Dunkelheit, flankiert von Sicherheitsbeamten, wagte sie sich aus dem Haus, und Edward wusste kaum, wie er sie schützen konnte. Alle, die sie noch vor ein paar Monaten mit Komplimenten und Schmeicheleien überschüttet hatten, kannten sie nicht mehr, ja, man nannte ihren Namen nur mit Indignation und Abscheu. Einer derartigen Person wegen wollte der König sein Land und sein Volk verlassen! Undenkbar. Was hatte diese Mrs. Simpson bloß an sich, dass der König seine gottgegebene Pflicht vergessen konnte und tatsächlich abdanken wollte? Niemand, der sich über die Motive Edwards den Kopf zerbrach, konnte die Stärke fühlen, die von Wallis ausging. Sie war die dominierende Frau, die ein »Junge« wie Edward/David brauchte. Ohne sie war er entscheidungslos, ließ sich treiben und hatte keinen festen Anker. Sie gab ihm den Halt im Leben, den er dringend benötigte, sie war sein Mädchen, seine Beraterin, seine Unterhalterin, seine Geliebte, seine Mutter.
Er unternahm einen letzten, verzweifelten Versuch, eine legale Heirat mit Wallis in England zu erreichen. Durch eine Rundfunkrede wollte er

das Volk über seine Absichten informieren und dann dessen Meinung hören und akzeptieren. Aber auch zu dieser Information der Öffentlichkeit wäre eine Zustimmung der Minister notwendig gewesen, und daran scheiterte der Versuch.
Wallis hatte indes bei Nacht und Nebel London verlassen. Sie war mit einem guten Freund Edwards, Perry Brownlow, und Inspektor Evans von Scotland Yard regelrecht aus England geflohen. Viel zu spät hatte sie eine Erklärung abgegeben, dass sie auf den König verzichten und eventuell die Scheidung rückgängig machen wolle, um zu ihrem Mann Ernest zurückzukehren. Die Affäre hatte sich längst selbständig gemacht und war durch persönliche Initiativen nicht mehr zu bremsen. Außerdem hätte Edward ihre Absichten, wenn sie auch ehrlich gemeint gewesen wären, niemals akzeptiert, im Gegenteil: Je mehr sich Wallis als Märtyrerin präsentierte, desto deutlicher zeigte er der Welt seine Liebe zu ihr. Obwohl Wallis nicht mehr in Edwards Nähe war, versuchte sie ihn in all seinen Handlungen zu beeinflussen. So riet sie ihm dringend, noch nicht abzudanken, sondern die Sache hinauszuzögern; vielleicht beruhigte sich die Angelegenheit nach dem ersten heftigen Sturm der Entrüstung, um schließlich im Sand zu verlaufen. Dann hätte Edward, nach erfolgter Krönung zum König von England, sie in aller Stille heiraten können. Edward war oft und gern ganz Ohr, wenn Wallis ihm ihre Ratschläge erteilte, aber in diesem Punkt war er ein »honourable man«, der sich nicht entschließen konnte, mit einer vorsätzlichen Lüge auf den Lippen den Eid als König zu leisten. Dies wäre gegen jede Ehre und jeden Anstand gewesen.
Die Flucht von Wallis hatte sich wenige Stunden nach ihrer Abreise aus London sofort wie ein Lauffeuer herumgesprochen. Kaum hatte Mrs. Simpson französischen Boden betreten, als ein Heer von Reportern sie zu verfolgen begann. Geduckt, auf dem Boden des Autos kauernd, versuchte sie, den Fotografen aus aller Herren Länder zu entgehen. In einem Hotel in Mittelfrankreich kletterte sie mitten in der Nacht aus dem Küchenfenster, um den sensationslüsternen Presseleuten zu entkommen, die ihr in der Hotelhalle auflauerten. Die bevorstehende Abdankung eines regierenden britischen Königs einer zweifach geschiedenen Frau wegen hatte ungeheures Aufsehen in Europa und den USA erregt. Nach einer tagelangen Irrfahrt kreuz und quer durch Frankreich gelangte sie schließlich nach Cannes, wo ihr ein befreundetes Ehepaar Unterkunft und Sicherheit angeboten hatte.
Am 10. Dezember 1936 teilte Premierminister Stanley Baldwin die Abdankung König Edwards VIII. offiziell der Regierung mit. Jetzt

blieb Edward nur noch eines, sich in entsprechender Weise von seinen Untertanen zu verabschieden. Als Wallis in Cannes das Radio aufdrehte, hörte sie die ihr so wohlvertraute Stimme:

»Es hat lange gedauert, bis ich nunmehr einige wenige Worte von mir aus sprechen kann.

Ich habe nie irgend etwas verbergen wollen, aber bis jetzt war es mir nach dem Verfassungsrecht unmöglich zu sprechen. Vor wenigen Stunden habe ich meine letzte Regierungshandlung als König und Kaiser vollzogen, und jetzt, da mein Bruder, der Herzog von York, mir nachgefolgt ist, muss ich als erstes ihm meine loyale Ergebenheit erklären. Das tue ich aus ganzem Herzen. Ihr alle kennt die Gründe, die mich gezwungen haben, auf den Thron zu verzichten. Aber ich möchte euch begreiflich machen, dass ich bei meinem Entschluss weder das Land noch das Reich vergessen habe, dem ich als Prinz von Wales und dann als König fünfundzwanzig Jahre lang zu dienen versuchte. Aber glaubt mir, wenn ich euch sage, dass es mir unmöglich war, die schwere Bürde der Verantwortung auf mich zu nehmen und meine Pflichten als König, so wie ich wollte, zu erfüllen, ohne die Hilfe und die Unterstützung der Frau, die ich liebe. Und ihr sollt auch wissen, dass die von mir getroffene Entscheidung ganz allein von mir abhing. Diese Angelegenheit konnte nur ich für mich entscheiden. Die andere Person, die am nächsten betroffen ist, hat bis zum Äußersten versucht, mich zu einem anderen Weg zu überreden. Ich habe diese ernsteste Entscheidung meines Lebens nur unter dem einzigen Gesichtspunkt getroffen, was schließlich für alle das Beste sei.

Es hat meinen Entschluss wesentlich erleichtert, sicher zu wissen, dass mein Bruder mit seiner langen Übung in öffentlichen Angelegenheiten des Landes und mit seinen hervorragenden Eigenschaften imstande sein wird, meine Aufgabe ohne Unterbrechung und ohne Nachteil für Leben und Gedeihen des Reiches fortzuführen. Und auf ihm ruht ein Segen ohnegleichen, dessen sich so viele von euch erfreuen können, und der mir nicht zuteil geworden ist – ein glückliches Heim mit Weib und Kindern. In diesen schweren Tagen fand ich Trost bei meiner Mutter und meiner Familie.

Die Minister der Krone und insbesondere Mr. Baldwin, der Premierminister, haben mir immer ihre volle Achtung entgegengebracht. Es hat nie einen konstitutionellen Streit zwischen mir und ihnen und zwischen mir und dem Parlament gegeben. Da ich von meinem Vater in der konstitutionellen Überlieferung erzogen bin, hätte ich niemals zugelassen, dass sich ein solcher Streitfall erhöbe. Seit ich Prinz von

Wales war und später, als ich den Thron innehatte, haben mir alle Schichten des Volkes, wo immer ich mich aufhielt oder auf Reisen im Empire war, größte Zuneigung bewiesen. Dafür bin ich tief dankbar.
Ich ziehe mich jetzt völlig von den öffentlichen Dingen zurück und lege meine Bürde nieder. Es mag eine Weile vergehen, ehe ich wieder in mein Heimatland zurückkehre, aber ich werde immer das Glück des britischen Volkes und Reiches mit tiefer Anteilnahme verfolgen, und wenn ich vielleicht künftig irgendwann in persönlicher Mission Seiner Majestät dienlich sein kann, wird es an mir nicht fehlen. Und jetzt haben wir alle einen neuen König.
Ich wünsche Ihm und euch, Seinem Volk, aus ganzem Herzen Glück und Gedeihen.
Gott segne euch alle.
Gott segne den König.«
Es war alles gesagt worden, was zu sagen war, und getan worden, was zu tun war. Edward blieb nur noch, von seiner Familie Abschied zu nehmen und zu gehen. Es war ihm längst klar geworden, dass er für eine geraume Zeit englischen Boden nicht mehr betreten sollte. Er wollte seinem Bruder Bertie, einem eher zurückhaltenden, schüchternen, sprachlich leicht behinderten Mann, der jetzt als George VI. König geworden war, das Leben nicht schwer machen. Die Brüder hatten sich immer sehr gut miteinander verstanden und Edward liebte die kleinen Töchter des neuen Königs, Elizabeth und Margaret Rose, wie seine eigenen Kinder. Mit den beiden Mädchen war auf jeden Fall die Thronfolge für das Haus Windsor auch in Zukunft abgesichert.
Es war eine kalte, klare Winternacht, als der ehemalige König von England am 12. Dezember 1936, mit seinem Hund Slipper unter dem Arm, als Privatmann das Deck des Zerstörers »Fury« in Portsmouth betrat. Von tausend Gedanken gequält, stand Edward sinnend an Deck. In seinen Memoiren beschrieb er diese Fahrt in eine ungewisse Zukunft:
»Ich beobachtete, wie die englische Küste zurückwich und war sehr bewegt. Es war schwer gewesen, den Thron aufzugeben; noch schwerer war es, Großbritannien aufzugeben. Ich wusste jetzt, dass ich unwiderruflich auf mich selbst gestellt war. Die Zugbrücken gingen hinter mir hoch. Aber eines war mir gewiss: Was mich betraf, so hatte die Liebe über die Forderungen der Politik gesiegt.« Wie gerne wäre Edward/David jetzt in die Arme von Wallis geeilt, wie gut hätte ihm ihr Trost getan, wie sehr sehnte er sich nach ihr, um sich an ihr anlehnen zu können! Aber sie mussten in den nächsten Monaten getrennt von

Tisch und vor allem von Bett sein, um nicht das Scheidungsurteil Mrs. Simpsons zu gefährden. Noch in London hatten sie daher besprochen, dass Wallis diese Zeit in Cannes verbringen und Edward das Angebot des Barons Eugene de Rothschild und seiner amerikanischen Frau Kitty annehmen sollte, auf Schloss Enzesfeld südlich von Wien Zuflucht zu nehmen. Die Rothschilds waren nicht nur reiche, sondern auch äußerst großzügige Menschen, die das Schloss für den abgedankten König hatten renovieren lassen, um ihm ein würdiges Ambiente zur Verfügung zu stellen. Zahlreiche Diener und erfahrenes Hauspersonal waren angeheuert worden, die dem hohen Gast jeden Wunsch von den Augen ablesen sollten. Die charmante Hausfrau kümmerte sich äußerst besorgt um Edward und fiel dadurch dem exaltierten ehemaligen Monarchen schon sehr bald auf die überstrapazierten Nerven.

Edward war ein unangenehmer Gast. Er nahm rücksichtslos alle Vergünstigungen, alles, was man für ihn arrangierte, in Anspruch, mit einer blasierten Überheblichkeit, die selbst die großzügigen Rothschilds empörte. Niemals dachte er daran, ein Wort des Lobes oder des Dankes auszusprechen; es schien für die Gastgeber eine Gnade zu sein, ihn bedienen zu dürfen. Edward nützte die Gutmütigkeit der Rothschilds bis zur Unverschämtheit aus. Horrende Telephonrechnungen fielen in den Wochen an, die Edward in Enzesfeld verbrachte, da er mehrmals täglich mit Wallis in Cannes telephonierte. In seiner Sehnsucht und Abhängigkeit von der Geliebten steigerte er sich in eine hysterische Verfassung hinein, die sich in seinen zahllosen Briefen deutlich ausdrückte. So schrieb er am 22. Dezember 1936:

»Mein einziger Liebling, ich weiß einfach nicht, wie ich anfangen soll, denn ich habe Dir so vieles zu berichten, was doch nur mündlich und mit vielen ›oohs‹ gesagt werden kann. Oh! Mein Herz, der Gedanke an die bevorstehenden vier Monate Trennung quält mich und ich darf einfach nicht daran denken. Ich zwinge mich, so zu tun, als sei ich nur fort von Dir, weil ich in diesem Land einen Job zu erledigen habe und Du aus geschäftlichen Gründen nicht herkommen kannst! Andernfalls hätte ich schon den Verstand verloren, obwohl ich erst seit zehn Tagen hier bin – zehn Tage, die sehr langsam und mit äußerst monotoner Präzision verstrichen sind ... Oh! Mein Liebstes, ich lebe nur für den 27. April (wer weiß, vielleicht dauert es auch nicht gar so lange) und im Augenblick lebe ich nur für unsere abendlichen Telephonate ... Oh! Wallis, warum müssen wir so lange warten? Es ist so grausam. Aber ich darf so etwas jetzt nicht sagen, denn wir haben füreinander und für unser vollkommenes Glück so vieles ertragen, dass wir diese letzte, wenn auch schwerste und langwierigste Probe ebenso tapfer bestehen werden, wie wir der Welt in den letzten Monaten entgegengetreten sind. Es ist alles so herrlich, Wallis, und so kostbar und süß und heilig, und zum allererstenmal in meinem Leben bin ich wirklich glücklich ... Ich liebe Dich, liebe Dich, Wallis, mehr und mehr und mehr und halte Dich ganz fest. Dein David.«

Die Stimmungen Edwards wechselten von Stunde zu Stunde; wie ein pubertierender Jüngling konnte er die Welt umarmen, um im nächsten Augenblick in tiefe Schwermut zu versinken. Dazu kam die tödliche Langeweile, die ihn Tag für Tag mehr belastete. Hatte er anfangs gehofft, in der britischen Botschaft in Wien ein- und ausgehen zu können, um mit dem Botschafter politische Fragen zu diskutieren, so musste er bald erkennen, dass der Rat und die Meinung eines abgedankten englischen Königs nicht gefragt waren. Und dort, wo er gerne gesehen gewesen wäre, verärgerte er durch sein arrogantes Auftreten all diejenigen, die sich gerne mit einem ehemaligen Monarchen gezeigt hätten. Auch die Wiener Gesellschaft zog sich bald zurück. Überall, wo Edward auftauchte, zeigte man verschlossene Gesichter und reservierte Mienen. In den exquistiten Herrengeschäften am Graben oder an der Kärntner Straße hatte man Edward anfangs in der Hoffnung auf entsprechende Geschäfte untertänigst hofiert. Allzu bald aber musste man erkennen, dass der ehemalige König sich aus purer Langeweile stundenlang ganze Kollektionen von Hemden, Krawatten und Hüten vorlegen ließ, um am Ende gar nichts zu kaufen. Ohne ein Wort des Dankes für die geduldige Mühe, die sich die Verkäufer mit ihm gegeben hatten und beinahe grußlos verließ er die Geschäfte. Edward führte das Leben eines übersättigten, überreizten Nichtstuers, der sich die öde Langeweile dadurch zu vertreiben suchte, dass er sich tagtäglich von einem Chauffeur ins Hotel Bristol in die Wiener Innenstadt fahren, ließ, um sich dort von einem Friseur rasieren und frisieren zu lassen. Als Edward hörte, dass man für diese Prozedur auch ein Zimmer für ein paar Stunden im Hotel mieten konnte, beschloss er dies zu tun – natürlich auf Kosten seiner Gastgeber. Edward bezahlte auch den Friseur nicht sofort, sondern ließ alles anschreiben. Als er dann vor der Abreise die Rechnung in Händen hatte und sah, dass der Friseur die Taxe für die Zimmerbedienung dazugeschlagen hatte, so wie es in Wien üblich war, war seine Empörung grenzenlos.

Vielleicht könnte man als Entschuldigung anführen, dass der ehemalige König von England es nicht gewohnt war, Geld in der Tasche zu haben. All seine Ausgaben wurden notiert und die Rechnungen dann an die zuständigen Behörden geschickt. Auch wenn Edward privat, in kleinem Kreis oder nur zu zweit mit Wallis einen Abend im Restaurant verbracht hatte, zahlte er nie und konnte auch dem Personal kein Trinkgeld geben. Wallis hatte zu diesem Zweck stets Kleingeld eingesteckt, aber mit der Zeit konnte sie sich die vielen Trinkgelder, die natürlich höher sein mussten als bei normalen Gästen, nicht mehr leisten, und Edward war bass erstaunt, als sie das Thema zur Sprache brachte.

Bei der Abdankung König Edwards VIII. war im britischen Parlament nicht über seine finanzielle Absicherung diskutiert worden; trotzdem war Edward auch als Privatmann ein reicher Mann. Er hatte von seiner Urgroßmutter Victoria die stattliche Summe von mindestens zwei Millionen Dollar geerbt; nach anderen Berichten sollen es sogar vier Millionen gewesen sein. Dazu kamen Erbschaften von seinen Großeltern und später von seiner Mutter, deren Höhe nicht öffentlich bekanntgegeben wurde. Natürlich beschäftigten sich die britischen Zeitungen ausführlich mit der finanziellen Situation des ehemaligen Königs, dem nach seiner Abdankung der Titel eines Herzogs von Windsor zugesprochen wurde. So berichtete die »Times« am 20. Dezember über harte Auseinandersetzungen zwischen Premierminister Baldwin und Edward über die Höhe der Zuschüsse, die die britische Regierung sanktionieren sollte:

»Die Wut des Souveräns, der so oft seine Meinung wechselte, steigerte sich zu Flüchen und entlud sich in Ausdrücken von erschreckender Männlichkeit und im Herumwerfen von Büchern ... Einmal nahm seine Majestät das Angebot abzudanken zurück, als er erfuhr, dass er die 500.000 Pfund jährlichen Einkünfte aus dem Herzogtum Cornwall nicht für Lebenszeit bekommen würde. Am Abend bedauerte er es, dass er am Tage vorher abgedankt hatte.«

Aber trotz der harten Haltung der Regierung wurden der ehemalige König und seine Frau von der Familie recht gut versorgt. Aus dem Privatfonds erhielten sie zur Hochzeit eine Art Abfindung von 500000 Dollar und außerdem noch – jeder für sich – ein garantiertes jährliches Einkommen von 100000 Dollar zugesichert. Freilich war dies für die Herzogin von Windsor gerade so viel, wie sie allein für ihre Kleider Jahr für Jahr ausgab, nicht eingerechnet die Dessous, Pelze, Schuhe, Handschuhe und Hüte, von denen sie einmal auf einen Schlag 45 Stück bestellte. Aber Wallis konnte der Zukunft an der Seite ihres David beruhigt entgegensehen, denn die Überlassung der beiden Schlösser von Sandringham und Balmoral an König George VI. brachte allein 900000 Pfund ein, obwohl der Herzog noch jährlich 25000 Pfund zusätzlich

an Zinsen erhielt. Und so ließen sich die Einnahmequellen, aus denen Edward und Wallis ein Leben lang schöpfen konnten, weiter ausführen. In Österreich allerdings gab Edward kein Geld aus, und auch später drehte er jeden Dollar einzeln um.
Um sich die Wartezeit zu verkürzen, besuchte der ehemalige König von England regelmäßig das Dianabad am Wiener Donaukanal, und um sich fit zu erhalten, spielte er, wenn es das Wetter irgendwie zuließ, Golf. Nicht viele im Österreich der dreißiger Jahre konnten es sich leisten, diesem Sport der Reichen und Superreichen nachzugehen; für die meisten war der Kampf ums nackte Überleben ausreichend Zeitvertreib. Edward jedoch wusste vor lauter Langeweile nicht, wie er die Stunden und Tage totschlagen sollte, er vertrödelte die Zeit mit größtenteils sinnlosen Beschäftigungen. So ließ er es sich nicht nehmen, das Entlausen seiner Hunde selbst zu beaufsichtigen und verbrachte einen guten Teil des Tages damit, die Flaschen im hervorragend sortierten Weinkeller von Schloss Enzesfeld zu zählen. Die Zeit stand für Edward still, die Tage schlichen dahin und ließen ihn immer lethargischer werden.
Auch Wallis war in Cannes unglücklich. Anonyme Briefe mit wüsten Beschimpfungen beunruhigten sie, tägliche Drohanrufe und Mordankündigungen ließen sie erzittern. Die Wut der englischen Bevölkerung schreckte vor nichts zurück: In London hatte es sich eine Frauenorganisation zum Ziel gesetzt, die ehebrecherische Mätresse zu töten; man wollte einen bezahlten Killer anheuern. Von Angst und Schrecken verfolgt, konnte Wallis so manche Nacht kein Auge zutun. Ihre Nerven waren zerrüttet, sie wurde von Weinkrämpfen geschüttelt. Dazu kam noch, dass die feine britische Gesellschaft, die sich wie jedes Jahr an der Riviera ein Stelldichein gab, Wallis wie eine Aussätzige mied. Sie, die immer der Mittelpunkt der elegantesten Parties gewesen war, fühlte sich wie eine Einsiedlerin. Nur Edward konnte sie aus ihrem tristen Dasein erlösen. Nun merkte sie, dass sie ohne ihn nichts war, aber gleichzeitig entnahm sie aus seinen weinerlichen Briefen, dass er, der schwache, kraftlose David, der er nun einmal war, sie mit jeder Faser seines Wesens brauchte, um durch ihre Kraft wieder aufgerichtet zu werden. Ihre Macht über ihn wuchs mit jedem Tag des Fernseins.
In den tristen Wochen an der Riviera begann sich Wallis allmählich mit Überlegungen für die bevorstehende Hochzeit zu beschäftigen. Es war nicht leicht, aus der Zahl der verbliebenen Freunde diejenigen auszuwählen, die man einladen wollte, ohne die anderen zu brüskieren oder zu beleidigen. In erster Linie dachte Wallis natürlich an die königliche Verwandtschaft in London und forderte ihren fernen Bräutigam immer

wieder dazu auf, am Königshof anzufragen, ob eine Chance bestünde, dass Vertreter der Königsfamilie zur Hochzeit kommen würden. Wahrscheinlich ahnte Edward, der seine Familie nur zu gut kannte, von vornherein die abschlägige Antwort, die dann auch wirklich gegeben wurde: Natürlich würde kein einziger »Royal« bei diesem Ereignis anwesend sein!

Nicht nur dieser Schlag saß; ein weiterer, noch schmerzlicherer sollte in Kürze folgen. Die britische Regierung und der König teilten dem Herzog von Windsor mit, dass er in Hinkunft auf die Dienste des Hofes, auch auf die seines ehemaligen Sekretärs, verzichten müsse und dass sein Name ab sofort nicht mehr auf der neuen Zivilliste aufscheine. Damit war auch sein jährliches Salär ein für allemal gestrichen. Ferner erhielt er die Mitteilung, dass seine künftige Frau auf keinen Fall irgendeinen königlichen Rang erhalten werde und dass es ihm und seiner Gemahlin bis auf weiteres untersagt sei, englischen Boden zu betreten. Wer immer hinter diesen Verfügungen stand, er hatte ganze Arbeit geleistet. Edward konnte sich in seinem ersten Zorn kaum fassen; er wollte nicht glauben, dass sein Bruder Bertie, mit dem er sich immer sehr gut verstanden hatte, solche Anordnungen getroffen hatte.

Auch Wallis fand diese Verfügungen empörend. Aber sie erging sich nicht nur in Gejammer, sie war gewillt, zu handeln. Und da sie ihren David kannte, versuchte sie alles, um ihn von Cannes aus dazu aufzustacheln, sich seiner Haut und seiner Reputation zu wehren. Ein Brief, den sie am letzten Märztag des Jahres 1937 an ihren fernen Bräutigam schrieb, gibt beredtes Zeugnis davon, wie sie Edward zum Widerstand aufrufen wollte:

»Mein Liebling, ich habe den ganzen Vormittag über Deinen niederträchtigen Bruder nachgedacht. Ich finde, Du solltest ihm schreiben, dass Dir – wenn er Dich weiterhin wie einen Verstoßenen behandelt, der etwas Ehrenrühriges getan hat und sich nach dem Rat von Leuten richtet, die Dich hassen (ich meine den Rat, nichts für Dich zu tun, sondern Dich zu demütigen) – nur ein Ausweg bleibt, nämlich die Welt genauestens darüber zu informieren, wie Dich die Leute (Familie) behandeln, die Dir ihre gegenwärtige Stellung verdanken. Schreib ihm, Du bist es leid, alle Schläge einzustecken und die unfairen Presseberichte hinzunehmen. Du hast ein großes Opfer gebracht und Du bereust es nicht, aber Du hättest nicht erwartet, dass Dein Bruder Deinen Platz einnehmen und Dich einfach vergessen würde – und Dir nicht einmal die geringste Hilfe beim Aufbau eines neuen Lebens geben würde. Sein Benehmen sei in höchstem Maße verletzend und du hättest das Gefühl,

Du müsstest Maßnahmen ergreifen, um Dich zu schützen. Dann kannst Du einfließen lassen, dass Du niemanden hast, der in England Deine Interessen wahrnimmt, z. B. das Herzogtum etc., ferner eine Reihe von Beleidigungen etc. anführen, die Du hingenommen hast, ohne den Versuch, Dich zu wehren. Dann stell ihm eine Art Ultimatum – und seine Reaktion darauf würde Deine künftige Handlungsweise bestimmen etc. Gib Dir keine Blöße, sei nicht grob, sei stark, und mach, dass er sich schämt – falls das möglich ist. Ich liebe Dich und möchte so gerne, dass Du hier wärst. Wallis.
4 Monate unwürdige Behandlung – reib ihm das unter die Nase & seinen Ratgebern. Du könntest und solltest vielleicht auch hinzufügen, dass die Art, wie Du ihn in sein neues Leben eingeführt hast, von ganz anderem Geist zeugt als der Einstand, den er Dir für Dein neues Leben gibt.«
Aber während Wallis zum Kampf gegen König und Regierung aufrief, saß Edward betrübt in seinem gemieteten Landhaus Appesbach am Wolfgangsee, wo er die letzten Wochen der Trennung verbringen wollte. Wallis hatte ihm nämlich mitgeteilt, dass ihr gemeinsamer Hund Mr. Loo von einer giftigen Schlange gebissen worden war. Der Tod dieses Tieres scheint Edward beinahe mehr erschüttert zu haben als der Verlust des britischen Throns; jedenfalls wirkten seine Zeilen so:
»Oh! Wie unaussprechlich grausam, dass unser kleiner Mr. Loo WE so einfach geraubt werden konnte. Heute morgen wollte mir schier das Herz brechen, mein Liebling, so traurig bin ich, vor allem, weil ich nicht bei Dir sein und Dich ganz fest halten kann, das einzige, was hilft, wenn WE unglücklich sind. Auch ich habe viel geweint, und ich weiß, was für eine furchtbare Nacht Du hinter Dir haben musst. Ich will nicht weiter darauf eingehen, weil es gar zu traurig ist und zu schmerzlich für meinen einzigen Liebling, aber ich bin sicher, Du möchtest gern, dass Mr. Loo an einem der eanum Wege im Fort begraben wird, die ich für Dich angelegt habe. Wenn Du ihn einbalsamieren und in einen eanum Zinkbehälter betten lässt, werde ich ihn nächste Woche von Dudley Forwood abholen lassen, der mit dem Auto nach England zurückfährt...
Dein Junge hält sein Mädchen ganz, ganz fest, mein Herz.
Dein trauriger David.«
Für Wallis stand es schon sehr bald fest, dass sie nicht vor der Krönung König Georges am 12. Mai heiraten wollte; die Presse hätte dann wahrscheinlich von ihrer Eheschließung nur wenig Notiz genommen. Aber so klein wollte Wallis nicht beigeben; nicht die Krönung eines unbedeutenden englischen Königs, sondern ihre Hochzeit sollte nach allem, was vorausgegangen war, die Sensation des Jahres sein!

Schon lange hatten Wallis und Edward den Plan verfolgt, in Frankreich zu heiraten. Es musste nur noch der geeignete Ort in der richtigen Umgebung gefunden werden. Der Zufall kam Wallis zu Hilfe. Ein wohlhabender französischer Industrieller, Charles Bedaux, der das Schicksal König Edwards VIII. mit aufrichtiger Anteilnahme verfolgt hatte, bot dem Paar seinen hochherrschaftlichen Landsitz Schloss Cande in der Nähe von Tours unentgeltlich an. Schon im März packte Wallis ihre Koffer und übersiedelte in das Schloss. Hier konnte sie in Ruhe alles für die Hochzeit vorbereiten, obzwar noch niemand so genau wusste, wann die Eheschließung nun tatsächlich stattfinden sollte. Denn die obersten Justizbehörden Englands schienen die Absicht zu verfolgen, im letzten Moment den Plänen des Herzogs und seiner Braut einen gewaltigen Strich durch die Rechnung zu machen. Plötzlich wurde in der Öffentlichkeit das Grücht ausgestreut, dass nicht Ernest die Ehe gebrochen habe, sondern dass Wallis schon lange vorher intime Beziehungen zum britischen Thronfolger unterhalten habe. Außerdem munkelte man schon sehr laut darüber, dass Ernest Simpson von seiner Frau und dem damaligen König für seine Aussagen vor Gericht bezahlt worden sei. Es war eine äußerst gefährliche Situation für den Herzog und seine Braut; allzu leicht hätte es möglich sein können, dass das Verfahren wieder aufgerollt worden wäre und alles von vorne begonnen hätte. Aber schließlich gab der Staatsanwalt nach, und am 3. Mai erhielt Wallis den erlösenden Anruf aus London, dass die Scheidung endgültig rechtskräftig sei. Der Tag der Hochzeit, der 3. Juni des Jahres 1937, war ein strahlend schöner, warmer Frühsommertag. Es war kein glanzvolles Fest, das in Schloss Cande in eher kleinem Rahmen stattfand. Der dreiundvierzigjährige »Junge« schwor seinem zwei Jahre jüngeren »Mädchen« ewige Treue, und Wallis bemühte sich redlich, ihr Versprechen glaubwürdig klingen zu lassen, ihn zu lieben und zu achten, bis dass der Tod sie scheiden würde. Für Edward war der Traum seines Lebens, für dessen Erfüllung er Thron, Familie und Heimat geopfert hatte, Wirklichkeit geworden.

Die erste Zeit ihrer Ehe verbrachten die Windsors auf Schloss Wasserleonburg in Kärnten; David hatte das Schloss schon von Enzesfeld aus gemietet. Dann zog es beide wieder an die Riviera, wo die internationale Gesellschaft vergaß, wie schlecht man noch vor kurzem von Wallis gedacht hatte. Die Windsors waren bald gern und oft gesehene Gäste des Jet-Set, sie wurden tonangebend in Geschmacksfragen, und man interessierte sich brennend dafür, welche Toiletten die Herzogin trug und mit welchen Kostbarkeiten sie sich behängte. Schon lange vor der

Hochzeit war der erlesene Schmuck Mrs. Simpsons allgemein aufgefallen, großzügige Geschenke Edwards, die so manches Mal den englischen Staatssäckel enorm belastet hatten. So hatte der damalige König die wertvollen, aber wie er fand, altmodisch gefassten Preziosen der Königin Alexandra bei Cartier in Paris in neue Form bringen lassen. Die Rechnung des Juweliers belief sich auf 600000 Dollar, die Edward ohne Zögern der Regierung als Erbe hinterließ. Wallis verfügte am Ende ihres Lebens über eine Schmucksammlung, die zu den exquisitesten der Welt zählte; allein der Riesendiamant, der von den Reportern »das große Eisstück der Herzogin« genannt wurde, wog ungefähr 50 Karat und war damit halb so groß wie der Koh-i-noor, der die englische Königskrone ziert.
Wallis war ein Leben lang eine Frau mit viel Geschmack, seit ihrer Hochzeit mit dem Herzog auch mit dem nötigen Geld. Sie konnte es sich leisten, bei den berühmtesten Modeschöpfern in Paris und New York arbeiten zu lassen, die es sich zur Ehre anrechneten, wenn die Herzogin ihre Kreationen bei den entsprechenden Gelegenheiten trug. Dabei achtete Wallis streng darauf, dass ihre körperlichen Vorzüge ins rechte Licht gerückt wurden; sie ließ sich nicht vom jeweiligen Modetrend beeinflussen, wenn dieser vielleicht gerade nicht ihrem überschlanken Typ entsprach. Die Modezaren wussten genau, dass sie der Herzogin von Windsor keine dekolletierten Abendkleider vorschlagen durften. Dafür kreierte sie großzügig-raffinierte Rückendekolletés und machte sie gesellschaftsfähig. Eine Reporterin des »American Mercury« nannte ihren Leserinnen den Grund für die immer wiederkehrenden hochgeschlossenen Abendkleider: »... sie trägt sie wegen ihrer flachbrüstigen, jungenhaften Figur.« Erst viel später sah man Wallis in rauschenden, kurzen, aufwendig bestickten Tüllkleidern, die nur von Spaghettiträgern gehalten wurden und die einen Blick auf ihre schlanken Beine erlaubten.
Ihre sündteure Kleidung wurde von exquisitesten Pelzen ergänzt. Obwohl das Herzogspaar gewöhnlich mildes Klima bevorzugte und Wallis kaum rauhem, kaltem Wetter ausgesetzt war, hüllte sie sich gern in bodenlange Zobel-, Chinchilla- oder Hermelinpelze und trug russische Breitschwanz- oder Nerzmäntel. Die modebewusste High Society verfolgte alljährlich gespannt bei den Modeschauen, was die Herzogin von Windsor orderte. Die Modeschöpfer von Paris lagen ihr zu Füßen und erfüllten ihr jeden noch so ausgefallenen Wunsch, da sie wussten, dass durch sie ihr Geschäft nur profitieren konnte.
Wallis gab für ihr Aussehen ein Vermögen aus. Je älter sie wurde, desto mehr beschäftigte sie auch die berühmtesten Kosmetikspezialisten, von

denen sie sich, ebenso wie von bekannten Visagisten, erhoffte, dass sie ihrem alternden Gesicht wieder jugendliche Straffheit verleihen würden. Angeblich soll sie auch immer wieder bei amerikanischen Schönheitschirurgen Patientin gewesen sein, aber die Erfolge dieser Spezialisten waren denkbar unauffällig.

Millionen Dollar gab das Herzogspaar von Windsor im Laufe der langen Jahre für sein Image und sein Vergnügen aus, Millionen, die in vielerlei Hinsicht besser und nutzbringender hätten angelegt werden können, ganz davon zu schweigen, wieviel Not und Elend Edward und Wallis mit diesem Geld hätten lindern können. Aber Wohltätigkeit und Freigebigkeit waren nicht ihre Sache. Sie gingen blind durch ihre Glitzer- und Glamourwelt und suchten einzig und allein ihr vergängliches Vergnügen. Da sie keine Kinder hatten, hielten sie sich gleichsam als Ersatz Hunde.

Und jedes Tier wurde mit allem nur erdenklichen Luxus verwöhnt und verzärtelt, sodass selbst die wohlmeinendsten Freunde nur den Kopf schütteln konnten. Nur ein einziges Mal ließ sich der Herzog hinreißen, bei einer amerikanischen Wohltätigkeitsveranstaltung 100 Dollar in die Sammelbüchse zu stecken, aber nur, weil Reporter ihn dabei fotografierten. Es kam dagegen des Öfteren vor, dass Wallis dem überraschten Hotelpersonal statt des erhofften Trinkgeldes zwei eigenhändig signierte Photos von sich und dem Herzog mit großer Geste überreichte.

Durch ihre Heirat mit dem Herzog war Wallis wieder gesellschaftsfähig geworden, und sie erkannte, wie wetterwendisch der »Club der Reichen« nun einmal sein konnte. Plötzlich rechnete man es sich wieder zur Ehre an, sie beide Abend für Abend irgendwohin einzuladen, wo sich die wohlhabenden Nichtstuer ein Stelldichein gaben. Dabei ließen die Windsors aber alle anderen Gäste deutlich spüren, dass sie nicht ihresgleichen waren.

In den ersten Jahren nach seiner Abdankung versuchte Edward noch einmal, in der Politik Fuß zu fassen und seine internationalen Kontakte zum Wohle der britischen Regierung einzusetzen. Dabei trat er aber, da man kein Interesse an seinen Interventionen hatte, da und dort gewaltig ins Fettnäpfchen. So konnte selbst sein langjähriger Freund Winston Churchill Edwards Besuchen in Deutschland nichts abgewinnen. Der Ex-König galt allgemein als deutschfreundlich und auf den Parties, die der damalige deutsche Botschafter in London und nunmehrige Außenminister, Joachim von Ribbentrop, gegeben hatte, waren Edward und Wallis immer gern gesehene Gäste gewesen.

Nun nahm Edward mit Wallis, ohne sich mit der britischen Regierung abzusprechen, eine Einladung der NS-Regierung nach Berlin an, um den Bau von Arbeiterwohnstätten in Deutschland zu studieren, für den er sich interessierte. Der britische Botschafter ließ sich peinlichst berührt entschuldigen, und so wurden die Herzogin und der Herzog von dem zuständigen Referenten Dr. Ley im offenen Auto in rasender Fahrt durch Berlin geführt. Ein Besuch in Karinhall bei Göring und seiner Frau schloss sich an, der eher privaten Charakter haben sollte. Aber die britischen Zeitungen stellten die Aktionen des abgedankten Königs groß heraus und machten kein Hehl aus ihrer Ablehnung derartiger privater Ambitionen.

Mit Hermann Göring und seiner Frau unterhielten sich die Windsors ausgezeichnet. Edward konnte die Konversation in deutscher Sprache führen, da er Deutsch beinahe fehlerfrei beherrschte. Schaltete sich die Herzogin ins Gespräch ein, so wechselten die Görings einfach ins Englische oder Französische, sodass es keine Sprachprobleme gab. In Görings Arbeitszimmer machte Edward eine verblüffende Entdeckung: eine Landkarte, auf der – man schrieb immer noch das Jahr 1937 – Österreich bereits als Teil des Deutschen Reiches eingezeichnet war. Darüber befragt, meinte Göring, man müsse dann, wenn es so weit sei, die Landkarte nicht neu zeichnen.

Bevor man auseinanderging, mussten der Herzog und seine Frau noch mit dem Reichsminister, auf den Knien rutschend, auf dem Dachboden Eisenbahn spielen. Tief beeindruckt von der Liebenswürdigkeit und Freundlichkeit der Gastgeber verließen die Windsors Karinhall und beschlossen, später noch einmal auf Besuch zu kommen.

Es folgten Tage mit interessanten Einladungen. Ribbentrop gab für das Herzogspaar ein Essen, zu dem auch das Ehepaar Gustaf Gründgens und Marianne Hoppe geladen war. Paul Schmidt, der Chefdolmetscher Hitlers, übernahm es, die Unterhaltung zwischen der Herzogin und der Schauspielerin zu übersetzen.

Als englischer König Edward VIII. wäre der Herzog auch für Adolf Hitler von größtem Interesse gewesen, da Hitler immer wieder den Eindruck hatte, dass Edward den Deutschen und den Nationalsozialisten gegenüber freundschaftlich gesinnt sei. Als Herzog von Windsor, der politisch zur Bedeutungslosigkeit herabgesunken war, waren seine Aktien für den »Führer« zwar in den Keller gefallen, aber dennoch war es ein Gebot der Höflichkeit, den Herzog und seine Frau auf den Berghof bei Berchtesgaden einzuladen. Nachdem Edward und Wallis München besucht und nette Plauderstunden im Hause von Rudolf

Heß verbracht hatten, wurde ein Sonderzug der Reichsbahn für die Windsors zur Verfügung gestellt, der sie aus der bayerischen Hauptstadt an die österreichische Grenze brachte. Und obwohl alles protokollarisch geklärt war und der Herzog und seine Frau pünktlich zur festgesetzten Zeit auf dem Obersalzberg erschienen, geruhte der »Führer« den ehemaligen König von England eine Stunde warten zu lassen, bis er ihn leutselig empfing.

Wie die Herzogin später in ihren Memoiren vermerkte, hatte sie den Eindruck, dass Hitler mit Damen nicht viel anzufangen wusste; jedesmal, wenn sie den Augenkontakt mit ihm suchte und er ihren Blick auf sich ruhen fühlte, senkte er sofort die Augen.

Hitler bat den Herzog ins Nebenzimmer, wo er mit ihm alleine lange sprach. Paul Schmidt fungierte wieder als Unterhalter der Herzogin, die über die prachtvolle Aussicht auf die schneebedeckten Berge und den modernen, unauffälligen Komfort, der im Berghof geboten wurde, entzückt war. Paul Schmidt schilderte in seinen Memoiren ihr eindrucksvolles Auftreten:

»Die Herzogin mischte sich nur gelegentlich und mit großer Zurückhaltung in das Gespräch, wenn irgendwelche Dinge auf sozialem Gebiet zur Sprache kamen, die besonders eine Frau interessieren. Sie war der Gelegenheit entsprechend sehr einfach, aber äußerst geschmackvoll gekleidet und hinterließ bei Hitler einen nachhaltigen Eindruck. ›Sie wäre sicherlich eine gute Königin geworden‹, sagte er, nachdem sich die Gäste verabschiedet und das Haus verlassen hatten.«

Es war diese Kunst der perfekten Geselligkeit, die Wallis bis zur höchsten Verfeinerung beherrschte. In jeder, auch in solcher Gesellschaft, in jeder Situation und bei jedem Gespräch verstand sie es, der scheinbar ungewollte Mittelpunkt zu sein. Nicht der Herzog erregte die ungeteilte Aufmerksamkeit; alle Augen richteten sich auf seine Frau und ihr Verhalten. Und alle waren sich darüber einig, dass in dieser Ehe Wallis die absolut Dominierende war.

Die Windsors zogen sich nach Frankreich zurück und erlebten in Paris, wo sie ein Haus gemietet hatten, den Ausbruch des Weltkriegs. Edward übernahm eine untergeordnete militärische Funktion, während Wallis sich beim Roten Kreuz betätigte. Beides waren halbherzig ausgeführte Aufgaben, denn Edward hatte erwartet, dass die britische Regierung ihn mit einem wichtigen militärischen Amt betrauen würde. Er hatte sich wieder einmal getäuscht; man brauchte, selbst im Krieg, keinen Herzog von Windsor als General oder Heerführer. Im Gegenteil, die Anwesenheit der Windsors in Frankreich, in das die deutschen Truppen

einmarschiert waren, hätte zu einem ernsten Problem führen können, da bekannt wurde, dass Pläne des deutschen Geheimdienstes existierten, Edward gefangenzunehmen und ihn nach einer etwaigen Eroberung Englands anstelle seines Bruders auf den britischen Thron zu setzen. Man hoffte dadurch, das englische Volk, das teilweise immer noch Edward große Sympathien entgegenbrachte, in zwei Lager zu spalten. Es war der Aufmerksamkeit und Weitsicht eines Winston Churchill zu verdanken, dass die Windsors in Paris rechtzeitig gewarnt wurden und schleunigst versuchten, über Südfrankreich das zunächst sichere Spanien zu erreichen. Hier wollte man nähere Instruktionen aus England abwarten. Auch für einen Herzog von Windsor war es nicht ganz einfach, die spanische Grenze mitten im Krieg zu passieren, aber schließlich trafen er und seine Frau wohlbehalten in der spanischen Hauptstadt ein, wo sie sofort von der Madrider Gesellschaft mit offenen Armen aufgenommen wurden. Es gab Empfänge und schier nicht enden wollende Feste für den Exkönig und seine elegante Frau. So sehr Edward das süße Nichtstun in Spanien gefiel, er schrieb doch eindringliche Briefe an Churchill, in denen er den Freund bat, ihm einen Posten irgendwo im weiten Empire zu vermitteln. Dabei dachte der Herzog vor allem an Kanada, wo er als junger Kronprinz einst von der Bevölkerung so herzlich empfangen worden war und wo er vor vielen Jahren einen großen Landbesitz erworben hatte. Britischer Gouverneur in Kanada, das schien Edward die geeignete Position. Churchill bemühte all seinen Einfluss, aber es war der Regierung in London nicht schmackhaft zu machen, dass der abgedankte König plötzlich als kanadischer Gouverneur in Erscheinung treten sollte. Alles, was Churchill erreichte, war, dass Edward Gouverneur auf den Bahamas werden konnte, eine Stelle, die ganz und gar nicht seiner Mentalität entsprach. Auch Wallis war durchaus nicht begeistert, ins Exil gehen zu müssen. Einzig und allein die Sicherheit, die die Inseln mitten im Krieg boten, sah die Herzogin als positiv an.
Auf den Bahamas, wo die Windsors während des Zweiten Weltkriegs lebten, führten sie ein eher eintöniges Leben, wie in einem unterentwickelten Kolonialgebiet, gequält vom feuchtheißen Klima, das vor allem der Herzogin sehr zusetzte. Und obwohl sie hier wirklich keine aufsehenerregenden Parties und Gesellschaften geben konnte und meist mit ihrem David und den schon sprichwörtlich gewordenen Hunden allein war, ließ sie doch die Vertreter der amerikanischen Modehäuser mit ihren Modellen und Kollektionen einfliegen. Dutzende von Schneiderinnen fertigten für sie an Ort und Stelle leichte Tropenkleider,

kühle Leinenkostüme, aufwendige Ballroben, verführerische Negliges und winzige Hüte. Auch in der heißen Einsamkeit der Bahamas war die Frau des Gouverneurs immer und überall tadellos gekleidet. Es war, als müsste sie jederzeit gewärtig sein, besonderen Besuch zu empfangen, der sich allerdings kaum jemals ankündigte.

Fünf Jahre war die Amtszeit eines britischen Gouverneurs auf den Bahamas; Edward, aber vor allem Wallis sehnte mit aller Macht den Augenblick herbei, die Inseln verlassen zu können. Wallis verglich ihren Aufenthalt oft mit der Verbannung Napoleons auf St. Helena – allerdings hatte sie die Geschichtsbücher wohl zu oberflächlich gelesen; ihr luxuriöses Haus, im Kolonialstil erbaut und mit höchstem Komfort ausgestattet, war keineswegs mit dem muffig-feuchten Quartier des ehemaligen Franzosenkaisers zu vergleichen.

Im Frühling 1945, in einer Zeit, da halb Europa durch den unseligen Krieg in Trümmern lag, verließen die Windsors die Bahamas, wo Edward zum letzten Mal in seinem Leben einer geregelten Tätigkeit nachgegangen war. Die folgenden Jahre und Jahrzehnte verbrachten beide mit immerwährendem Nichtstun; sie führten das Leben von Leuten, denen es nicht zu langweilig wurde, am Morgen nicht zu wissen, wie man den Tag totschlagen sollte.

Wallis war es mit ihrer Willensstärke meisterlich gelungen, dem Herzog ihren ganz privaten Stil aufzuzwingen, den sie ein Leben lang bevorzugt hatte. Und Edward/David fand nach den ersten, eher kläglichen Versuchen einer sinnvollen Beschäftigung nie mehr einen Weg, den er mit gutem Gewissen hätte beschreiten können. Er schlenderte lieber wie ein Trabant an der Seite seiner Frau durch die Welt, ohne Plan und ohne Ziel, und führte das Leben, das Wallis behagte. Eine Einladung jagte die andere, die Termine der Pariser und New Yorker Modeschauen waren im Kalender der Herzogin dick unterstrichen und die Suche nach Stadt- oder Landhäusern, die man kaufen wollte, trug zur gelegentlichen Abwechslung bei. Dabei waren sich Wallis und der Herzog nicht einig, wo sie sich für den Rest des Lebens niederlassen sollten. Wallis brauchte, um glücklich zu sein, das pulsierende Leben der Großstadt, während David die Idylle des Landlebens vorzog, wo er vor allem seiner geliebten Tätigkeit als Hobby-Gärtner nachgehen konnte.

Zunächst allerdings wohnten sie in einem großzügigen Haus in der Rue de la Faisanderie Nr. 85, das ihnen von einem steinreichen französischen Industriellen zur Verfügung gestellt wurde. Paul Louis Weiher wusste, wie er die Windsors erfreuen konnte: Wenn er sie zum Dinner zu sich geladen hatte, ließ er extra für den Herzog Speisen des berühmten Gastronomen Horcher aus Berlin einfliegen, da er gehört hatte, dass der Herzog die Gerichte aus der Horchersehen Küche besonders bevorzugte. Die Herzogin überraschte er dadurch, dass er ein ganzes Zigeunerorchester aus Wien kommen ließ, das Wallis schmalzige Weisen ins Ohr fiedelte.

Der Lebenswandel der Windsors erregte im Paris der Nachkriegszeit Aufsehen und verursachte einigen Wirbel. Laute Musik dröhnte aus dem Haus in der bisher verträumten Rue de la Faisanderie, und die Nachbarn stießen auf taube Ohren, wenn sie sich über den übermäßigen Lärm beschwerten. Außerdem hatten einige Journalisten die Deutschfreundlichkeit des Herzogs und seiner Frau nicht vergessen; besonders linksgerichtete Zeitungen brachten immer wieder Artikel, die auf diese Vergangenheit der beiden hinwiesen. Als den Windsors die Schwierigkeiten in Paris zu groß wurden, fasste man einen Wohnungswechsel ins Auge. Nach langem Hin und Her überraschte der Herzog seine geliebte Wallis zum Geburtstag mit einem großzügigen Geschenk: Er hatte zwei Häuser erstanden, eines in Paris und eine alte Mühle am Stadtrand. So hatten sie in Zukunft beide, was sie immer gesucht hatten: ein Domizil in der Stadt und ein Landhaus zum Ausspannen. Hier gab sich auch ab und zu die Prominenz aus aller Welt ein Stelldichein, klingende Namen standen auf den Gästelisten, bekannte Schauspieler, erfolgreiche Dichter, namhafte Künstler und natürlich die Dietrich! Die Stimmung erreichte einen Höhepunkt, wenn der Herzog auf Befehl seiner Frau im Schottenröckchen erschien, um vor den Gästen zu tanzen.

Als im Jahre 1952 der Bruder Edwards, König George VI., starb, nahm der Herzog allein an der Beisetzung teil. Seine Frau war von der Königsfamilie immer noch nicht akzeptiert, obwohl die junge Königin Elizabeth II. als Kind Wallis schon an der Seite ihres geliebten Onkels kennengelernt hatte. Aus dem ehemaligen König von Großbritannien war ein absolut bedeutungsloser Mann an der Seite einer herausgeputzten alternden Frau geworden, deretwegen er auf eine sinnvolle Lebenstätigkeit verzichtet hatte, der seine Tage zwischen der Côte d'Azur, Paris, New York und Palm Beach, auf langweiligen, ewig gleichen Cocktailparties, bei Small-Talk und internationalen Klatschgeschichten verbrachte, in der einen Hand das Champagnerglas, in der anderen das Kaviarsandwich. Wallis amüsierte sich dabei meist königlich, tanzte, auch als sie längst nicht mehr taufrisch war, ganze Nächte durch, während David sich gegen Mitternacht verabschiedete.

Um endlich doch eine Beschäftigung in all der Langeweile zu finden, begannen beide ihre Memoiren zu schreiben, wobei das Buch des Herzogs unter dem Titel »Eines Königs Geschichte« in den USA erschien und angeblich eine Million Dollar eingebracht haben soll. Noch einmal erstrahlten die Windsors im hellen Licht der Öffentlichkeit, bevor es im Alter langsam ruhig und dunkel um sie wurde. Der Herzog begann zu kränkeln, seine Augen bereiteten ihm zunehmend Probleme. Wallis und die heiß geliebten Hunde begleiteten ihn auf Schritt und Tritt, schließlich auch nach London, wo er sich einer komplizierten Augenoperation unterziehen musste.

Viel Zeit war seit den turbulenten Tagen der Abdankung, der Krönung seines Bruders, den blutigen Jahren des Zweiten Weltkriegs mit den verheerenden Zerstörungen Londons und anderer britischer Städte, dem Wiederaufbau des Heimatlandes und dem Tod König Georges VI. vergangen. Seine Nichte Elizabeth, die als Königin von England auch schon einige Jahre auf dem britischen Thron saß, hatte in Erfahrung gebracht, dass ihr Onkel in einer Klinik in London weilte. Sie überraschte ihn mit ihrem Besuch und traf bei dieser Gelegenheit auch mit Wallis zusammen. Obwohl man sich einige Höflichkeiten sagte, war diese Begegnung noch nicht der Anfang einer Familienaussöhnung. Zu sehr sah man in der jungen Königsfamilie noch selbstgefällig auf die Einhaltung von Sitte und Moral. Freilich konnte die Königin damals nicht ahnen, dass der erste Skandal im Hause Windsor in den Jahren 1936/37 noch harmlos sein würde im Vergleich zu dem, was ihre allerengste Familie, ihre Schwester und ihre eigenen Kinder ihr einmal antun würden. Vielleicht hätte die Königin sonst nicht gezögert, der ungeliebten »Tante« die Hand zur Versöhnung zu reichen, was man auch in der britischen Bevölkerung begrüßt hätte. Allerdings erhielten die Windsors im Mai 1967 überraschend eine Einladung zu einem Familientreffen, als anläßlich des hundertsten Geburtstages von Queen Mary an deren langjährigem Wohnhaus eine Plakette enthüllt werden sollte. Man traf sich zwar, gab sich bewusst ungezwungen, aber die wahre Herzlichkeit fehlte. Noch ein einziges Mal sollte Edward nach England zurückkehren, aber diesmal für immer. Als Königin Elizabeth von seinem Tod am 28. Mai 1972 in Paris erfuhr, ordnete sie an, dass der Leichnam des ehemaligen Königs im Park des Schlosses von Windsor beigesetzt werden sollte. Die Herzogin wurde uralt. Nach dem Tod ihres Mannes lebte sie sehr zurückgezogen in Paris und hatte nur noch mit einigen wenigen, sehr guten Freunden Kontakt. Ab dem Jahr 1980 wurde sie kaum mehr gesehen, da sie schwer leidend war.

Die Krankheit, die sie ein Leben lang begleitet hatte, brach sich nun im hohen Alter mit voller Gewalt Bahn. Die Herzogin musste sich einer schweren Magenoperation unterziehen, von der sie sich nicht mehr erholen konnte. Der Tod erlöste sie am 24. April 1986 in Paris, kaum zwei Monate vor ihrem 90. Geburtstag. Was niemand, vielleicht sie selbst nicht, für möglich gehalten hatte, wurde wahr: Königin Elizabeth II. schickte ihr Privatflugzeug nach Frankreich, um die Herzogin nach England heimzuholen, wo Wallis ihre letzte Ruhestätte unter den Bäumen im Park von Windsor fand, unweit ihres geliebten David.

Dame de la Esperanza – Dame der Hoffnung

Evita Peron

»ES LEBE DER KREBS!« SCHRIEB EINE FEINDLICH GESONNENE Hand an eine Mauer von Buenos Aires. Sie hassten sie, die Wohlgenährten: weil sie arm war, weil sie eine Frau war, weil sie vermessen war. Sie hatte die Reichen mit ihren Worten herausgefordert und mit ihrem Leben beleidigt. Zum Dienstmädchen geboren oder höchstens noch zur Darstellerin billiger Melodramen, hatte Evita ihren angestammten Platz verlassen.

Sie liebten sie, die Ungeliebten, durch ihren Mund sprachen und verfluchten sie. Denn Evita war die blonde Fee, die den Kranken, den Zerlumpten umarmte und dem Verzweifelten Hoffnung gab, die stetig sprudelnde Quelle, aus der Arbeit floss und Matratzen, Schuhe und Nähmaschinen, Gebisse oder eine Aussteuer. Die Armen empfingen diese Gaben wie von ihresgleichen, nicht von oben, auch wenn Evita funkelnde Juwelen zur Schau stellte und im heißesten Sommer Pelzmäntel trug. Nein, sie verziehen ihren Luxus nicht, sie liebten ihn. Das

Volk fühlte sich durch ihre königliche Aufmachung nicht gedemütigt, sondern gerächt.
Die Frau, die schon zu Lebzeiten Legende geworden war, wurde am 9. August 1952 in einem schier endlosen Trauerzug zur, wie man meinte, letzten Ruhe gebettet – eine Illusion, wie sich nicht viel später herausstellen sollte. Denn in Argentinien war beinahe alles möglich, auch, dass man die Toten nicht in Frieden ruhen ließ.
Freilich war Evita Duarte de Peron nicht eine Frau wie jede andere, sie hatte in den wenigen Jahren, die ihr vom Schicksal vergönnt gewesen waren, nicht nur in ihrem Heimatland beinahe alles auf den Kopf gestellt, sie hatte auch durch ihren Einfluss auf ihren Mann, der durch ihr Geschick Präsident von Argentinien geworden und geblieben war, internationales Aufsehen erregt. So wie Eduardo Galeano in seiner Nachrede auf Evita treffend bemerkte, war sie vom Volk als Heilige in den Himmel gehoben worden, während die Bourgeoisie sie – freilich nicht öffentlich – jeden Tag aufs neue zum Teufel wünschte. Wer war diese Frau, wer war Evita Peron?
»Buenos Aires, 9. November (AP):
Wie ein Freund von Oberst Juan D. Peron heute mitteilte, hat der frühere Vize-Präsident Argentiniens Eva Duarte, eine groß gewachsene und attraktive Blondine, am 18. Oktober geheiratet. Der Informant, dessen Name nicht genannt werden darf, berichtete, dass die Eheschließung in einer Apartmentwohnung in Buenos Aires stattgefunden habe und dass ein Standesamtsregister dorthin gebracht worden sei, um die Eheschließung einzutragen.«
Oberst Peron hatte damit sein Verhältnis mit Evita Duarte legalisiert, das für ihn ganz überraschend begonnen hatte. Denn an einem lauen Frühlingsabend, an dem er als Begleiter am Arm einer der schönsten Schauspielerinnen Argentiniens auf einer Wohltätigkeitsveranstaltung erschienen war, setzte sich ganz plötzlich eine fremde junge Frau auf den Platz neben ihm, der so eben frei geworden war, da Libertad Lamarque zu ihrem Auftritt auf die Bühne musste. Überrascht blickte Peron zur Seite und sah neben sich eine reizende grazile junge Dame, die nicht lange zögerte und ein Gespräch mit ihm begann. Der Oberst war ein Leben lang kein Kostverächter gewesen, und so bemerkte er natürlich sehr bald, dass er den Abend nicht nur mit nichts sagender Plauderei verbringen würde. Die dunklen Augen der jungen Frau verrieten allzu deutlich ihre Absichten, auch wenn Evita viele Jahre später ihre Ambitionen »an diesem wundervollen Tag« in ihrer knapp vor ihrem Tode erschienenen Autobiografie ganz anders darstellte:

»Ich stellte mich an seine Seite. Das hat vielleicht seine Aufmerksamkeit auf mich gelenkt, und als er Zeit hatte, mir zuzuhören, sprach ich, so gut ich es vermochte: Wenn Sie, wie Sie sagen, die Sache des Volkes zu Ihrer eigenen Sache gemacht haben, dann werde ich, wie groß das Opfer auch immer sein mag, nie von Ihrer Seite weichen, bis ich sterbe!«
Wahrscheinlich hätte der fesche Juan wohl ihren Worten andächtig gelauscht, sich aber keineswegs Hoffnungen auf ein amouröses Abenteuer gemacht, hätte Eva Duarte damals beim ersten Kennenlernen so mit ihm gesprochen. Sie hätte mit ihren politischen Vorstellungen vielleicht den Politiker in ihm interessieren können, aber sicherlich nicht den leidenschaftlichen Mann. Eva Duarte besaß damals mehr als genug Erfahrung mit Männern, um zu wissen, wie sie einen Mann wie Juan D. Peron in ihre Netze locken konnte. Sie, die kleine Schauspielerin und unbedeutende Rundfunkmoderatorin, hatte es sich in den Kopf gesetzt, mit dem aufstrebenden gut aussehenden Oberst eine Affäre zu beginnen. Sie wusste, dies würde ihr sowohl beruflich als auch privat sehr viel weiterhelfen, denn Peron war zu dieser Zeit kein unbekannter Mann mehr.
Schon der kurze Flirt in aller Öffentlichkeit und die Brüskierung der berühmten Libertad erregten allgemeine Aufmerksamkeit. Wer war die Frau an der Seite Perons? Man hatte wenig Zeit darüber nachzudenken, denn noch am selben Abend verließen die beiden gemeinsam die Veranstaltung, ließen eine wütende Libertad Lamarque zurück und verschwanden ohne großes Aufsehen im Dunkel der Nacht. Sie fuhren nach Tigre, einem kleinen exquisiten Ort, wo sie eine leidenschaftliche Nacht verbrachten, die die Weichen für die Zukunft Eva Duartes stellte. Denn bereits am nächsten Morgen zeigte sie aller Welt, wie sehr sie Juan D. Peron in ihren Zauberbann geschlagen hatte.
Der 48-Jährige Witwer, der voller politischer Reformideen steckte, war dem blonden zierlichen Mädchen schon in der ersten Nacht verfallen, obwohl er schon bald erkennen musste, dass Eva nicht so sehr ihn als Mann liebte, vielmehr in seinen Armen die Macht fühlte, die er ausstrahlte und die sie durch ihn erringen wollte. Daher war es für sie nur eine Frage der Zeit, bis sie, ganz gegen die allgemeinen Gewohnheiten in Argentinien, auch als Geliebte seine Frau werden würde. Peron konnte ihrer Person und ihrem Willen nicht widerstehen. Genauso streng geheim wie die standesamtliche Trauung fand auch die kirchliche statt, denn immerhin hatte der 50-Jährige Witwer Peron seine Geliebte geheiratet, eine Tatsache, die im Argentinien der Vierzigerjahre unerhört war. Kein Mann, der etwas auf sich und seine Reputation hielt und

der in diesem südamerikanischen Staat einen gesellschaftlichen Rang bekleidete oder der irgendwelche Machtgelüste besaß, wäre jemals auf die Idee gekommen, ein Verhältnis mit einer Geliebten zu legalisieren – auch wenn er selbst noch ungebunden gewesen wäre. Eine Geliebte war und blieb eine Frau, mit der man sich zu gegebener Zeit amüsierte, aber nicht mehr! Sie konnte niemals den Anspruch darauf erheben, die rechtmäßige Ehefrau zu werden. Verhältnisse zu haben war nichts Schändliches, beinah etwas Zwangsläufiges für verheiratete Männer. Sie machten kein Hehl daraus, im Gegenteil, denn durch diverse Amouren mit attraktiven jungen Freundinnen wurde ein Argentinier erst richtig zum allseits akzeptierten Mann!

Juan D. Peron hatte sich über alle traditionellen Spielregeln hinweggesetzt und die Frau seines Herzens geheiratet, nicht ein unbescholtenes Mädchen aus der vornehmen Gesellschaft, sondern eine Dame mit Vergangenheit. Und er wusste, was er tat! Eva Duarte, ein Mädchen vom Lande, hätte nach ihrem eher undurchsichtigen Vorleben kaum mehr Chancen gehabt, von einem ehrenwerten Mann zum Altar geführt zu werden. Denn so sehr die Argentinier temperamentvolle Geliebte schätzten, als Ehefrau kam nur ein unberührtes Mädchen in Frage. Der größte Besitz war daher für ein junges Mädchen und dessen Familie ein untadeliger Ruf.

Aber Juan D. Peron war nicht mehr in dem Alter, in dem er sich an bestehende Normen zu halten hatte. Außerdem kümmerte er sich herzlich wenig um die Regeln der High Society, er stammte aus einfachen Verhältnissen und war in seiner Kinder- und Jugendzeit keineswegs auf Rosen gebettet gewesen. Als er am 8. Oktober 1895 das Licht der Welt in einem Dorf ungefähr 100 Kilometer südlich von Buenos Aires erblickte, wurde ihm kein anderes Schicksal als Millionen anderen Argentiniern vorhergesagt, die ein Leben lang darum kämpften, sich und die Familie wenigstens notdürftig ernähren zu können. Seine Vorfahren waren voller Hoffnung Mitte des 19. Jahrhunderts von Sizilien, wo der Urgroßvater noch Senator gewesen war, aufgebrochen, um in Südamerika das große Glück zu machen. Aber wie bei Tausenden anderen Einwanderern wurde diese Hoffnung bald zunichte gemacht, und der Vater Juans heiratete ein Mädchen vom Lande mit hohen Backenknochen und leicht getönter Haut – ihr Indianerblut war kaum zu verleugnen. Als Juan noch ein Kind war, zog die Familie mit Hab und Gut nach Patagonien in eine trostlos öde Gegend, deren raues Klima und der ständig tobende Wind den heranwachsenden Burschen abhärteten und stählten.

Nach dem frühen Tod des Vaters schlug sich die Mutter mit den Kindern mehr schlecht als recht durch, und es war nur einem glücklichen Zufall zu verdanken, dass Juan einen Platz in der Kadettenschule in Buenos Aires bekam. Hier fiel der frisch gebackene Kadett weniger durch geistige Leistungen auf, sondern durch seine Ausdauer und seine Geschicklichkeit in den verschiedensten sportlichen Disziplinen. Schon bald bewunderte man ihn als den besten Schützen weit und breit, er tat sich im Fechten hervor und galt als gefürchteter Raufer und Kämpfer. Er war ein Haudegen wie aus dem Bilderbuch, groß, kräftig und mutig. Juan D. Peron wusste, was er wollte, und alle erkannten instinktiv, vor diesem Manne sollte man sich in Acht nehmen!

Genauso kompromisslos, wie er sein bisheriges Leben geführt hatte, meist ohne Rücksicht auf alte Traditionen, hatte er jetzt geheiratet! Und obwohl er diesen Schritt gewagt hatte, zog er es doch vor, sowohl die standesamtliche Trauung als auch die kirchliche vor der Öffentlichkeit noch eine Zeit lang geheim zu halten. Denn die Herbsttage des Jahres 1945 waren mehr als turbulent, zu viel stand für Peron auf dem Spiel, als dass er öffentliche Diskussionen über sein Privatleben entfachen wollte. Dabei hätte er sicher sein können, dass die Scharen von einfachen Arbeitern, die »descamisados« , die »Hemdlosen«, wie sie sich nannten, in frenetischen Beifall ausgebrochen wären, hätte er ihnen kundgetan, dass er seine und ihre geliebte Eva zu seiner rechtmäßigen Frau gemacht hatte.

Aber Evita und Juan bestiegen, in aller Unauffälligkeit – was sonst gar nicht ihre Art war – am 9. Dezember 1945 das Auto Perons und fuhren zur Kathedrale von La Plata, um sich dort auch vor Gott das Jawort zu geben. Eva war mit ihren 26 Jahren eine zierliche, jugendlich wirkende Braut, die darauf verzichtet hatte, in einem langen spitzenübersäten weißen Brautkleid vor dem Altar zu erscheinen. Sie hatte für diesen Tag ein schlichtes weißes Kleid gewählt, wozu sie einen großen Schlapphut trug. An der Seite des mächtigen Peron, der in voller Heeresuniform erschienen war, wirkte sie mit ihrer seltsam durchscheinenden Haut, dem blonden Haar und den dunklen Augen jungmädchenhaft zart, und man hätte ihr niemals die Energie und Zielstrebigkeit zugetraut, durch die sie ihren Mann zum unumschränkten Herrscher über Argentinien machte.

Es war ein schönes Paar, das die Kirche verließ, nicht um zu ausgedehnten Flitterwochen zu verreisen, dafür blieb keine Zeit. Es schien so, als hätte mit dem Tag der Eheschließung für beide alles Private aufgehört zu bestehen, auch die große Liebe. Sie stürzten sich voll in den politischen Alltag, keine Minute durfte verloren werden, wollte Peron die im Februar stattfindenden Präsidentschaftswahlen gewinnen. Und Eva, seine junge Frau, saß an den Schalthebeln der Macht, sie war die absolute »Königmacherin«. Aus dem einfachen Mädchen vom Lande war wie durch ein Wunder die mächtigste Frau Argentiniens geworden. Wann und wo Eva Duarte beschlossen hatte, berühmt zu werden, wusste sie wohl später selbst nicht mehr so genau. Denn in jenen Tagen, als sie sich ernsthaft Gedanken über die Zukunft zu machen begann, schien die Gegenwart so hoffnungslos, dass man ihre hochfliegenden Pläne nur als Hirngespinste, bestensfalls als Träumereien abtun konnte.

Trist war das Leben gewesen in dem staubigen kleinen Ort, der in der unendlichen Ebene der Pampa von Landarbeitern erbaut worden war, nur ab und zu erzählten einige Dorfbewohner, die die Möglichkeit gehabt hatten, für ein einziges Mal die Hauptstadt zu besuchen, von den großartigen Palästen, den grünen Parkanlagen und den Vierteln der Reichen von Buenos Aires. Mit großen Augen hörte sich auch Eva Duarte diese Berichte an und malte sich in ihrer Phantasie aus, wie herrlich das Leben in der Stadt sein musste. Und immer, wenn ein Zug qualmend und fauchend durch Los Toldos keuchte, versammelte sich die Dorfjugend am Bahnhof und schaute verlangend und wehmütig der Lokomotive und den Waggons nach.

Hätte es nicht die Eisenbahn gegeben, so hätte man meinen können, dass Los Toldos wirklich am Ende der Welt läge, schmutzig und heruntergekommen waren die niedrigen Häuser an den wenigen Staubstraßen, die sich, kam überraschend schwerer Regen, in wahre Bäche aus Schlamm und Morast verwandelten. Für die Bewohner gab es kaum Möglichkeiten, irgendetwas zu unternehmen, um aus dem allgemeinen Elend herauszukommen. Das Land rund um den Ort gehörte den Grundbesitzern, die meist nur einmal im Jahr in die Gegend kamen. Die übrige Zeit verbrachten sie in der Hauptstadt oder aber, wenn ihr Besitz größer und ertragreicher als der der anderen war, in Europa, in Paris. Sehr selten kreuzten sie in dem gottverlassenen Ort auf, um nach dem Rechten zu sehen. Die Pächter hatten dann Rechenschaft über ihr Tun abzulegen, damit war alles erledigt. Wenn ab und zu die Kinder der Großgrundbesitzer die Eltern begleiteten und mit ihren Gouvernanten und Zofen unschlüssig in dem schäbigen Ort standen und bemüht waren, ihre Lackschuhe von dem alles bedeckenden Staub frei zu halten, dann fanden sich auch die Kinder des Dorfes ein, um die fremden Besucher zu betrachten. Es waren Wesen aus einer anderen Welt mit den gesteiften schönen Kleidern und den bunten

Seidenschleifen im exakt frisierten Haar. Auch Eva Duarte stand dann beinahe mit offenem Mund im Kreise ihrer Geschwister und bewunderte die elegant gekleideten Reichen. Ja, so einen wohlhabenden Vater zu haben, da musste man sich wirklich im siebenten Himmel fühlen! Zwar war ihr Vater Juan Duarte auch nicht gerade arm, aber Eva und ihre vier Geschwister waren gleichsam nur Kinder Duartes zur linken Hand. Denn Juan Duarte war offiziell mit Estella Grisolia verheiratet, mit der er einige legitime Kinder hatte, was ihn allerdings nicht hinderte, auch ein eheähnliches Verhältnis mit seiner ehemaligen Köchin Juana Ibarguren einzugehen. Juana war ein blutvolles, sinnliches junges Mädchen gewesen, als es zu den Duartes als Köchin gekommen war. Es hatte nicht lange gedauert, da waren nicht nur die Blicke des Hausherrn auf sie gefallen, und nach der angemessenen Zeit schenkte Juana der ältesten Tochter Elisa das Leben.
Die vom Hausherrn entehrte Jungfrau wurde nicht mit Schimpf und Schande aus dem Hause gejagt, wie es immer wieder im damaligen Argentinien vorkam. Sie hatte Glück! Denn Juan Duarte war Juana beinahe verfallen. Er konnte sich auch nach der Geburt des ersten Kindes nicht von ihr trennen und führte gleichsam ein Doppelleben mit zwei Frauen. Immer, wenn es ihm die Zeit erlaubte, besuchte er Juana und ihre Kinder, sodass auch die jüngste Tochter Eva, die im Jahr 1919 geboren wurde, den Eindruck hatte, nicht nur eine Mutter zu besitzen, sondern auch einen wohlhabenden Vater, der sich allerdings nur von Zeit zu Zeit in dem kleinen Haus, das sie bewohnten, sehen ließ. Trotz der finanziellen Unterstützung und der persönlichen Bindung, die Juan Duarte zu seiner Zweitfamilie hatte, wurden seine unehelichen Kinder im Dorf als nicht standesgemäß angesehen, die Eltern verboten den anderen Kindern, mit den Duarte-Bastarden zu spielen, und es dauerte lange, bis Eva die Situation, in der sie sich und ihre Geschwister befanden, wirklich durchschauen konnte. Alles wäre wie bisher so weitergegangen – der Vater hätte auch weiterhin dafür gesorgt, dass alle genug zu essen hatten, hätte ihn nicht plötzlich der Tod hinweggerafft. Eine Katastrophe für Juana und ihre unversorgten Kinder! Von einem Moment auf den anderen stand sie nun ohne Ernährer da, denn Duartes Frau war ihr verständlicherweise keineswegs freundlich gesinnt und weigerte sich, ihr etwas vom Erbteil ihres Mannes abzugeben.
Das Begräbnis ihres Vaters war für die siebenjährige Eva wahrscheinlich das erste einschneidende Ereignis in ihrem Leben. Sie hätte zwar kaum davon Notiz genommen und alles wäre an ihr ohne besonderen Eindruck vorübergegangen, hätte nicht die Mutter ihre eigene Vorstel-

lung davon gehabt. Denn offiziell waren natürlich weder Juana noch ihre Kinder zu den Trauerfeierlichkeiten eingeladen worden. Was hätten sie auch für einen Platz einnehmen sollen? Im damaligen Argentinien duldete man so manches, wenn es sich im Geheimen abspielte und nicht ans Licht der Öffentlichkeit drang. Nun aber war Juan Duarte tot und seine Beziehung zu Juana Ibaguren war damit endgültig zu Ende. Daran würden auch die fünf Kinder Juanas nichts ändern – so dachte jedenfalls Duartes Ehefrau.

Juana Ibaguren hingegen hatte eine andere Meinung. Warum sollten ihre Kinder nicht auch an den Trauerfeierlichkeiten teilnehmen dürfen, immerhin lag auch deren Vater im blumengeschmückten Sarg! Juana mietete einen zweirädrigen Wagen und fuhr mit den fünf Kindern zur Begräbnisstätte. Dort verwehrte man zunächst den »Bastarden« den Eintritt in die Kirche, schließlich ließ man sich aber doch herbei und gestattete den Kindern, Abschied von ihrem Vater zu nehmen. Ein Leben lang erinnerte sich Eva an diesen Tag, an dem ihr bewusst geworden war, dass sie eine Duarte war, ein Mädchen, das nicht aus dem untersten Sumpf der Bevölkerung Argentiniens kam, sondern von einem verhältnismäßig reichen Grundbesitzer abstammte. Mit der Gewissheit einer beinahe vornehmen Herkunft beschloss sie, aus ihrem Leben einmal mehr machen zu wollen als ihre Mutter. Wenn auch Juana Ibaguren ihr Leben mit Charme und Humor meisterte, so blieb sie doch immer die einfache Frau, die auf Grund ihres gefälligen Äußeren, ihrer sinnlichen Ausstrahlung und ihrer Natürlichkeit eine besondere Art von Männern anzog, die ihr ein halbwegs sorgenfreies, aber doch einfaches Leben ermöglichten.

Eva erkannte schon sehr bald, dass in diesem heruntergekommen Ort weitab von Buenos Aires sich keine Möglichkeit für ein besseres Leben bieten würde. Sie musste, so bald es ging, weg von zu Hause, sie wusste nur nicht wie. Denn sehr viele Chancen boten sich ihr nicht, sie war kein attraktives Mädchen, das schon bald einen väterlichen Gönner gefunden hätte. Dazu war sie viel zu dünn, und auch, als sie allmählich den Kinderschuhen entwuchs, stellten sich bei ihr nicht gerade die in Südamerika so erwünschten Rundungen ein. Wenn sie irgendwo ging oder stand, sah man einfach über sie hinweg. Und trotzdem war sie schon in der Schule von der Idee beseelt, unbedingt Schauspielerin zu werden. Bei allen Gelegenheiten rezitierte sie und berauschte sich selbst an den vorgetragenen Gedichten und Passagen aus Theaterstücken. Alle, die sie kannten, bescheinigten ihr ein mäßiges Talent, man hörte ihr ganz gerne zu. Das gab ihr den Auftrieb, den sie so nötig brauchte.

Denn ansonsten waren ihre Erfolge in der Schule äußerst dürftig, und sie hatte Mühe, die einzelnen Klassenziele zu erreichen. Freilich fehlte ihr dabei auch der nötige Ehrgeiz, sie wusste, sie würde all die Dinge, die man im Unterricht zu lernen hatte, später kaum brauchen. Und das, wofür sie sich ausschließlich interessierte, das lehrte kein Lehrer in der Schule.

Je älter sie wurde, umso mehr zog es sie zum Bahnhof, umso wehmutsvoller schaute sie den Zügen nach, wenn sie in der Ferne verschwanden. Wie gerne wäre sie mitgefahren, wenn sie nur das nötige Geld für die Fahrt gehabt hätte. Sie konnte nur auf ein Wunder hoffen! Und dieses Wunder traf schneller ein, als sich Eva dies erträumen konnte.

Sie war knapp 15 Jahre alt, als man voller Erstaunen im Ort vernahm, dass der allseits bekannte und bewunderte Tangosänger Agustin Magaldi in dem schäbigen kleinen Theater auftreten würde. Als Eva den jungen Mann erblickte, wusste sie, was sie tun würde. Kaum hatte Magaldi die Bühne nach der letzten Darbietung verlassen, um sich in die Garderobe zu begeben, da staunte er nicht schlecht, als mitten unter seinen Utensilien ein junges Mädchen mit großen dunklen Augen und einer seltsam olivfarbenen fast durchsichtigen Haut hockte und auf ihn und seine Gunst wartete. Mit ihm begann für Eva der Weg nicht nur nach Buenos Aires, sondern auch nach oben.

Es waren schwere Zeiten, die für die junge Eva Duarte in der Hauptstadt anbrachen, Wochen und Monate, in denen sie nicht wusste, wovon sie leben, wovon sie die Miete für ihr schäbiges Zimmer zahlen, wie es weitergehen sollte. Sie tingelte von einer unbedeutenden Bühne zur anderen, erhielt mit viel Glück winzige Rollen mit noch winzigeren Gagen. Auch Magaldi konnte ihr im Wesentlichen nicht helfen, vor allem als er erkannte, dass sie auch anderen Männern, von denen sie sich etwas erwartete, ihre Gunst gewährte. Nächtelang saß sie in schäbigen Bars und unterhielt sich mit geschniegelten Servores vom Lande, die hier in der Stadt nicht nur Geschäfte machen wollten, sondern auch ein billiges und kurzes Abenteuer suchten.

Obwohl Eva den Weg vieler Mädchen vom Lande beschritten hatte, die ihr Glück in der Stadt zu finden glaubten, wusste sie doch immer ganz genau, dass das, was sie jetzt tat, nur vorübergehend sein konnte. Sie musste herauskommen aus der Armut. Das war es, was sie auch immer wieder betonte. Sie würde ihr Ziel, berühmt zu werden, erreichen, weil sie es sich fest vorgenommen hatte, weil sie dies mit allen Fasern ihres Wesens wollte.

Man erkannte schon sehr bald ihre ungewöhnliche Hartnäckigkeit und Zähigkeit und merkte, dass vieles, was sie sagte, nicht nur leere Worte waren. Und außerdem hatte sie neben einer gewissen Überredungsgabe auch die Fähigkeit, Menschen anzuziehen.
Eva Duarte gab sich nicht mit Kleinigkeiten ab, das hatte sie noch nie getan. Sie vertrat den Standpunkt, dass man Großes nur dann erreichen kann, wenn man das Optimum fordert. Halbheiten lehnte sie kategorisch ab, mit diesen gaben sich nur Dummköpfe zufrieden!
Und dennoch musste sie lange Zeit kleinste Rollen akzeptieren, wollte sie sich nicht jedesmal auf die Gunst eines neuen Gönners verlassen. Größere Rollen winkten ihr nämlich nur nach kurzfristigen Abenteuern im Bett der Theaterdirektoren. Auch ihr erstes Engagement als Radiosprecherin erhielt sie auf jene in dieser Branche damals üblichen Weise.
Allmählich jedoch besserte sich ihr Leben, sie konnte sich eine andere Wohnung in einem anderen Viertel leisten und sie hätte mit weniger Sorgen in die Zukunft blicken können, hätte nicht ihr Bruder Geld gebraucht, um nicht ins Gefängnis zu wandern. Er hatte als Bankangestellter kleine Geldsummen veruntreut, und Eva stellte sich sofort hinter ihn und half ihm mit ihrer ganzen Barschaft aus.
Das bedeutete für sie: wieder von ganz unten anzufangen, wieder in billigen Quartieren zu wohnen, wieder mit unsympathischen schnauzbärtigen Tangotypen sich die Nacht um die Ohren zu schlagen. Aber Eva wusste, dass es auch anders werden konnte, und das gab ihr Mut und Gottvertrauen.
Aber sie hatte in Buenos Aires mittlerweile etwas gewonnen, was für sie unbezahlbar geworden war: Menschenkenntnis und Einblick in die Verhältnisse. Jetzt wusste sie, wie alles lief, wie sie alles anpacken musste, um nicht in die Gosse abzugleiten. Sie lachte sich wohlhabende, einflussreiche Männer an, die sie zwar nicht durch körperliche Attraktivität reizen konnten, wohl aber durch Geld und Macht. Und je älter und unansehnlicher sie waren, umso mehr waren sie bereit, für ihre blutjunge, grazile Freundin zu riskieren.
Eva zog aus den Slums von Buenos Aires in eine vornehme Gegend mitten im Zentrum, wo ihr der Minister des Fernmeldewesens, Oberst Anibal Imbert, der die Radiosender kontrollierte, eine luxuriöse Garconniere einrichten ließ. Damit war für sie endgültig der Weg in eine sorgenfreie Zukunft geebnet, denn jetzt würde sie Zugang zu den höchsten Stellen im Land bekommen. Sie würde mit hocherhobenem Haupt ihren Weg beschreiten und nicht nach rechts oder links, vor allem nicht zurückschauen.

Dass dabei so mancher auf der Strecke bleiben würde, der ihr bisher geholfen hatte, störte sie nicht. Auch Anibal Imbert bekam das von einem Tag auf den anderen zu spüren, denn ab jetzt hieß der Mann ihrer Wahl Juan Domingo Peron. Instinktiv hatte Eva gefühlt, dass er es sein würde, an dessen Seite sie alles erreichen würde, was sie wollte. Eva Duarte war eine erstaunliche Frau, ohne große Schulbildung, ohne intellektuellen Hintergrund, ohne eigentliche Berater für ihre Programme. Intuitiv hatte sie sich die richtigen Personen ausgewählt, auf die sie sich stützen und absolut verlassen konnte. Aber wie letztlich ihr gewaltiges Reformwerk aus dem Nichts zustande kam, bleibt bis heute eines der großen Rätsel. Freilich hatte sie, als ihr Mann an die Macht gekommen war, einen riesigen ihr ergebenen Polizeiapparat hinter sich, sodass jede kleinste Regung der Opposition im Keim erstickt wurde, aber sie musste selber beinahe alles, was sie vorhatte, durchorganisieren, planen und die Ausführung überwachen.

Aber noch war sie nicht so weit, noch war sie lediglich die neue Geliebte des aufsteigenden Obersten Peron. Sie zeigte ihre neue Position schon am Morgen nach der ersten Liebesnacht. In einem Wagen des Kriegsministeriums fuhr Eva Duarte zu Radio Belgrano, wo sie immer noch gegen geringe Bezahlung arbeitete. Doch auch das sollte sich ändern, denn der Eigentümer des Radios, Jaime Yankelevich, erkannte schon bald die Zeichen der neuen Zeit und wusste, dass es für das Fortbestehen seiner Anstalt wichtig war, sich mit der schlauen Eva Duarte gut zu stellen. Der an und für sich geizige Mann zögerte nicht lange und willigte in eine Gehaltserhöhung ein, ohne allerdings zu wissen, dass schon bald der Tag kommen würde, da Eva nicht mehr auf seine Pesos angewiesen war.

Oberst Peron hatte dank seiner Überredungskunst und seiner Rednergabe eine Traumkarriere gemacht. Die festgefahrenen konservativen politischen Zustände in Argentinien hatten ihm vieles erleichtert. Wo immer er gegen die eingefahrene, oft korrupte Ordnung wetterte, stieß er bei seinen begeisterten Zuhörern auf offene Ohren.

Mit einer unglaublichen Zähigkeit und Konsequenz arbeitete Peron beinahe Tag und Nacht, um das zu erreichen, wofür er lebte. Zunächst konnte er die Offiziere in den Kasernen überzeugen, dass eine Änderung in allen Bereichen des Lebens dringend notwendig wäre. Die Kameraden gründeten mit ihm zusammen eine politische Organisation, die Grupo de Oficiales Unidos, die kurz als GOU bezeichnet wurde und in der die Offiziere vereinigt sein sollten. Diese neue Organisation, deren Ziel ein Staatsstreich war, hatte die Schlagworte Gobierno

– Orden – Unitad! = GOU (Regierung – Ordnung – Einigkeit) auf ihre Fahnen geschrieben.
Am 4. Juni 1943 war es dann so weit. Peron und seine Offiziere schlugen zu. Sie stürzten den amtierenden Präsidenten Ramon S. Gastduo, und General Pedro P. Ramirez, ein schwacher Mann, übernahm die Regierung. Peron selbst blieb zunächst im Hintergrund und wurde Staatssekretär im Arbeits- und Sozialministerium, während Oberst Edelmiro Farrell eine Schlüsselposition einnahm. Er wurde Kriegsminister – nicht weil er so durchschlagskräftig und aktiv, sondern weil er eine Marionette in Perons Händen war. Damit waren die Weichen für die Zukunft gestellt, die Morgenröte eines neuen Argentiniens zeigte sich am Horizont.
Man hatte bewusst Ramirez als Ministerpräsidenten eingesetzt, da man mit ihm machen konnte, was Peron für richtig hielt. Ramirez war selbstkritisch genug, um zu wissen, welch traurige Figur er abgab. Aber er konnte sich nicht wehren, er war von den Männern im Hintergrund vorgeschoben worden, damit sie in aller Ruhe ihre Pläne verwirklichen konnten. John W. White, ein Korrespondent des »New York Herald Tribune«, berichtete von Santiago de Chile aus über die Situation in Argentinien: »Die treibende Kraft hinter der Regierung Ramirez ist ein intelligenter und rücksichtsloser, aber fast unbekannter junger Oberst namens Peron.«
Und dieser unbekannte Mann saß schon bald an den Schalthebeln der Macht. Seine Position in dem neu gegründeten Arbeitsministerium erlaubte ihm, die Spitzen der Gewerkschaften in seine Hand zu bekommen. Er zeigte allen von Anbeginn an, dass es für sie nur zwei Möglichkeiten gab: entweder das zu tun, was er, Peron, wollte, oder ins Gefängnis zu wandern. An dem Führer der Gewerkschaft der Regierungsangestellten José Tesorieri statuierte er ein Exempel. Dieser Mann hatte den Fehler begangen und eine Petition unterschrieben, die verlangte, dass die diplomatischen Beziehungen zu Hitlerdeutschland abgebrochen würden. Zu spät erkannte Tesorieri den politischen Fauxpas, den er in gutem Glauben begangen hatte. Ohne langen Prozess wurde er in das berüchtigte Gefängnis Villa Devoto in Buenos Aires geworfen und nach monatelangen brutalen Verhören war er so weit zermürbt, dass er sich öffentlich zu Peron bekannte, der ihn in Gnaden wieder in sein früheres Amt einsetzte.
Allmählich hatte Peron von den meisten Gewerkschaftsführern im Lande Rückendeckung erhalten. So gestützt, konnte er einiges wagen, was in der nächsten Zeit auf ihn zukommen würde. Vor allem, da Präsident Ramirez seinen lang gehegten Plan, die Beziehungen zu

Deutschland offiziell abzubrechen und Hitler den Krieg zu erklären, endlich verwirklichen wollte. Es war keine gute Idee, von der Ramirez beseelt war, denn jetzt war die Stunde für Peron gekommen, die Karten auf den Tisch zu werfen. Er hatte das Militär so weit in der Hand, dass die wichtigsten Gebäude, wie die Telefonzentrale und die Hauptpost, von seinen Leuten, den Mitgliedern der GOU, besetzt wurden, er selbst eilte zur Residenz des Präsidenten in Olivos und zwang Ramirez mit vorgehaltener Pistole zum Rücktritt. Offiziell wurde als Rücktrittsgrund totale Erschöpfung des Präsidenten angegeben.

Peron war auf seinem Stufenplan, den er sich in den Kopf gesetzt hatte, einen Schritt weiter gekommen. Der Nachfolger für den gestürzten Präsidenten stand schon in den Startlöchern, es war Vizepräsident Farrell, der genauso wie sein Vorgänger von Peron zur Marionette degradiert worden war. Noch ehe Farrell irgendeine Entscheidung hätte treffen können, war er schon wieder entmachtet. Nur einen Mann schien es noch im Staat zu geben, der stetig aufstieg und von dem man sich ausrechnen konnte, wann er an der Spitze stehen würde.

Peron vereinigte nun drei wichtige Ämter in sich. Vom Balkon der Casa Rosada auf der Plaza de Mayo verkündete er den Arbeitermassen, die herbeigeströmt waren, um ihn reden zu hören:

»Ich schmücke mich nur mit drei Ehrentiteln: den, Soldat zu sein; den, für den ersten argentinischen Arbeiter angesehen zu werden, und den, ein Patriot zu sein.«

Das waren Worte, mit denen man die Emotionen des Volkes aufputschen, mit denen man Gefühle der Leidenschaft heraufbeschwören konnte. Es war die Sprache, die die einfachsten Menschen verstanden, die gekommen waren, um Peron endlich mit eigenen Augen zu sehen, hatten sie doch wahre Wunderdinge über ihn gehört. Als er seine Rede theatralisch beendete, rief man begeistert seinen Namen und von dem Moment an gab es in Argentinien einen neuen Schlachtruf:

»Peron! Peron!«

So sehr das einfache Volk begann, an die Versprechungen Perons zu glauben, so sehr sahen alle, die Geld und Gut ihr Eigen nannten, aber auch die Akademiker mit scheelen Augen auf den Oberst. Wer mit derartigen Schlagworten, die der Polemik nicht entbehrten, leichtfertig umging und die Massen aufputschte, der war zu allem fähig! Peron duldete keinen Widerstand und keine Opposition. An der Universität war schon bald ein Exempel statuiert worden, Professoren, die nicht im Einklang mit seinen Vorstellungen waren, wurden sehr deutlich gewarnt. Und man erkannte mit Schrecken, dass man eigentlich gegen ihn ohnmächtig war, denn sehr geschickt hatte er die Massen hinter sich gebracht. Allerdings kostete ihn sein Verhältnis zu der kleinen Schauspielerin Eva Duarte, mit der er sich am 9. Juni 1945 in aller Öffentlichkeit zeigte, einige Sympathien in den Reihen der Offiziere. Man befürchtete, Peron würde durch diese Liaison viel zu sehr in Anspruch genommen, um nach wie vor seine Ziele konsequent weiter zu verfolgen.

Immerhin war schon längst bekannt, dass Peron mit Eva Duarte Tür an Tür lebte. Er hatte, um sie nicht vollständig zu brüskieren, für sie das Appartement neben seinem eigenen gemietet. Ein Rekrut aus der nahe gelegenen Kaserne war dazu abkommandiert worden, den beiden jeden Morgen eine Kanne frischer Milch zu bringen, was natürlich auch in Armeekreisen böses Blut machte. Vor allem aber war man empört darüber, dass Peron es war, der an Evas Tür die Milch in Empfang nahm.

Es waren die Frauen im Hintergrund, die ihre Männer dazu aufwiegelten, dem unmoralische Treiben Perons ein Ende zu machen. Sie konnten nicht mit ansehen, dass ein führender Mann im Staate sich mit einer Tingeltangelschauspielerin beinahe öffentlich amüsierte. Eine Abordnung erschien bei Peron, die ihm sein unschickliches Tun vor Augen stellen sollte.

Peron empfing sie in allen Ehren, hörte die Beschwerdeführer mit ernster Miene an, dann brach er ob ihrer Vorhaltungen in schallendes Gelächter aus und meinte augenzwinkernd:

»Wie viel besser ist das, als wenn man von mir, wie von manchen mir bekannten Offizieren sagen könnte, man habe mich mit einem Schauspieler gesehen.«

Für Peron war damit die Sache erledigt, nicht aber für Eva. Sie konnte niemals irgendetwas, das gegen sie gerichtet war, nie eine Schmach vergessen. Sie wusste, dass es die Frauen der besseren Gesellschaftsschichten gewesen waren, die sie angeschwärzt hatten. Und sie wusste auch, dass einmal ihre Stunde kommen würde, diesen Damen alles heimzuzahlen! Was damals nämlich noch niemand ahnen konnte, war, dass diese kleine Eva Duarte, ein Mädchen vom Lande, eine unbedeutende Schauspielerin, die mächtigste Frau im Staate werden würde, dass sie es fertig bringen würde, Peron in den Sattel zu heben und ihn, aus dem Hintergrund agierend, zum mächtigsten Manne Argentiniens zu machen.

Zunächst aber kam sie ihren beruflichen Verpflichtungen nach. Nachdem sie sich im Radio als Sprecherin der Serie »Mujeres Ejemplares« (Beispielhafte Frauen) einen gewissen Namen gemacht hatte, erhielt sie

– nachdem ihre Beziehung zu Peron bekannt war, die eine oder andere etwas größere Rolle in verschiedenen Filmen wie: »La Gabalgata del Circo« (Der Zirkusritt), und in dem Film »La Prodiga« bot man ihr, gegen den Widerstand des männlichen Hauptdarstellers, die Hauptrolle an. Schließlich musste man sich mit der Geliebten des mächtigen Peron gut stellen. Denn schnell hatte der Regisseur des Filmes, Mario Soficci, erkannt, dass Peron Zugang zu Filmmaterial hatte und das Studio immer, wenn er erschien, mit einer großen Rolle von Rohfilmmaterial betrat. Außerdem konnte sich Soficci vorstellen, dass auch eine schlecht spielende Eva Duarte die Massen ins Kino locken würde. Er hatte sich nicht verrechnet!

In den nächsten Monaten gerieten die Sterne, die bis jetzt für Peron so günstig gestanden hatten, bedenklich ins Schwanken, denn die Offiziere, die ihn bis dahin als Idol vergöttert hatten, begannen, da und dort Kritik an seiner Arbeit zu üben. Immer lauter wurden die Stimmen, die sich gegen ihn wandten. Vor allem die Aktivitäten Evas störten die Militärangehörigen ganz gewaltig. Was hatte sich diese Frau in Männerangelegenheiten zu mischen? So etwas hatte es in Argentinien – in einem Macho-Staat – bisher noch nie gegeben!

Was die Offiziere in ihrem Standesdünkel damals nicht erkannten, war die unwahrscheinliche Ausstrahlung, eine Aura, die diese Frau allmählich um sich aufbaute und gegen die anzukämpfen keiner imstande war, so lange sie lebte. Sie hatte instinktiv die richtigen Entscheidungen getroffen, hatte – vielleicht weil sie aus den untersten Schichten des Volkes kam – die Macht der einfachen Menschen erkannt, wenn sie vereint auftraten. Die Masse war gefährlicher als die gesamte Armee.

Schon bald, nachdem Eva Maria Duarte die Geliebte von Juan Domingo Peron geworden war, begann sie mit seiner Glorifizierung. Überall, wohin sie kam, mit wem auch immer sie sprach, betonte sie, dass sie allein ein Nichts wäre, einzig und allein Peron wäre die strahlende Sonne und sie wäre froh, nur in seinem Schatten leben zu dürfen. Jedem einfachen Arbeiter, den sie auf der Straße ansprach, erzählte sie von Peron und von dem großen Werk, das er zum Wohle der Arbeiter ins Leben rufen wolle. Obwohl ihre Stimme zunächst nur da und dort vernommen wurde, hörte man doch schon bald interessiert zu, wenn sie mit leidenschaftlichen Worten Oberst Peron wie einen Erlöser, wie einen zweiten Heiland anpries.

Mit diesen Reden erzeugte sie viel böses Blut in den Reihen des Militärs und der oberen Gesellschaftsschichten. Sie wusste das, aber es störte sie herzlich wenig. Gemeinsam mit Peron zog sie durch die

Lande. Sie kannte das Rezept, wie man mit einprägsamen Parolen die bettelarmen Landarbeiter aufwiegeln konnte, wie man sich Gehör bei den unterdrückten Indios verschaffen konnte, und überall, wo die beiden gewesen waren, hinterließen sie bei Tausenden von Männern und Frauen einen Funken der Hoffnung. Dies war ihnen auch in den Fleischfabriken rund um Buenos Aires geglückt. Eva hatte zusammen mit Peron die Gewerkschaft der argentinischen Fleischfabriksarbeiter auf ihre Seite gebracht, eine Arbeiterschicht, die bis dahin von den unwahrscheinlich reichen Eigentümern der Fleischfabriken bis zur völligen körperlichen Erschöpfung ausgenützt worden war. Für Eva und Peron war es nicht schwer, diesen hoffnungslosen Menschen durch ihr Programm einen Weg aus dem Elend zu zeigen, denn diese Männer ergriffen jeden Strohhalm, der sich ihnen bot.

Je mehr Anklang Peron in den breiten Schichten der Arbeiterschaft fand, umso unruhiger wurden seine ehemaligen Kumpane, umso mehr befiel die Offiziere eine durchaus begründete Angst, dass Peron alle Macht an sich reißen würde. Und nichts fürchtete man mehr im Argentinien der damaligen Zeit als eine Diktatur, denn immerhin konnte man sich an den Beispielen Deutschlands und Italiens orientieren, man sah deutlich vor Augen, wohin Machthaber dieser Systeme ein Land führen konnten.

Das Kriegsende in Europa und in Japan hatte dazu beigetragen, dass man sich endlich auch wieder in Argentinien für die Politik zu interessieren begann, dass man sich als Demokrat fühlte, ob man nun Kommunist, Faschist, Sozialist war, man wollte eigentlich nur Ruhe und ein gutes Leben. Aber die Zeichen standen durch die verschiedenen Putschversuche in der letzten Zeit eher auf Sturm, und Menschen, die eine innere Verantwortung in sich spürten, sahen mit Sorge in die Zukunft.

Vor allem die Studenten und Professoren der Universität von Buenos Aires machten ihrem Zweifel an den redlichen Absichten eines Peron lautstark Luft. Aber auch sie konnten nicht verhindern, dass der Ruf der Arbeiter nach Peron immer lauter über die Plätze schallte. Niemand wusste in den ersten Oktobertagen in Buenos Aires, wie sich die Lage in den nächsten Stunden entwickeln würde. Die Zahl der Verhaftungen hatte von Tag zu Tag zugenommen, die Gefängnisse quollen über, und keiner konnte sagen, ob er gerade mit seinem Freund oder Feind gesprochen hatte. Vorsicht war bei jedem Wort geboten.

Auch für Peron war durch die Opposition in den Reihen der Offiziere die Situation prekär geworden. So sehr er sich auch durch den Einsatz

seiner Person bemühte, die Massen hinter sich zu bringen, so musste er schließlich erkennen, dass sein Sturz unmittelbar bevorstand. Eva hatte, ob sie es wollte oder nicht, den letzten Anstoß dazu gegeben, indem sie zunächst den augenblicklichen Lebensgefährten ihrer Mutter, Oscar Nicolini, im Fernmeldeamt etablierte und nebenan selbst ein Büro belegte, durch das sie das gesamte Fernmeldenetz des Landes kontrollieren konnte. Das war zuviel der Anmaßung!
Am 9. Oktober erschienen zwei Generäle beim Oberst, die ihm mitteilten, dass der Präsident seinen Rücktritt fordere. Mit sicherer Hand schrieb Peron folgende Zeilen nieder: »Seiner Exzellenz, dem Herrn Staatspräsidenten: Hiermit trete ich von meinen Ämtern als Vizepräsident, als Kriegsminister und als Minister für Arbeit und Wohlfahrt, mit denen Euer Exzellenz mich zu ehren geruht haben, zurück.«
Und da die Militärs anscheinend selber Angst vor ihrer eigenen Courage hatten, beschlossen sie in Windeseile, einen der Ihren zum Präsidenten zu machen, um alle anderen Konstellationen, die wieder gegen sie gerichtet sein könnten, zu verhindern.
Peron war offiziell von seinen Ämtern zurückgetreten und hätte sich vielleicht ins Privatleben zurückgezogen, jedenfalls hatte er vorerst diese Absicht. Aber so etwas gab es für Eva unter gar keinen Umständen. Als Peron ihr seinen Entschluss kundtat, glaubte sie ihren Ohren nicht zu trauen. Ein Mann wie Peron als Privater – unvorstellbar. Sie redete auf ihn ein, brachte alle nur möglichen Argumente vor und begann, selber die Fäden in die Hand zu nehmen. Wenn Peron sich schon nicht aufraffen wollte, so musste sie ihn zu seinem Glück an der Spitze des Staates zwingen. Sie kapitulierte nicht!
Auch Eva hatte man entlassen, Jaime Yankelevich hatte die erstbeste Gelegenheit genützt, die größenwahnsinnige Pseudo-Diva endgültig loszuwerden. Gleichmütig nahm Eva den abrupten Rauswurf hin, sie brauchte ohnehin die nächsten Tage und Nächte, um ihre Kampagne für Peron zu starten. Sie wusste, wie sie die Sache anstellen wollte, um ihren Geliebten wieder in den Sattel zu heben.
Ohne lange zu zögern, griff sie zum Telefon und begann alle, die sie kannte, an die Wohltaten zu erinnern, die Peron versprochen hatte und die er durchführen wollte, wenn man ihm die Chance dazu gab. Zunächst wählte sie die Nummern von jungen Kadetten und von Soldaten niedriger Chargen, schilderte ihnen mit bewegten Worten die Lage Perons und stellte ihnen eine glänzende Karriere im Militär in Aussicht, sollten sie sich für Peron verwenden. Die jungen Leute waren begeistert von der jungen Frau und versprachen, alles zu tun, was sie forderte.

Dann wandte sie sich an die Arbeiter. Sie erwähnte ihnen gegenüber, dass Peron noch vor seinem Rücktritt eine gewaltige Lohnerhöhung versprochen hatte, die er aber nicht mehr durchführen konnte, da man ihn so schmählich abgesetzt hatte. Wie traurig für die einfachen Menschen in Argentinien! Wie ein Lauffeuer verbreiteten sich die Worte Evas in der Bevölkerung, und man erkannte bestürzt, dass der einzige Hoffnungsschimmer, den es für sie gab, nur Peron war.
Es dauerte nicht lange, da begannen sich die Leute aus den Slums und heruntergekommenen Vororten von Buenos Aires aufzumachen und in die Stadt zu ziehen, Gruppen von Arbeitern strömten herbei, hemdärmelig, verschwitzt und ausgemergelt, rotteten sie sich zusammen. In nur wenigen Stunden hatten sich über 30 000 in der Innenstadt versammelt. Eva hatte ihr Ziel erreicht: Die ersten Rufe nach Peron wurden laut, und dem Oberst, der sich sicherheitshalber versteckt hielt, blieb nichts anderes übrig, als sich dem Volke zu zeigen, so wie er war, als Zivilist – ganz einer der ihren.
Wie durch ein Wunder, das natürlich von Eva inszeniert worden war, wurden die Worte Perons, die er an die Massen der Arbeiter, an die »Descamisados – die Hemdlosen« richtete, von den Rundfunksendern im ganzen Land übertragen, und die Militärs, die Peron zum Rücktritt gezwungen hatten, schäumten vor Wut, als sie die Rede und den frenetischen Beifall der Massen vernahmen. Jetzt galt es, sofort zu handeln, wollte man nicht erleben, dass Peron in den nächsten Stunden wieder an der Macht war.
General Avalos, einer der Männer der Opposition gegen Peron, sprach sich für eine Verhaftung Perons am nächsten Tag aus. Aber er hatte nicht damit gerechnet, dass Peron nach seiner Rede sofort die Stadt verlassen würde, um mit Eva auf einem Motorboot zu der Insel im La-Plata-Fluss zu fahren, wo er ein kleines Haus besaß.
Während Peron zunächst in Sicherheit war, versuchte sein langjähriger Freund Farren, der trotz aller Unzulänglichkeiten immer noch Ministerpräsident war, die Verhaftung Perons zu verhindern. Aber wie schon am Vortag erschien eine riesige Menschenmenge vor dem Regierungsgebäude. Es waren aber diesmal gut gekleidete Männer, wohlgenährt, mit intelligenten Gesichtern, die weder einen Peron an der Spitze des Staates haben wollten noch eine Machtübernahme durch die Offiziere. Man konnte in Argentinien alles andere als eine Militärdiktatur brauchen. So friedlich zunächst alles begonnen hatte, so dramatisch endete die Demonstration. Als plötzlich scharf geschossen wurde, brach Chaos aus, in dem Tote zu beklagen waren.

In dieser unüberschaubaren Situation hatte der Polizeipräsident einen diskreten Hinweis erhalten, wo Peron zu finden war.
Mitten in der Nacht wurde der ehemalige Vizepräsident Peron aus dem Bett geholt und ohne Widerstand verhaftet. Er ließ sich zitternd festnehmen, wohingegen Eva, die ebenfalls in Gewahrsam genommen werden sollte, um sich schlug wie eine Raubkatze. Sie schrie wie von Sinnen die Marineoffiziere an, und als sie Hand an sie legen wollten, spuckte sie ihnen ins Gesicht. Ratlos standen die an und für sich nicht zimperlichen Männer um die Tobende. Mit Gewalt wollte man nicht gegen die zarte Frau vorgehen, und so schoben sie nur Peron vor sich her zur Tür hinaus und ließen die rasende Eva allein zurück. Ein Fehler, dessen Folgen sie nicht abschätzen konnten.
Denn kaum war die Polizeitruppe außer Sichtweite, da machte sie sich sofort auf den Weg, um Hilfe für Peron zu holen. Und sie wusste, wo diese zu finden sein würde. Sie eilte, so schnell sie konnte, in die Slums von Avellandeda, wo die Fleischfabriksarbeiter ihre Behausungen hatten und forderte den überraschten Gewerkschaftsführer Cipriano Reyes auf, seine Leute für eine Sympathiekundgebung für Peron zur Verfügung zu stellen.
Es waren nur 400 Menschen, die plötzlich in der Innenstadt von Buenos Aires auftauchten und vereinzelt Perons Namen riefen, aber ihre Stimmen wurden sofort von den anderen Unzufriedenen aufgegriffen. Es kam zu tumultartigen Szenen, als die Polizei versuchte, die Demonstranten mit Tränengas zu vertreiben.
In den nächsten 24 Stunden herrschten in der Stadt chaotische Zustände, aber auch an der Spitze der Regierung konnte man sich auf keinen Konsens einigen. Die einen waren dafür, Peron den Prozess zu machen, die anderen forderten seine Enthaftung. Als die riesigen Pro-und Kontra-Demonstrationen in den Straßen außer Kontrolle zu geraten drohten, ließ man über die Rundfunksender verkünden, Peron wäre nicht im Gefängnis, sondern nur in Schutzhaft. Völlig überrascht hörte Peron diese Aussage in seiner Gefängniszelle. Zunächst konnte er sich keinen Reim auf diese Geschichte machen, aber bald begann er zu ahnen, dass er nicht lange mehr hinter Schloss und Riegel sein würde. Die Forderungen der Massen waren nicht zu überhören.
Peron ging als strahlender Sieger aus den Unruhen hervor. Seine Frau war es gewesen, die durch ihren Kämpfergeist die Massen mobilisiert hatte, die ihn aus der Gefängniszelle geholt hatten. 200 000 Arbeiter waren in die Stadt geströmt, mit aufgekrempelten Hemdsärmeln, als Zeichen ihres Standes. Nur sie konnten es sich leisten, sich ohne Sakko

in der Innenstadt aufzuhalten, für alle anderen wäre es undenkbar gewesen, sich im Hemd bei auch noch so großer Hitze zu zeigen. Aber die aufgekrempelten Hemdsärmel waren für Hunderttausende ein Markenzeichen geworden, die »Descamisados« standen geschlossen hinter Peron und seiner Eva, die ihnen, den Hoffnungslosen, versprochen hatten, sie aus dem Elend herauszuführen.

Als die Innenstadt schwarz vor Menschen und kein Platz mehr zu finden war, um den Balkon der Casa Rosada zu sehen, da erhob sich wie ein gewaltiger Sturm der Ruf nach Peron. In der Pose eines Schauspielers betrat der hoch gewachsene Mann den Balkon wie eine Rednertribüne, schaute ruhig in die Runde, während der Beifall aufbrauste. Langsam löste er die Säbelkoppel, demonstrierte damit theatralisch, dass er nur noch Zivilist unter Zivilisten sein wollte.

Dann sprach er zum Volk: »Hiermit sage ich der Institution, welche die Stütze des Landes ist, der Armee, ein letztes Lebewohl! Ich sage auch zu dieser großen Menschenmasse, die die Synthese eines Gefühls darstellt, das in der Republik ausgestorben schien, dem wahren Bürgertum des argentinischen Volkes, ein erstes Willkommen!« Jubel brauste auf. Er beendete seine Rede mit einem Satz, den Eva sonst immer auf den Lippen führte: »Als einfacher Bürger unter meinen ›Descamisados‹ möchte ich euch alle an mein Herz drücken!«

Das war die Sprache, die der einfache Mann verstand, von der er gefangen genommen wurde, das waren Worte, die man hören wollte! Tausendfach erscholl der gewaltige Ruf und hallte noch stundenlang durch die Straßen von Buenos Aires »Viva Peron!« Eva stand im Hintergrund, die frische Wunde auf ihrer Schulter brannte wie Feuer und ihre Lippen waren dick geschwollen. Sie hatte Schreckliches erlebt und beinahe dem Tod ins Auge geblickt. Denn als sie am Vormittag mit dem Taxi versucht hatte, zur Wohnung ihres Bruders zu fahren, hatte eine Meute Studenten sie an einer Kreuzung erkannt. Mit dem Ruf: »Macht die Nutte fertig, tötet die Duarte!« waren sie über das Auto hergefallen und hatten mit Stöcken blindwütig in den Wagen hinein geschlagen. In panischem Schrecken hatte der Fahrer im letzten Moment Gas gegeben, und so war Eva wie durch ein Wunder der Bande entkommen. Zitternd vor Angst wagte sie sich zunächst nicht aus dem Haus, erst als Peron sie holen kam, fühlte sie sich wieder halbwegs sicher. Klein, schmächtig stand sie hinter dem Mann, der nun tausendfach umjubelt wurde, kaum zu erkennen. Doch das Volk wusste, sie war da. Sie lächelte ihr geheimnisvolles Lächeln, sie fühlte, der Weg zur Alleinherrschaft für Peron war bereitet.

Alles, was sich dann in den nächsten Tagen und Monaten in Argentinien ereignete, war das Werk einer wohl durchdachten Kampagne, hinter der die tatkräftige Evita Peron stand, sie war der Kopf, der sämtliche Pläne ausdachte und mit zäher Energie verwirklichte. Dabei war ihr natürlich jedes Mittel recht. Menschen, die sich ihr gegenüber einmal abfällig geäußert hatten, bekamen ihre Macht zu spüren und konnten wahrscheinlich kaum mehr ruhig schlafen.

Vor allem Damen der höheren Gesellschaftsschichten hatten über die kleine Konkubine mehr als einmal öffentlich die Nase gerümpft, und Eva hatte dies alles fein säuberlich registriert. Sie war eine Frau, die niemals die größeren und kleineren Nadelstiche vergaß. Sie würde schon einmal Gelegenheit haben, alles, was man ihr im Laufe der Zeit angetan hatte, heimzuzahlen.

Das Leben an der Seite Perons war für sie zu einem immerwährenden Kampf geworden, auch als sie schon offiziell seine Frau geworden war. In bestimmten Kreisen machte man sich ein Vergnügen daraus, sowohl ihre uneheliche Geburt, als auch ihr zweifelhaftes Leben als junges Mädchen in den Vororten von Buenos Aires mit den wechselnden Männern an ihrer Seite immer wieder aufs Neue in sehr anzüglicher Weise zu erwähnen. Die »First Lady« kam aus der Gosse! Wie pikant!

Natürlich war man nach den großen politischen Erfolgen Perons mit eindeutigen Bemerkungen über seine Frau vorsichtig geworden, aber unterschwellig wurde Eva in der vornehmen Gesellschaft boykottiert. Die Inhaber der berühmtesten Modehäuser in Buenos Aires weigerten sich, eine Eva Duarte de Peron als ihre Kundin zu akzeptieren. Sie konnten sicher sein, dass sie mit Eva wohl eine zahlungskräftige Kundin gewonnen, dafür aber alle anderen Damen der High Society verloren hätten. Noch bot ihr die Gesellschaft die Stirn und war so kurzsichtig, nicht zu erkennen, dass Eva Peron Rache nehmen würde.

Der Wahlkampf, der nach dem 17. Oktober mit großer Vehemenz einsetzte, wurde von den Perons nicht nur mit List und Tücke, sondern auch mit großer Brutalität geführt. Eva kannte eine beträchtliche Anzahl von Leuten, die für alle möglichen Handlangerdienste bereitstanden, die wussten, dass sie auf die Dankbarkeit der Dame in diesem Spiel um die Macht zählen konnten.

Am 24. Februar 1946 gewann Peron die Wahl zum Präsidenten. Buenos Aires verfiel in einen Freudentaumel, Hunderte Raketen wurden in den Himmel geschossen und tauchten die Stadt in märchenhaftes Licht, während die Massen der Arbeiter stundenlang skandierten: »Peron«, »Evita«, »Evita«, »Peron« ...

Beinah über Nacht war aus der einflussreichen und mächtigen »Eva« eine »Evita« – geworden, zärtlich nannte das Volk sie »kleine Eva«, als wollte man damit ausdrücken, dass diese Frau Eigentum der einfachen Leute geworden war, eine öffentlichen Einrichtung.
Denn das Privatleben der Perons kannte so gut wie niemand. Er nannte sie »Chinita«, wenn er mit ihr allein war, sie ihn aber immer nur Peron, nicht nur in der Öffentlichkeit – eine Eigentümlichkeit, die mit der Glorifizierung, die sie mit diesem Namen hervorrufen wollte, erklärt werden kann. Es war wohl schon lange nicht mehr die große Liebe oder eine stürmische Leidenschaft, die die beiden Menschen miteinander verband. Sie hatten beide nur eine Liebe, und das war die Politik. Philipp Hamburger, ein Korrespondent der »New York Times«, übertitelte das Verhältnis zwischen Evita und Peron folgendermaßen: »Liebe, Liebe, Liebe – Eine klassische rührselige Romanze unserer Zeit.« Dann fuhr er fort:
»In Argentinien dreht sich bei den Perons alles um Liebe. Ihr ganzes Handeln ist darauf begründet. Sie sind ständig, schrecklich, leidenschaftlich, patriotisch verliebt. Sie tragen ihre Affäre mit dem Volk ganz offen zur Schau. Sie sind die perfekten Liebenden, großzügig, liebenswürdig und immer rücksichtsvoll, sowohl in den großen als auch in den kleinen Dingen. Ihre Liebe ist allumfassend und stets gegenwärtig. Sie legt sich wie eine weiche Decke über die von ihnen Geliebten, schafft Wärme und Schutz und die Gelegenheit zu einem guten, langen Schlaf.«
Die Liebe der Perons war das Volk, die persönlichen, intimen Gefühle waren ihnen längst über dem Streben nach Macht abhanden gekommen. Es hatte nicht lange gedauert, da schliefen sie nach ihrem Einzug in den Unzue-Palast, der Residenz des Präsidenten mit 283 Zimmern, die im französischen Stil des vorigen Jahrhunderts erbaut worden war, in getrennten Schlafzimmern, weil jeder seine Ruhe haben wollte. Evita konnte von Anfang an das Schnarchen Perons nicht ertragen – vielleicht aber auch, weil ihr Lebensrhythmus grundverschieden war. Peron stand im Morgengrauen auf und arbeitete bis 12 Uhr 30. Dann – auf die Minute genau, musste das Mittagessen auf dem Tisch stehen, wobei er Wert darauf legte, dass seine Frau ihm dabei Gesellschaft leistete. Die lange Zeit der Siesta, die Juan D. Peron tagtäglich einhielt, war für Evita zu Beginn ihrer Ehe eher eine Qual, sie schlich auf Zehenspitzen durchs Haus und wusste nicht, was sie eigentlich anfangen sollte. Untätigkeit war für sie etwas Schreckliches. Sie selber fühlte sich auch an den heißesten Nachmittagen, wo in der glühenden Hitze, die über der Stadt lag, alles

Leben zu erlöschen schien, nicht müde und strotzte vor Tatendrang. Deshalb gab sie es bald auf zu warten, bis ihr Mann aufwachte, und legte wichtige Termine in diese Zeit. Beinahe lautlos verließ sie das Haus. Meist war sie den ganzen Tag über bis in die späten Nachtstunden mit Arbeit eingedeckt, sie empfing – vor allem, nachdem ihr Mann am 4. Juni 1946 offiziell Präsident der Republik Argentinien geworden war – Abordnungen von Gewerkschaften, Vereinen, gab Privataudienzen, sagte Hilfe da und dort zu, überprüfte Ansuchen um neue Wohnungen, besuchte Schulen, die auf ihre Initiative hin gegründet worden waren, eröffnete Krankenhäuser, spendete Witwen und Waisen Trost und versprach, überall dort die Not zu lindern, wo sie am ärgsten war. Nachdem sie anfangs Schwierigkeiten gehabt hatte, öffentliche Reden zu halten, da sie weder grammatikalisch richtiges Spanisch sprach noch über bestimmte Regeln der Rhetorik Bescheid wusste, überwand sie ihre Scheu und stellte sich vor die Massen, um sie mit ihrer eindringlichen, leicht heiseren Stimme zu informieren:
»Indem ich das Vaterland in mich aufnehme, werde ich mein ganzes Ich geben, denn es gibt noch in diesem Land Menschen, die arm und unglücklich sind, ohne Hoffnung und krank. Meine Seele weiß das. Ich habe es am eigenen Leib erfahren.«
Die Ärmsten der Armen lauschten ihren Worten voller Bewunderung, die schöne blonde Frau erschien ihnen wirklich wie ein Engel, der vom Himmel herabgestiegen war. Auch die Arbeiter waren von ihr begeistert. Sie wagten es, zu ihr mit Forderungen um Lohnerhöhungen zu kommen. Evita hörte sie an, lächelte und versprach nicht die geforderte Summe, sondern gab den Bittstellern das Doppelte. Jeder sollte ein menschenwürdiges Dasein führen können, das war ihr Ziel. Voraussetzung allerdings war, dass die Arbeiter der neu gegründeten peronistischen Gewerkschaft beigetreten waren.
Es sprach sich wie ein Lauffeuer herum, wie man zu mehr Geld kommen konnte, und so mancher gab seine Weltanschauung für ein paar Pesos auf. Was hatte man schon von theoretischen Ideen, wenn der Magen knurrte und auf der anderen Seite das Geld lockte. Und kurz darauf waren beinahe alle Arbeiter eingeschriebene Mitglieder des Allgemeinen Gewerkschaftsbundes CGT, der auf Peron eingeschworen war.
Für ihr Sozialprogramm benötigte Evita viel Geld. Und sie war in der glücklichen Lage, einen Mann zu haben, der ihr als Präsident reichlich Mittel zur Verfügung stellen konnte. Denn Argentinien war auf dem Wege, eines der reichsten Länder der Erde zu werden. Es zählte zu den absoluten Gewinnern des Zweiten Weltkrieges, und Peron wusste genau,

wie er an diese Gewinne herankam. Bauernschlau ließ er sich genaue Aufstellungen über die wirtschaftliche Situation der Länder Europas aushändigen, studierte die Versorgungslage von Freund und Feind und kam zu dem Schluss, dass auch England zu den Ländern gehörte, wo die Not nicht zu übersehen war.

Dem konnte Abhilfe geschaffen werden. Argentinien erklärte sich bereit, das nötige Rindfleisch, Getreide und Speiseöl nach England zu liefern, natürlich gegen klingende Münze. Und wären die Preise für die Nahrungsmittel gleich geblieben, so hätte das ausgeblutete England vielleicht noch die erfoderlichen Mittel aufbringen können. Aber Peron sah seine Stunde für Argentinien gekommen. Er war kein Wohltäter, vor allem nicht gegenüber England.

Hier in Südamerika hatte man die Zeiten nicht vergessen, als die Engländer sich blasiert als die Herren der Welt aufgespielt hatten. Besondere Empörung unter dem argentinischen Volk hatte eine Bemerkung des Herzogs von Windsor hervorgerufen, des späteren Kurzzeit-Königs Eduards VIII., der für die Frau seines Herzens den britischen Thron aufgegeben hatte. Eduard hatte in einem englischen Poloclub in Buenos Aires geäußert, England könne alle Kolonien verlieren, nur nicht Argentinien!

Der Herzog von Windsor konnte sich wahrhaft beinahe als Herr in Argentinien fühlen, denn immerhin waren 47 000 Kilometer Eisenbahn, das war die gesamte Strecke in dem weiten Land, im Besitz der Briten, ebenso große Teile der wichtigsten Industriebetriebe und zahlreiche Banken.

Jetzt aber war für Peron endlich die Stunde der Abrechnung gekommen. Er verkaufte die argentinischen Lebensmittel nach England zu einem von einem Tag auf den anderen um 200 Prozent erhöhten Preis! Wollten die Engländer essen, dann mussten sie zahlen! Dabei waren die Kassen in der Downing Street Number 10 gähnend leer. Der Schuldenberg, der sich schon in den letzten Kriegsjahren aufgetürmt hatte – mit 190 Millionen Pfund Sterling war England bereits Argentinien in der Kreide – wuchs ins Uferlose. Für das vom Krieg schwer angeschlagene Land war es undenkbar, den überhöhten Forderungen aus Südamerika nachzukommen.

Peron löste das Problem mit einem Federstrich: Er löschte die Schulden Englands aus den Akten, indem die Eisenbahnlinien in argentinischen Besitz übergingen. Peron hatte einen gewaltigen Sieg über England errungen. Man feierte ihn wie einen Kriegshelden, frenetischer Beifall empfing ihn, wo immer er sich zeigte, und stundenlang läuteten die Glocken landauf, landab an diesem Freudentag.

Evita hatte sich an der Seite Perons deutlich sichtbar gewandelt. Aus der eher unscheinbaren Frau mit der zu langen Nase, den leicht vorstehenden Zähnen und dem alltäglichen dunklen Haar war beinahe über Nacht eine Schönheit geworden. Obwohl sie immer noch Mühe hatte, ihre Gebärden zu kontrollieren, gelang es ihr doch mit großer Selbstdisziplin, allmählich den Dialekt abzulegen und Vulgärausdrücke zu vermeiden, die ihr so oft den heimlichen Spott der Gesellschaft eingetragen hatten.
Evita hatte mit dem Friseur, den sie sich erwählt hatte, mit Alcaraz, einen guten Griff getan. Der Figaro überzeugte seine Kundin davon, dass das dunkle Haar viel zu wenig attraktiv wäre und blondes Haar ihr einen ganz besonders aparten Reiz verleihen würde. Mit Verwunderung stellte man allgemein fest, dass mit dem Blondieren des Haares auch eine Veränderung des Gesichtes vor sich ging. Evitas Züge wirkten deutlich weicher, durch die kunstvoll etwas größer geschminkten Lippen wurde der Blick von der zu großen Nase abgelenkt zu den dunklen Augen hin, die eine seltsame Ausstrahlung besaßen.
Evita erkannte überaus klar, dass man an sie als »First Lady« ganz besondere Ansprüche stellen würde. Sie musste in der Öffentlichkeit auftreten und repräsentieren, wenn sie auch bei jeder Gelegenheit betonte, mit den »Descamisados« Gleiche unter Gleichen zu sein. Bei ihnen musste sie sich kein Blatt vor den Mund nehmen und konnte sprechen, wie ihr der Schnabel gewachsen war. In ihrer Autobiographie, die in ihrem Auftrag und zu ihrem Ruhme geschrieben worden war und knapp vor ihrem Tod erschien, findet man folgende Aussagen über ihr Verhältnis zu den Arbeitern:
»Mein Umgang mit den Arbeitern fällt mir niemals schwer. Es sind einfache Leute, das stimmt. Sie sagen alles offen heraus. Sie brauchen keine größeren Einleitungen, um zu sagen, was sie denken, denn noch haben sie das Lügen nicht gelernt. Wenn ich einmal ein Versprechen nicht eingehalten habe, so haben sie es mir gesagt und zwar auf eine Art, die mich nicht gekränkt hat. Ich habe nie eine Auswahl unter den Arbeitern getroffen, die mich besuchten. Ich weiß, dass unter ihnen manchmal auch Kommunisten waren, die sich unter die Peronisten eingeschlichen hatten. Aber nie wurde ich nur durch ein Wort beleidigt. Wir besprachen manchmal sehr energisch und ausführlich Probleme von großer Bedeutung; aber nie musste ich ›herabsteigen‹, um diesen groben oder unwürdigen Ausdruck aufzugreifen. Die Oligarchen, die meinen, ich ›steige herab‹, wenn ich mit Arbeitern verhandle, könnten noch viel von ihnen lernen und vielleicht – das sage ich zwar ohne jede Hoffnung – vielleicht an Ehrlichkeit und Würde sogar etwas ›emporsteigen‹.«

Evita empfing nicht nur die »Descamisados« in ihrem Büro, sie ging auch in die Vororte von Buenos Aires, wo sie wie eine Königin umjubelt wurde. Sie erschien den vom Schicksal benachteiligten Menschen wie eine Fee aus einer anderen Welt: Strahlend schön, jung und reich in ihren exquisiten Kleidern, den glitzernden Ohrgehängen und den Brillantbroschen. Und hätte man geglaubt, dass diese Aufmachung sie bei den Armen in Misskredit brachte, so war genau das Gegenteil der Fall: Bei allen Gelegenheiten betonte Evita, dass sie nur vorausgegangen und zu dem Wohlstand gekommen sei, den alle einmal mit ihrer Hilfe erreichen würden. In ihr sah man den Vorboten der allgemeinen sozialen Veränderung.

Natürlich übten ihre Feinde gehässige Kritik an ihrer Aufmachung, an ihren groß geblumten Kleidern, an den niedlichen Löckchen, die in die Stirn fielen, den ausladenden Hüten, an ihrem etwas zu grellen Lippenstift und den Stöckelschuhen mit den zu hohen Absätzen. Boshaft bezeichnete man sie als Weihnachtsengel, der übermäßig aufgeputzt war. Dabei war es für Evita keineswegs leicht, den richtigen Stil zu finden. Es ging ihr wie vielen Frauen, die, aus einfachen Verhältnissen stammend, plötzlich reich geworden waren.

Aber Evita tat instinktiv das Richtige, sie wählte zwei Frauen aus, zu denen sie großes Vertrauen hatte und die Geschmack und Lebenserfahrung besaßen. Von ihnen wollte sie sich beraten lassen.

Isabel Ernst, eine gebürtige Deutsche, schlank, apart und strohblond, war beinahe so etwas wie eine Freundin Evitas. Sie hatten einander schon Jahre bevor Evita politische Karriere gemacht hatte, kennengelernt und waren ein Herz und eine Seele gewesen. Später erschien Isabel in so mancher kritischen Situation für Evita wie ein rettender Engel – gerade im richtigen Augenblick, und schon sehr bald stand es für Evita fest, dass nur Isabel den Posten einer Privatsekretärin bei ihr bekleiden konnte.

Aber mit zunehmender Machtfülle Evitas hatte sich ihr einst so intimes Verhältnis etwas abgekühlt, Evita distanzierte sich immer mehr von der einstigen Freundin, vielleicht, weil sie selber allmählich zu sehr den Stil Isabels angenommen hatte. Aus der Beraterin war im Aussehen fast eine Konkurrentin geworden. Und alles konnte Evita vertragen, nur dies nicht.

Mit Lilian Guardo verhielt es sich ganz anders. Sie hatte sich mit Händen und Füßen dagegen gewehrt, in den Bannkreis Evitas zu gelangen. Dabei bestand schon lange eine sehr innige Freundschaft zwischen Juan D. Peron und dem Zahnarzt Guardo, die auch die beiden Frauen einschloss. Lilian Guardo war eine elegante Frau der High Society, die Evita sonst so sehr verachtete. Sie stammte aus reichem Haus und hatte einen sehr wohlhabenden Mann geheiratet. Alles an ihr war bis in die Fingerspitzen gepflegt, sie wusste in jeder Gesellschaft den richtigen Ton zu finden, und jeder, der sie kennenlernte, war von ihrem Charme und Geschmack hingerissen. Sie war mit Evita wirklich befreundet. Sie würde die richtige Beraterin in allen Modefragen sein, das erkannte Evita instinktiv.

Doch als Lilian von Evitas Vorhaben erfuhr, war sie keineswegs begeistert. Sie suchte nach allen möglichen Ausreden, aber sie musste schließlich klein beigeben, da sie Evita zu genau kannte und wusste, wenn sich die Frau Perons etwas in den Kopf gesetzt hatte, dann duldete sie keine Widerrede.

Evitas Wahl sollte sich als richtig erweisen, beide Frauen, sowohl Isabel als auch Lilian, waren gebildet und hatten Stil. Und beide waren Evita von Grund auf zugetan, wobei sie es allerdings nicht immer leicht hatten, die Launen der First Lady zu ertragen und zu akzeptieren. Denn Macht korrumpiert nicht nur, sie verändert auch den Charakter.

Die erste Aufgabe Lilians bestand darin, für Evita einen eigenen Modestil zu entwickeln und auch die Möglichkeit zu schaffen, dass ihre Ideen von erstklassigen Schneidern umgesetzt wurden. Lilian hatte eine Schwäche für schlichte Eleganz, ganz im Gegensatz zu Evita, die Rüschen, Spitzen und auffällige Stoffe bevorzugte, die bei der Bevölkerung auf dem Lande Bewunderung hervorgerufen hätten. Lilian konnte sie mit Hilfe von Isabel überzeugen, dass die Dame von Welt sich während des Tages einfach, aber teuer kleidete und höchstens durch irgendein exquisites Schmuckstück zu erkennen gab, dass sie sich alles leisten konnte. Evita hörte auf diese Lehren. Sie erschien immer häufiger in klassisch geschnittenen Kostümen, die ihre schlanke Gestalt gut zur Geltung brachten, mit engem Rock und taillierter Jacke, entweder mit Hahnentrittmuster oder Streifen. Nur der schmeichelnde Samtkragen lockerte die Strenge etwas auf und ließ sie weiblicher erscheinen. Allmählich hatte sie auch ihre Frisur geändert. Zu den perfekten Kostümen passten keine Löckchen und hochauftoupierten Haare, viel eleganter wirkte sie mit dem straff zurückgekämmten Haar. Durch diese neue Linie hatte sie das Aussehen einer noblen, erfolgreichen Karrierefrau bekommen.

Bei der Abendgarderobe allerdings durfte Evita noch ihren Vorlieben für Strass und Federn, für Prunk und Pomp frönen. Und da sie in nächster Zukunft anstelle Perons, der in Argentinien unabkömmlich war, eine

Reise nach Europa unternehmen sollte, musste sie schon Wochen vorher die entsprechende Garderobe auswählen. Lilian Guardo half ihr nach besten Kräften dabei. Als Mitglied der High Society in Buenos Aires standen ihr die Türen der eleganten Salons selbstverständlich offen. Wenn man nun geglaubt hätte, dass man sich jetzt um die Gattin des Präsidenten als Kundin gerissen hätte, so täuscht man sich. Keiner der Couturiers wagte es wirklich, als Schneider für die ehemalige kleine Schauspielerin Duarte auf den Plan zu treten. Viel zu snobistisch dachte man im damaligen Argentinien, die dubiose Vergangenheit ließe sich nicht so einfach ausradieren, und der Weg nach oben war wohl politisch, kaum aber gesellschaftlich möglich. Lilian schaffte ein kleines Wunder, als sie die Modesalonbesitzerin Ana de Pombo überredete, Evita aufzusuchen und ihr eine Kollektion von neuesten Modellen vorführen zu lassen. Und tatsächlich erschien Ana de Pombo Punkt sieben Uhr mit einem Mannequin.
Evita wählte für ihren Auftritt in Spanien ein leuchtend blaues langes Spitzenkleid – über und über mit Strass besetzt. Dazu orderte sie ein Cape aus blau gefärbten Straußenfedern, das eine zwei Meter lange Schleppe hatte. Auch jetzt noch, als Frau des argentinischen Staatspräsidenten, konnte Evita ihre Leidenschaft für alles Theatralische nicht verbergen. Sie wollte wie eine Hollywood-Diva die breiten Treppen in der Madrider Oper in ihrem himmelfarbenen Glitzerkleid hinaufsteigen.
Die Reise nach Europa war von Peron und seinen Mitarbeitern, aber auch von Evita und ihren Leuten, bis ins kleinste Detail geplant worden. Alle wussten, dass viel für das Prestige des südamerikanischen Staates vom Auftreten der Präsidentengattin abhing. Aber da brauchte sich Peron keine großen Sorgen zu machen, überall, wo seine schöne Frau hinkam, erregte sie schon durch ihr Äußeres ungeteiltes Aufsehen. Dazu verstand sie es noch meisterlich, sich allseits in Pose zu setzen. Auch in unvorhergesehenen, schwierigen Situationen verlor sie nie die Beherrschung und wahrte immer ihr Gesicht, sie zwang sich dann dem Umstand entsprechend zu einem bescheidenen, leicht ironischen oder begütigenden Lächeln. Sie war perfekt.
Als Evita am Flughafen von Buenos Aires eintraf, hatten sich 150 000 »Decamisados« eingefunden, um von der Frau Abschied zu nehmen, die ihre ganze Hoffnung war. Längst hatte man erkannt, dass Evita es war, die ihren Mann in jeder Hinsicht beeinflusste, die Peron in aller Öffentlichkeit in den Himmel hob, aber nur, um auf der Erde ihre ureigenste Politik machen zu können. Aber je mehr sie Peron herausstellte, umso mehr huldigten ihr die Massen, sie war die Zentralfigur

geworden, wie sie jede Art von Populismus benötigte. »Ich fahre in die Alte Welt mit einer Botschaft des Friedens und der Hoffnung ... Ich fahre als Vertreterin der arbeitenden Menschen, meiner geliebten ›Descamisados‹, bei denen ich mein Herz zurücklasse, wenn ich gehe«, waren ihre Abschiedsworte für die Menge auf dem Rollfeld. Dann umarmte sie Peron und bestieg die Maschine der spanischen Fluggesellschaft Iberia, die eigens das Flugzeug hatte umbauen lassen, damit die First Lady Argentiniens einen Esssalon und ein Schlafzimmer an Bord vorfand. Trotzdem fühlte sich Evita während des Fluges nicht sehr wohl, und es war gut, dass sie ihren Arzt mitgenommen hatte, der ihr Beruhigungsmittel verabreichte.
Evita war wie eine echte Königin mit großem Gefolge abgereist. Mit an Bord befanden sich neben dem Leibarzt noch ihr Schneider, ihr Friseur, einer der wichtigsten Männer auf der Reise durch die europäischen Länder, Zofen und Bedienstete, die immer zur Stelle sein mussten, und auch ihr Beichtvater. Evita brauchte den Beistand des Jesuitenpaters Benitez, wenn sie sich nicht ganz wohl und einsam fühlte oder wenn sie trüben Gedanken nachhing. Auch Lilian Guardo befand sich an Bord, obwohl sie alles daran gesetzt hatte, um Evita nicht begleiten zu müssen. Aber letztlich hatte Evita sie persönlich so herzlich gebeten, mit ihr zu kommen, dass sie den Wunsch der Präsidentengattin nicht abschlagen konnte. Wochenlang vorher war schon die Garderobe für alles Anlässe sorgsam zusammengestellt und in riesige Koffer verpackt worden, Schuhe und Hüte füllten Kisten, und auch Kollektionen von echtem Schmuck waren in aller Eile noch angeschafft worden. Die Brillantbroschen, Rubinohrgehänge, Smaragdringe und Perlenkolliers hatten Unsummen gekosten, aber Evita hatte mittlerweile herausgefunden, wie man Geld machen konnte, ohne dass es an die große Glocke gehängt wurde. Selbst ihre Feinde staunten darüber, wie heimlich, still und leise die Perons in kurzer Zeit ein riesiges Vermögen zusammengescheffelt hatten. Denn jeder, auch der kleinste »Descaminado«, zahlte für den Luxus der angebeten Evita. Später musste jedes Mitglied der »Fundation Eva Peron«, einer Sozialstiftung, die von Evita ins Leben gerufen worden war, jeden Monat einen kleinen Beitrag zahlen, der der Gattin des Präsidenten direkt zugute kam. Und da diese Organisation Millionen Mitglieder zählte, ergaben sich auch aus winzigen Beiträgen in nur wenigen Jahren Unsummen.
Im Geiste war so mancher Argentinier mit dabei auf dieser Reise Evitas, die einem Staatsbesuch glich. Europa, die alte Heimat, war für viele immer noch die große Sehnsucht und die Reise dorthin ein Traum,

den sich nur die Reichen erfüllen konnten. Evita flog stellvertretend für alle Armen des Landes über den Ozean, deren Vorfahren einmal aus Spanien oder Italien nach Südamerika gekommen waren, das große Glück und das schnelle Geld hier aber nicht gefunden hatten.

In Madrid hatten sich 200 000 Spanier rund um den Flughafen versammelt, die in glühender Sonnenhitze darauf warteten, einen Blick auf die schöne Evita Peron zu werfen. Und man wurde nicht enttäuscht: Im schicken Seidenkleid entstieg sie mit hoch auftoupiertem Haar der Maschine, winkte den Volksmassen zu und verschwand in der Limousine General Francos, die sie in die Residenz brachte.

Es war ein echter Staatsbesuch, den Eva Duarte de Peron, die einstige Tingeltangel-Schauspielerin mit dem zweifelhaften Ruf als Gattin des argentinischen Staatspräsidenten, in Spanien absolvierte. Höhepunkt der Festlichkeiten war die feierliche Verleihung des diamantenbesetzten Großkreuzes des Ordens von Isabella der Katholischen, jener sittenstrengen Königin von Kastilien, die als Mutter Spaniens gilt, da es ihr gelungen war, durch ihre Heirat mit Ferdinand von Aragon, aber auch durch ihre geschickte, wenn auch in vieler Hinsicht rigorose Politik und Sittenstrenge Spanien zu einigen. Nach der Zeremonie trat Evita unter dem Jubel tausender Menschen hinaus auf den Balkon und verkündete den Spaniern, dass sie gekommen sei, um einen Regenbogen zwischen beide Länder, zwischen Spanien und Argentinien, aber auch zwischen der Alten und der Neuen Welt zu spannen. Tosender Beifall brauste nach diesen Worten auf, man hob die Hand zum Faschistengruß. Evita wurde von dem allgemeinen Taumel der Begeisterung so mitgerissen, dass sie den Nerzmantel, den sie trotz der Hitze über die Schulter geworfen hatte, fallen ließ und ebenfall die Hand zum Faschistengruß ausstreckte.

Im Spanien Francos war dies keine gefährliche Geste, aber wie sich herausstellen sollte, eilte ihr die Tatsache, dass sie sich so geäußert hatte, in die Länder voraus, die sie in Europa besuchen wollte. Und das sollte ihr noch viel Ärger und Unannehmlichkeiten bereiten.

Der spanische Generalissimus überbot sich in seiner Höflichkeit Evita gegenüber, wenngleich sie nicht zu allen Stunden ein angenehmer Gast war. Sie konnte manchmal ihre spitze Zunge kaum im Zaum halten und provozierte den selbstgefälligen Franco mehr als einmal. So gab sie dem eitlen Diktator mit einem ironischen Lächeln den Rat: »Wann immer sie eine große Menschenmenge zusammentrommeln wollen, brauchen Sie mich nur anzurufen!« Franco musste gute Miene zu jenen spöttischen Bemerkungen machen, für die Evita bekannt war, denn Spanien

benötigte dringend die Hilfe Argentiniens und musste zusehen, Fleisch und andere Nahrungsmittel zu günstigen Preisen zu bekommen. Um die Kosten zu drücken, versuchte Franco seinen Gast zu bluffen, indem er Evita erklärte, dass man hier genügend Mehl besäße, sodass man beinahe nicht wisse, was man mit ihm anfangen sollte. Evita erwiderte schlagfertig darauf: »Wie wäre es, wenn Sie es mal ins Brot täten?«
Trotz aller verbalen Hickhacks wurde Evita wie eine echte Regentin durch Spanien geführt, der Generalissimus hatte sich ihren Aufenthalt eine Million Pesos kosten lassen. Die berühmtesten Matadores traten auf und zeigten in der Arena ihren Mut, das langsame Abschlachten des Stieres wurde zu einem viel bejubelten Volksspektakel, das damit endete, dass sich der heldenhafte Torrero vor dem schönen Gast verneigte und ihr voll Ehrfurcht seine Kappe zuwarf. Galadiners und Empfänge wechselten einander ab, und überall, wohin sie kam, empfing man sie mit Applaus. Wie zu einer Heiligen schauten die Männer und Frauen aus dem Volk zu ihr auf, man wollte sie sehen, ihre Nähe spüren, einen Blick von ihr erhaschen! Ihre Garderobe wurde bewundert, und die Zeitungen wussten zu berichten, dass sie auf ihrer ganzen Reise niemals ein Kostüm, ein Kleid zweimal getragen hatte. Alles, was Evita hier erlebte, war ein Märchen, das sie selbst erfunden hatte!
Ein Sonderkorrespondent der »New York Times« war eigens nach Europa beordert worden, um die Reise der Präsidentengattin mitzuverfolgen und darüber zu berichten. Er schrieb:
»... Ob sie ihre Reden tatsächlich selber geschrieben hat oder nicht, sie waren gescheit geschrieben. Sie legten ein besonderes Gewicht auf ›soziale Gerechtigkeit‹, ein Thema, das Franco in letzter Zeit stärker betont hat als sonst. Sie spricht gut, wiewohl etwas theatralisch – aber das wiederum ist ein Stil, der bei den Spaniern gut ankommt ...«
Auch in Rom, ihrer nächsten Station, hätte sie mit dieser Art zu sprechen sicherlich Furore gemacht und großen Anklang gefunden, hätte sie sich nicht auch hier hinreißen lassen, das jubelnde Volk mit dem Faschistengruß zu grüßen. Damit stieg sie aber im Italien der Nachkriegszeit tief in alle Fettnäpfchen. Denn noch lange war die Kontroverse, der Kampf zwischen Faschisten und Kommunisten, nicht zu Ende, man wartete nur auf die passende Gelegenheit, sich gegenseitig wieder einmal die Köpfe einzuschlagen. Unwahrscheinlicher Tumult entstand vor der argentinischen Botschaft, die man eigens für Unsummen renoviert hatte. Es waren zwei neue Marmortreppen eingebaut worden, Evitas Zimmer hatte man mit Möbeln im Stile Louis XV. ausgestattet, Bäder wurden neu installiert und die Salons neu tapeziert.

Dazu hatte man in aller Eile in jedem Raum mindestens ein Bild von Peron aufgehängt. Bis Rom hatte sich Evitas Personenkult durchgesprochen!
Es war richtiggehend eine Revolte, die die unüberlegte Geste Evitas vom Zaun gebrochen hatte, der Pöbel ging in seiner Wut gegen alles vor, was man für Evita, die Frau des argentinischen Staatspräsidenten, vorbereitet hatte. Die gepflegten Blumenbeete wurden genauso sinnlos zertrampelt wie die Wasserläufe der Springbrunnen abgebrochen wurden, dann stürzte man sich auf das Palais und begann die Fensterscheiben der Botschaft einzuschlagen und die Türen einzutreten. Im letzten Augenblick gelang es der Polizei, die wütende Meute zu zerstreuen, während Evita am ganzen Leibe zitternd in ihrem Schlafgemach lauschte, was sich auf dem Platz vor der Botschaft abspielte.
Die Freude an ihrem Romaufenthalt war ihr gänzlich vergällt worden. Dazu kam noch, dass Papst Pius XII. sie zwar in Privataudienz empfing, ihr aber keineswegs die päpstliche Markgrafenwürde verlieh, was sie sich so sehnlichst erhofft hatte. Als Evita im schlichten schwarzen langärmeligen Seidenkleid den Ring des Papstes küsste, dankte ihr der Heilige Vater in gesetzten Worten für die Arbeit, die sie für die Armen verrichtete, verlieh aber nur ihrem Mann, Juan D. Peron, das Kreuz des Ordens des Papstes, einen mit Brillanten verzierten Stern. Nachdem ihr der Papst noch einen geweihten Rosenkranz überreicht hatte, war die Audienz beendet. Auf dem Gesicht Evitas stand die Enttäuschung deutlich geschrieben, sie hätte die päpstliche Auszeichnung so dringend gebraucht, um zu Hause ihr Image den ihr feindlich gesinnten Damen der besseren Gesellschaft gegenüber aufzubessern.
Aber die Aufmerksamkeiten der italienischen Minister, die all ihren südländischen Charme aufgeboten hatten, um dem Gast ein paar schöne Stunden zu bereiten, entschädigten Evita für die ersten negativen Eindrücke in der Ewigen Stadt.
Man überbot sich geradezu an Lustbarkeiten, veranstaltete in den Thermen des Caracalla eine eigene Aufführung von »Aida«, zu der Evita in einer hinreißenden Abendrobe am Arm des italienischen Ministerpräsidenten de Gasperi mit einer Stunde Verspätung erschien. Konzerte, Empfänge und intime Dinners wechselten einander ab, und überall, wohin sie kam, war die schöne blonde Frau der Mittelpunkt der Gesellschaft, wenngleich auch Journalisten aus aller Welt in ihren Artikeln versuchten, durch zitierte Aussprüche Evitas ihren Lesern ein anderes Bild der Gattin des argentinischen Staatspräsidenten zu übermitteln. So sollte Evita auf die Frage nach ihrem Lieblingsautor die

Antwort gegeben haben: »Plutarch ... Er ist ein uralter Schriftsteller!« Was hatten sich die Reporter eigentlich von einer Frau, die keinerlei höhere Schulbildung genossen hatte, erwartet. Es war ohnedies verwunderlich, dass es ihr bei den allermeisten Gelegenheiten gelang, die Lücken ihrer mangelhaften Bildung so geschickt zu vertuschen. Eigentlich war ihre einfache Herkunft ohnehin allgemein bekannt. Wozu also die überflüssigen Fragen!

Natürlich wurde auch ihre Rede vor ungefähr 600 römischen Frauen erwähnt, denen sie plausibel erklärte, dass sie genau dieselben Rechte wie die Männer hätten, im Italien der damaligen Zeit, in der die Frauen hinter dem Ofen zu sitzen hatten, revolutionäre Gedanken, die von den Frauen beinahe ungläubig vernommen wurden.

Die anschließende Reise durch die Industriestädte im Norden war ungewöhnlich strapaziös und stand unter keinem guten Stern. In Mailand wurde Evita, noch bevor sie das erste Wort gesprochen hatte, ausgebuht, und auch in Venedig erging es ihr nicht besser. Sie fühlte sich erschöpft und müde und gab der großen Hitze die Schuld an ihrer Mattigkeit. Sie fuhr an den Lago di Como und gönnte sich hier ein paar Tage der Ruhe und Erholung, denn als Nächstes stand Paris auf dem Programm und nach den schlechten Erfahrungen in den letzten Tagen sah sie diesem Aufenthalt eher skeptisch entgegen.

Aber die Franzosen waren schönen Frauen gegenüber schon immer charmante Kavaliere gewesen, und so bereitete man der jungen Frau, die ganz in Weiß dem Flugzeug entstieg, einen liebenswürdigen Empfang. An dem eleganten Kleid fiel schon von weitem die phantastische Rubinbrosche auf, der einzige Schmuck, den Evita angelegt hatte. So sehr sie im Allgemeinen wertvollen Schmuck liebte und eine überaus kostbare Kollektion ihr Eigen nannte, so befolgte sie doch ab und zu den Rat Isabels oder Lilians und trug nur ein exquisites Stück, das die Blicke aller auf sich zog. Allerdings verzichtete sie nie auf ihre drei Ringe am vierten Finger der linken Hand. Dort trug sie außer dem breiten Ehering noch einen Ring mit einem riesigen Brillanten und den sogenannten »Ewigkeitsring«, besetzt mit funkelnden Rubinen, Smaragden und Saphiren.

Man huldigte Evita auf Schritt und Tritt, arrangierte Empfänge und Soiree,s und an den Galaabenden versanken die Damen der feinen Gesellschaft, die ihr vorgestellt wurden, in einem Hofknicks wie vor einer Königin, um sich dann rückwärts gehend zu entfernen. Evita thronte in ihrem schulterfreien goldenen Abendkleid mitten im Saal und hatte nur den einzigen Wunsch, dass die Damen von Buenos Aires ihren Triumpf miterleben sollten! Man schrieb über ihre Roben und den dazu passenden Schmuck in den Pariser Zeitungen, die Photographen bannten die Abendkleider und die raffinierten Schuhe mit den hohen edelsteinbesetzten Absätzen aufs Bild, und die Damen Europas, die in diesen Jahren sich mit schlichten Kleidern bescheiden mussten, konnten es kaum glauben, dass es jenseits des Ozeans Modeschöpfer gab, die solch herrliche Kleider entwerfen konnten.

Evita wurde von einer Reporterin des Magazins »Newsweek« folgendermaßen den Lesern vorgestellt: »Sie ist 1,65 m groß, erscheint aber größer, hat dunkelbraune Augen (die als schwarz beschrieben werden), honigfarbenes Haar mit rötlichem Schimmer (sie kann sich auf ihre Haare setzen) und eine sehr weiße Haut, die sie durch eine helle Foundation Lotion, das Weglassen von Rouge und sehr dunklem Lippenstift noch unterstreicht. Sie hat sehr ebenmäßige Zähne, und ihre Lippen sind zu einem permanenten, wenn auch gequälten Lächeln geöffnet. Das kommt daher, dass sie weder Französisch noch Englisch spricht und sich Mühe geben muss, interessiert zu erscheinen. Sie raucht nicht und trinkt nicht und hat die Neigung, erschreckend schnell zuzunehmen, daher lässt sie sich täglich massieren und von ihrem Arzt untersuchen ...«

Die Tatsache, dass sie vor allem zu Beginn ihrer Ehe mit Peron ein paar Kilo innerhalb kurzer Zeit zugenommen hatte, veranlasste Evita, möglichst wenig zu essen. Das führte dazu, dass sie auch, durch ihr tägliches riesiges Arbeitspensum bedingt, äußert unregelmäßig Nahrung zu sich nahm. Hatte sie zu Hause schon kaum besondere Lust aufs Essen, so mundete ihr hier in Paris die berühmte französische Küche nicht. Und obwohl die berühmtesten Köche Frankreichs alle Ehre dareinsetzten, den Gast zu verwöhnen und die bekanntesten Sommeliers die besten Weine kredenzten, vermisste sie doch die riesigen argentinischen Steaks und die dazu passenden »papas fritas«.

Sosehr ihr auch das Luxusleben in der Stadt an der Seine behagte und sie sich überall, wohin sie kam, verwöhnen ließ, so blieb sie doch auch hier die leidenschaftliche Politikerin, die sie schon seit langem an der Seite Perons geworden war. Ein Chauffeur, der sich ständig in ihrer Nähe aufhielt, hatte den Auftrag, sie dorthin zu fahren, wohin immer sie wollte. Daher war Evita auch häufig in den Vorstädten zu Gast, wo sie, bevor die Arbeiter gegen die elegante Dame protestieren konnten – in Europa dachte man über zur Schau gestellten Luxus ganz anders als im fernen Südamerika –, ein Bündel von Franc-Scheinen aus der Tasche zog und sie unters Volk warf. Sofort schlug die Stimmung um, und man jubelte der schönen Wohltäterin zu. Auch in Paris waren die armen Leute für ein paar Francs käuflich!

Sie griff aber auch in die hochoffizielle Politik ein. Sie hatte in ihrem Koffer großzügige Darlehensverträge, auf die man in Frankreich schon sehnlichst gewartet hatte. In Perons Auftrag und in seinem Namen unterzeichnete sie einen Vertrag, in dem Frankreich eine Hilfe von 600 Millionen Pesos zugesichert wurde. Die gute Fee aus der Neuen Welt schüttete ihr Füllhorn über der Alten aus!

Zustimmung und Ablehnung hielten sich in Paris die Waage, wie immer und überall, wo Evita auftauchte. Ihr Verhalten gab sehr oft Anlass zu Protesten. Je mehr Anklang sie fand, umso eigenwilliger und beinahe größenwahnsinniger gebärdete sie sich. Sie ließ die Mannequins eines führenden französischen Modeschöpfers eine Stunde bei glühender Hitze auf sie warten, um dann zu erklären, sie habe keine Zeit, sich die Kollektionen, die man für sie angefertigt hatte, zu begutachten. Sie rauschte im Eiltempo durch die Salons und nahm keine Notiz von den exklusiven Modellen, die man ihr präsentieren wollte. Genauso wenig gab sie Order, ihr irgendein Modell zuzusenden. Sie überspannte den Bogen und legte das Verhalten einer größenwahnsinnigen Diva an den Tag, wobei sie sich beinahe von Stunde zu Stunde die Sympathien verscherzte, die man ihr entgegengebracht hatte.

Auch in England stand man vor schier unlösbaren Problemen, nachdem sie von der britischen Regierung gefordert hatte, im Buckingham Palace wohnen zu wollen. Durch ihren kometenhaften Aufstieg hatte Evita allmählich vollständig den Sinn für jegliche Realität verloren. In ihrer Selbstüberschätzung wurde sie maßlos, sodass sich die Diplomaten in den europäischen Ländern den Kopf darüber zerbrachen, wie man ihr bestimmte Tatsachen plausibel erklären könnte, ohne sich ihren lebenslänglichen Hass zuzuziehen. In der Downing Street Number 10 hatte man zunächst nicht gewusst, wie man sich aus der peinlichen Affäre ziehen konnte, denn für die Briten war es undenkbar, dass eine Evita Peron – eine Frau Niemand aus Argentinien – in einem Zimmer neben den Gemächern des Königs von England logieren würde. Als man nicht mehr aus noch ein wusste, sagte man unter fadenscheinigen Ausreden den Besuch ganz einfach ab.

Auch die an sich eher emotionslosen Schweizer zeigten der Gemahlin Perons kein freundliches Gesicht. Hier musste Evita nicht nur Buhrufe entgegennehmen, junge Kommunisten warfen Steine und Tomaten, als die Limousine mit ihr vorüberfuhr. Evita hatte Glück, sie selbst wurde nicht getroffen, aber der Schweizer Außenmister, der neben ihr saß, wurde von einer überreifen Tomate getroffen, die auf seiner Hose zerbarst. Dadurch bespritzte der Tomatensaft auch das Kleid Evitas, die aber in dieser unguten Situation Ruhe bewahrte. Es war wohl eine einmalige Stärke dieser Frau, kaum jemals wirklich die Fassung zu verlieren. Sie hatte sich immer und überall im Griff und bewahrte die Kontenance meisterlich. Wie es dabei in ihrem Inneren aussah, wusste wahrscheinlich nicht einmal Peron.

Trotzdem hatte Evita genug von Europa! Und sie empfand auch Sehnsucht nach seiner Nähe und der Stärke ihres Mannes. Sie hatte ihm schon kurz nach ihrer Abreise im Flugzeug einen Brief geschrieben, in dem sie ihn bat, nicht den Gerüchten über ihr Vorleben Glauben zu schenken. Sie schrieb, vielleicht aus Angst, nie mehr nach Argentinien zurückzukehren, folgende Zeilen:

»Lieber Juan:

Ich reise mit großem Bedauern ab, denn fern von Dir kann ich nicht leben; ich liebe Dich so sehr, dass es schon an Götzenverehrung grenzt. Vielleicht gelingt es mir nicht, Dir meine ganzen Gefühle zu zeigen, denn ich kann Dir versichern, dass ich viel im Leben zu kämpfen hatte, um jemand zu sein. Ich habe viel gelitten, doch dann kamst Du und hast mich so glücklich gemacht, dass es ist wie im Traum; und da ich Dir nichts anderes anbieten konnte als mein Herz und meine Seele, habe ich Dir beides ganz geschenkt; doch in den drei Jahren unseres täglich wachsenden Glücks habe ich nicht eine Stunde aufgehört, Dich anzubeten und dem Himmel zu danken, dass Gott so gut war, mich mit Deiner Zuneigung auszuzeichnen, derer ich mich jeden Moment versucht habe, würdig zu zeigen, indem ich alles tat, um Dich glücklich zu machen. Ich weiß nicht, ob es mir gelungen ist, doch ich kann Dir versichern, dass niemand auf der Welt Dich je mehr verehrt und geliebt hat. Ich bin Dir so treu, dass, wenn Gott dieses Glück, Dich zu lieben, nicht billigt und mich zu sich ruft, ich Dir noch nach dem Tod treu sein und Dich von dort oben verehren werde ...«

Die Worte Evitas erstaunen etwas, liest man die Biografien so mancher bekannter Männer, die einen ausgesprochenen Ruf als Lieblinge der Frauen besaßen, wie Aristoteles Onassis oder der Komponist Peter Kreuder. Denn beide Herzensbrecher nennen auf den Listen der Damen, die ihnen ihre Gunst geschenkt hatten, auch Evita Peron ...

Die Heimkehr Evitas glich einem Triumphzug. Ihre »Descamisados« waren beglückt, ihre Halbgöttin wieder in ihrer Nähe zu haben. Jetzt endlich konnte Evita ihr lang geplantes Reformwerk in die Tat umsetzen. Sie sagte endgültig allen Oppositionellen den unerbittlichen Kampf an, zerschlug die von ihre so verhasste Wohltätigkeitsorganisation der Damen von Buenos Aires und erreichte, dass alle Frauen

Argentiniens das Wahlrecht erlangten. Dies war zweifellos eine große Tat Evitas, die man als echte Vorkämpferin für die Rechte der Frauen ansehen muss. Denn gerade für Südamerika und die dort vorhandenen zwischenmenschlichen Strukturen, für ein Land, in dem die Machos den Ton angaben, war das Frauenwahlrecht etwas so Ungeheuerliches, dass nur eine Frau wie Evita es wagen konnte, das Stimmrecht einzuführen. Natürlich stand der ganze Machtapparat, den die Perons sich Schritt für Schritt im Geheimen aufgebaut hatten, hinter Evita – ausgenommen einige Zeitungen, die nicht in ihrem Besitz waren. Denn sie hatte von allem Anfang an klar erkannt, dass sie die Medien hinter sich haben musste, willfährige Rundfunksender und möglichst alle Zeitungen im Land, die das schrieben, was ihnen vorgegeben wurde. So konnte man die Massen infiltrieren, so machte man die Opposition mundtot. Aber obwohl Peron und seine Frau ein Netz von Spionen und Schnüfflern über das ganze Land legten, hörte man doch immer wieder Stimmen, die absolut nicht mit dem System einverstanden waren. Studenten und Professoren, international berühmte Wissenschaftler, aber auch Gewerkschaftler ließen sich nicht mundtot machen, dazu heizte die Zeitung »La prensa« die Stimmung der Bevölkerungsschichten an, die gegen das totalitäre Regime Perons und seiner Frau eingestellt waren. Und obwohl man seit Jahren gegen diese Zeitung mit allen möglichen Schikanen vorging, konnte man nicht verhindern, dass »La prensa« zunächst noch öffentlich, später dann im Untergrund gegen das Präsidentenehepaar und seine Machenschaften Stimmung machte. Eine kurze Revolte der radikalen Partei, die sich gegen die Perons richtete, war die Folge.
Aber es war noch viel zu früh, gegen ein Idol wie Peron zu Felde zu ziehen und vor allem an der Ikone Evita rütteln zu wollen. Der Putschversuch wurde in kürzester Zeit niedergeschlagen, die Anführer mussten, wollten sie nicht am nächsten Galgen baumeln, in größter Eile die Flucht ins benachbarte Montevideo antreten, und die Perons saßen fester im Sattel denn je.
Aber jeder von den Putschisten wusste, dass die Zeit für ihn arbeiten würde. Man konnte in Ruhe abwarten und neue Pläne schmieden. Sie brauchten nur einen Blick auf Evitas sich veränderndes Gesicht zu werfen, um zu sehen, wie es um sie bestellt war. Obwohl sie die Dreißig kaum überschritten hatte, zeigte ihr einstmals schönes Gesicht erschreckende Spuren einer todbringenden Krankheit. Mit tiefer Sorge wurde sie von den »Descamisados« beobachtet, während sich ihre Gegner schadenfroh die Hände rieben. Ihr Ende war abzusehen! Die zugezogenen Ärzte

und Spezialisten rieten ihr zur Schonung, nachdem offiziell im Land ein Bulletin veröffentlich wurde, wonach die Gattin des Präsidenten angeblich an Leukämie leiden sollte. Eine tödliche Krankheit!
Evita wusste schon seit langem, dass es für sie kaum Rettung geben würde, die schweren Blutungen, die sie zunächst geheim gehalten hatte, ließen keinen Zweifel. Sie schwächten sie zusehends und ließen sie bleich und durchsichtig werden, sodass die Diagnose »Leukämie« dem Volk glaubwürdig erschien. Man sprach damals nicht in aller Öffentlichkeit von Gebärmutterhalskrebs.
Und während Evita am Höhepunkt ihrer Macht und ihres Erfolges stand, klopfte der Tod an die Pforten des Unzue-Palastes. Aber sie hatte sich noch ein letztes Ziel gesetzt: Peron musste auch mit ihrer Hilfe die nächsten Wahlen gewinnen. Bleich und ohne Kraft stand sie auf den Rednertribünen und musste sich zwingen, ihre Ansprachen zu beenden, bevor sie zusammenbrach. Betäubt von schweren Schmerzmitteln nahm sie ohne jede Regung den Wunsch des Volkes entgegen, durch den ihr die Vizepräsidentschaft angetragen wurde. Aber es war zu spät! Die Politik hatte sie verzehrt und ausgebrannt.
Doch ihre geliebten »Descamisados« beharrten auf ihren Forderungen, Evita müsste, koste es, was es wolle, Vizepräsidentin von Argentinien werden. Am 30. August 1951 allerdings mussten auch die Hartnäckigsten unter ihnen einsehen, dass Evita – vom Tod gezeichnet – nur ablehnen konnte.
Ein amerikanisches Ärzteteam operierte die todkranke Frau im November 1951, und selbst in dieser tristen Situation – entblößt von allem Schmuck und Tand – unter den grellen Halogenlampen auf dem Operationstisch liegend, bäumte sich Evita wie in alten Zeiten noch einmal auf und rief: »Es lebe Peron!« Dann raubte ihr die Narkose die Besinnung.
Sie hatte ihr Leben für ihn geopfert und war durch die Glorifizierung, die sie ihm angedeihen ließ, selbst zu einer Heldin, zu einer Göttin für das Volk geworden. Die Nachricht von ihrem aussichtslosen Gesundheitszustand erschütterte große Teile der Bevölkerung. In den Straßen und Gassen von Buenos Aires sah man weinende und schluchzende Frauen und Männer, mitten auf der Straße knieten die Menschen nieder und flehten Gott an um Gnade und Erbarmen für »Santa Evita«.
Vielleicht war es ihre Krankheit, die ihrem Mann im November 1951 zu einem noch größeren Wahlsieg verhalf als vor fünf Jahren. Peron und der unbedeutende Quijano wurden für eine weitere Periode gewählt, und alle wussten, dass diesmal Evita nicht mehr an seiner Seite stehen würde!

Ihr Volk sah Evita zum letzten Mal bei der Amtseinführung Perons am 4. Juni 1952. Sie war nur noch ein Schatten ihrer selbst, zum Skelett abgemagert wog sie ganze 33 Kilo. Man hatte ihr ein Gips-Korsett anfertigen müssen, das mit Draht unterstützt wurde, damit sie sich – in einen überweiten Nerzmantel gekleidet – an der Seite ihres großen starken Mannes aufrecht halten konnte. Kaum waren die Feierlichkeiten vorüber, brach sie endgültig zusammen.
Es gab keine Rettung mehr. Die folgenden Wochen lag sie in einem Dämmerschlaf zwischen Leben und Tod in ihren Zimmern. Ihre Mutter war ständig bei ihr, während Peron nur ab und zu vorbeischaute. Er hatte im letzten Jahr vielfach Besseres zu tun gehabt, als seine Frau leiden zu sehen!
Dafür konnte man schon Wochen vor Evitas Tod einen Mann beobachten, der nur heimlich den Unzue-Palast betrat, um kein Aufsehen zu erregen. Es war der Pathologe und Anatom Dr. Aria, eine Kapazität auf dem Gebiet des Einbalsamierens. Er hatte noch zu Evitas Lebzeiten den Auftrag von Peron erhalten, seine Frau einmal, wenn es soweit war, einzubalsamieren. Und daher sah es Dr. Aria beinahe als seine Pflicht an, seine makabren Studien noch am noch lebenden Objekt vorzunehmen. Nur dann konnte er ganze Arbeit leisten und eine Evita für immerdar schaffen!
Evita Peron starb am 26. Juli 1952 abends um 20 Uhr 30. Die Szenen, die sich nach Bekanntgabe ihres Todes vor dem Palast, in dem sie mit 33 Jahren verschieden war, abspielten, waren unbeschreiblich. Tagelang zogen Kolonnen von Trauernden an ihrem gläsernen Sarg, in dem man sie aufgebahrt hatte, vorbei, um von ihr, von der »Dame de la Esperanza«, der Mutter Argentiniens, der Wohltäterin, der Heiligen, Abschied zu nehmen.
Ihre Beisetzung erfolgte in einem riesigen Staatsbegräbnis, an dem Hunderttausende von Menschen teilnahmen. Am Rande der Trauerfeierlichkeiten spielten sich erschütternde Szenen ab, Menschen schrien, als hätten sie den Verstand verloren, andere fielen in Ohnmacht oder wurden zu Tode getrampelt. Evitas kostbarer silberner Sarkophag wurde vorübergehend im Gewerkschaftspalast in Buenos Aires aufgestellt, wo er bis zur Errichtung eines riesigen Mausoleums bleiben sollte.
Dazu allerdings kam es nicht mehr. Denn die Zeiten änderten sich rapide, ohne Evita war auch die Macht Perons zum Untergehen verurteilt, sein unmoralischer Lebenswandel – man hatte dem alten Diktator ein Verhältnis mit einem nur dreizehnjährigen Mädchen nachgewiesen – trug ein Übriges dazu bei, dass man ihn vertrieb. Mit Peron

verschwand auch die einbalsamierte Leiche seiner Frau in einer Holzkiste. Dabei konnte schon nach relativ kurzer Zeit niemand mehr sagen, ob der Leichnam in der Kiste wirklich Evita war oder nur eine von den meisterlich angefertigten Kopien, die der Anatom Aria in akribischer Weise angefertigt hatte. Eine dieser »Eviten« wurde jedenfalls nach Jahren aus einem Grab auf einem Mailänder Friedhof ausgegraben, wohin sie auf Irrwegen durch halb Europa gelangt und unter falschem Namen beigesetzt war. Von dort brachte man sie nach Madrid und auf Geheiß der dritten Frau Perons, Isabel, die hoffte, in der Aura ihrer Vorgängerin Politik machen zu können, nach Buenos Aires übergeführt. Diese Evita, die im gläsernen Sarg wie ein Schneewittchen vollständig erhalten ruhte – nur die Spangen in ihrem leicht schmutzigen Haar waren rostig – wurde unter strenger militärischer Bewachung vom Flughafen zum Prominentenfriedhof von Olivos gebracht und im Familiengrab der Duartes beigesetzt.

Evita Peron war nur 33 Jahre alt geworden, sie hatte das Leben, das ihr nur so kurz beschieden war, in allen Varianten kennengelernt, gemeistert und genossen. Mit zäher Energie war es ihr gelungen, ihre politischen Vorstellungen, die freilich nicht nach jedermanns Geschmack gewesen waren, in die Tat umzusetzen und eine Sozialreform in Argentinien durchzuführen, die bahnbrechend für Südamerika hätte sein können, wäre es ihr gelungen oder hätte sie sich darum bemüht, alle Schichten der Bevölkerung anzusprechen. Ihr fehlte der Zugang zu den Intellektuellen, zur geistigen Elite eines Staates.

Evita Peron fand in Südamerika keine Nachfolger. Auch das nach dem Krieg so reiche Argentinien glitt in Armut ab und zählt heute genauso wie alle anderen Länder dieses so reichen Kontinents zur dritten Welt, in der es nirgends mehr eine »Santa Evita« gibt ...

Sie war die Frau, die der Präsident der Vereinigten Staaten nach Paris begleitete

Jacqueline Kennedy-Onassis

IHR AUFTRITT WAR BÜHNENREIF. NUR WENIGE SCHRITTE hinter ihrem Mann trat sie auf die Gangway der eleganten Präsidentenmaschine »Air Force One«, in einem schlicht geschnittenen Wollmantel mit der berühmten Pillbox, jenem kleinen Hut, der nach ihr benannt worden war, auf dem dunkel glänzenden Haar und hob langsam winkend die Hand zum Gruß. Keine Filmdiva hätte mit Jacqueline Kennedy konkurrieren können, als sie mit strahlendem Gesicht, begleitet von Charles de Gaulle und John F. Kennedy über den ausgerollten roten Teppich zur Ehrentribüne schritt.

Nach der offiziellen Begrüßung durch die französische Regierung bahnte sich der Konvoi der Fahrzeuge nur schwer einen Weg durch die jubelnde Menschenmenge. Ganz Paris war auf den Beinen, alle wollten die schöne »Jacquie« sehen, wollten der Frau huldigen, die

nicht nur hinreißend aussah, sondern von der man wusste, dass sie die französische Sprache erlernt hatte und sie begeistert sprach, dass sie die französische Kultur schätzte und den Lebensstil der Grand Nation liebte. Die Boulevardzeitungen und die Reklametrommeln hatten schon lange vor der Ankunft des amerikanischen Präsidentenpaares jedes kleinste Detail über die Abstammung der Jacqueline Kennedy Bouvier verkündet und ausführlich berichtet, dass die Vorfahren nicht nur einen französischen Namen besaßen, sondern auch als Adelige jahrhundertelang in Frankreich gelebt hatten.
Und diesmal hatten die Klatschzeitungen nicht übertrieben, darüber war man sich allgemein einig, als man die junge Frau von Angesicht zu Angesicht sah: Es konnte gar nicht anders sein, Jacqueline Kennedy Bouvier war eine der Ihren, das französische Blut, das in ihren Adern rollte, ließ sich nicht verleugnen, ihr Charme und ihr Chic verrieten ihre Herkunft mit jedem Lächeln und jeder Geste! Nun endlich war sie an der Seite ihres berühmten Mannes, des amerikanischen Präsidenten, in ihre wahre Heimat gekommen. Tausende begeisterte Pariser jubelten ihr zu und feierten sie wie eine Königin. Rufe wurden laut »Jacquie, Jacquie« und schwollen zu einem Chor an. Von dem Mann an ihrer Seite nahm man zwar Notiz, denn auch er sah nicht schlecht aus und wirkte in seiner jugendlich sportlichen Art sympathisch, aber sonst ... war er noch zufällig der Präsident der Vereinigten Staaten.
Die Wagenkolonne kam nur langsam voran auf ihrer Fahrt durch das bunt beflaggte frühsommerliche Paris, das sich den Besuchern aus Übersee in seiner vielseitigen Schönheit präsentierte. Besser konnte der Staatsbesuch in der französischen Hauptstadt für das Präsidentenpaar nicht beginnen, denn John F. Kennedy war mit gemischten Gefühlen nach Frankreich aufgebrochen, zu groß waren die allgemeinen Gegensätze zwischen ihm, einem dynamischen noch immer jungen Mann, und dem alten welterfahrenen Politiker Charles de Gaulle. Zweifel hatten den amerikanischen Präsidenten gequält, ob er dem erzkonservativen französischen Exgeneral mit seinen Argumentationen gewachsen sein würde, ob sie beide in ihrer Gegensätzlichkeit überhaupt eine Gesprächsbasis finden würden.
Aber nun sah Jack, wie er in der Familie Kennedy allgemein genannt wurde, den Unterredungen mit dem französischen Präsidenten gelassener entgegen, der triumphale Empfang, von dem er natürlich wusste, dass er nicht ihm gegolten hatte, schien ihm ein gutes Omen zu sein. Das glanzvolle Bankett im Schloss von Versailles, das der französische Präsident zu Ehren seiner hohen und charmanten Gäste gab,

übertraf bei weitem den Rahmen der üblichen Festessen. Der berühmte Spiegelsaal erglänzte im Lichte von Hunderten Kerzen und die 150 geladenen Gäste konnten sich nicht satt sehen an dem Prunk und der Üppigkeit, mit der der Sonnenkönig sein Schloss einst ausgestattet hatte. Und mitten in dieser historischen Pracht thronte eine schöne Frau des 20. Jahrhunderts, Jacqueline Bouvier Kennedy! Sie hatte sich zu diesem glanzvollen Dinner eigens ein Modellkleid bei Givenchy entwerfen lassen, und der Meister hatte eine aufsehenerregenden Robe, die eine Schulter frei ließ, für die First Lady kreiert.

Natürlich hatte Jack Kennedy schon lange bemerkt, welche Rolle seine Frau auf der internationalen Bühne zu spielen begann, obwohl sie sich niemals ins Rampenlicht gedrängt hatte. Im Gegenteil, wenn es nach ihm, dem Präsidenten, gegangen wäre, sollte Jacqueline oder Jackie, wie Freunde sie nannten, wesentlich mehr Möglichkeiten wahrnehmen, um ihre Person, ihren Charme und ihre Intelligenz in die Waagschale der Politik zu werfen. Aber Jack Kennedy wusste auch, dass seine Frau am politischen Geschehen nicht sonderlich interessiert war und dass sie Diskussionen über politische Probleme meist langtweilten.

Und trotzdem verstand es Jackie bei dem anschließenden Besuch auf neutralem Boden in Wien, den bäuerlich einfachen, schlauen und gerissenen und in vielerlei Hinsicht gefährlichen Politiker Nikita Chruschtschow genauso zu bezaubern, wie vorher den französischen Präsidenten. Er legte seine polternde Art ganz ab und unterhielt sich kultiviert und charmant mit dem amerikanischen Präsidentenehepaar. Man konnte sich keine größeren Gegensätze vorstellen, als die beiden Frauen der mächtigsten Männer der Welt: die junge, elegante, exzentrische Jackie Kennedy und Nina Chruschtschowa in ihrer robusten, stämmigen Art wie eine »Babutschka«, die man sich gut hinter dem Ofen inmitten einer Schar von Kindern vorstellen konnte. Aber hier trog der Schein. Denn Nina war nicht nur eine studierte Lehrerin, die lange Jahre Englisch unterrichtet hatte und sich mit ihren Gesprächspartnern in deren Sprache unterhalten konnte, sie war auch eine ungewöhnlich gebildete und interessierte Frau. Sie wirkte auf alle, die sie kennen lernten, ungewöhnlich herzlich und sympathisch und bei längerer Bekanntschaft sogar wesentlich menschlicher als die puppenhaft perfekte Jackie.

Vielleicht waren es die glanzvollen Empfänge in Paris und in Wien gewesen, die Jackie dazu gebracht hatten, öfter an Empfängen und Banketten teilzunehmen, um ihrer Rolle als First Lady gerecht zu werden. Und jedes Mal wieder versetzte sie ihre hochrangigen

Tischnachbarn durch ihre Belesenheit, durch ihren Sinn für Kunst und Literatur in Erstaunen. Diskutierte man mit dem Präsidenten heftig über internationale Probleme, über scheinbar unlösbare politische Gegebenheiten, so erholte man sich anschließend im anregenden Gespräch mit seiner schönen jungen Frau. Sie war so ganz anders als die Gattinnen der amerikanischen Präsidenten bisher, nicht nur ihr Äußeres stand im krassen Gegensatz zu ihren Vorgängerinnen im Weißen Haus, auch ihr Lebensstil, ihre Kultiviertheit und ihr fundiertes Kunstverständnis erregten allgemeine Bewunderung.

Viele Frauen berühmter Männer ziehen im Hintergrund die feinen Fäden der Politik, aber Jacqueline Kennedy mischte sich nicht in die Angelegenheiten ihres Mannes. Sie führte beinahe von Anfang an ihr eigenes Leben, so wie sie sich das immer vorgestellt hatte.

Sie war schon sehr früh ein selbständiges junges Mädchen gewesen, das unter der Scheidung ihrer Eltern mehr als andere Kinder gelitten hatte, denn sie wusste wirklich nicht, wohin sie gehören sollte. Ihr Vater, Jack Bouvier, war ein schöner Mann gewesen, ein Weltmann und Bonvivant, ein Verführer mit dem Äußeren eines Hollywood-Stars. Als dieser Traummann ihre Mutter seinerzeit zum Altar geführt hatte, war das Ende dieser Ehe beinahe schon vorprogrammiert, denn Jack Bouvier tat sich selbst auf der Hochzeitsreise keinen Zwang an und machte den anderen attraktiven Frauen auf dem Luxusschiff, das das junge Paar nach Europa bringen sollte, nicht nur schöne Augen.

Als sich die Eltern nach endlosen Eifersuchtsszenen schon nach einigen Jahren trennten, blieben zwei kleine Mädchen zurück, Jacqueline und ihre jüngere Schwester Lee. Beide liebten ihren schönen Vater abgöttisch, und dieser tat alles, was in seiner Macht stand, diese Liebe der Töchter noch aufzustacheln. An den Wochenenden, die die Mädchen in seinem Haus verbrachten, spielte er mit ihnen und verwöhnte sie mit luxuriösen Geschenken, die oftmals über seine Verhältnisse gingen. Kamen die Mädchen dann zu ihrer Mutter nach Hause, verschwand das Lächeln auf den Gesichtern, denn die Mutter nahm ihre Erziehungsaufgabe mehr als ernst, sie sah sich gezwungen, der realistische Ausgleich zum Verhalten Jack Bouviers zu sein. Sie missbilligte dessen Taktik und ließ ungewollt ihren Unmut ihm gegenüber an den beiden Töchtern aus. Je mehr der Vater die Kinder verwöhnte, umso mehr verbot ihnen die Mutter und wachte streng darüber, dass ihre Maßnahmen auch eingehalten wurden. Lehnten sich die Mädchen aber trotzig gegen die drakonischen Vorschriften der Mutter auf, so scheute Janet Bouvier auch nicht davor zurück, die Mädchen mit einem Kleiderbügel zu züchtigen.

Und was für viele Kinder aus geschiedenen Ehen zum lebenslangen Problem wird, diese Diskrepanz im Erziehungsstil der Eltern, das wirkte sich bei Jackie seltsamerweise keineswegs negativ aus. Vom Vater lernte sie, wie sie sich in jeder Lebenslage verhalten sollte, wie sie mit einem Minimum an Einsatz ein Maximum erreichen konnte, ohne ihre wahren Gefühle zeigen zu müssen und wie sie in der Gesellschaft der Wohlhabenden und Einflussreichen durch arrogant kühles Verhalten die Augen aller auf sich richten und Interesse an ihrer Person erwecken konnte. Von der Mutter lernte sie, dass Streben nach Bildung, Disziplin und Fleiß für ihren Weg in eine erfolgreiche Zukunft absolut notwendig waren.

Wenn die beiden Mädchen das Wochenende bei ihrem Vater verbrachten, dann begann Jack Bouvier mit dem gezielten Unterricht seiner beiden Töchter in »Lebenskunde«. »Black Jack«, wie ihn seine Freunde nannten, wusste, wovon er sprach. Als perfekter Instruktor wies er Jackie und ihre jüngere Schwester Lee ständig eindringlich auf ihren eigenen Wert hin. Sie würden in der Zukunft kein normales Leben führen, suggerierte er, denn beide wären nun einmal zu Höherem bestimmt. Das sollten sie nie vergessen. Dann würde ihr Auftreten, ihr geheimnisvolles Wesen, das Anderssein als alle anderen der sichere Schlüssel zum Erfolg werden.

Und Jack Bouvier sollte Recht behalten. Aber nicht nur tadelloses Benehmen und äußere Schönheit sichern jungen Mädchen den Platz in der High Society, es musste auch eine Portion Bildung dazukommen. Jackie war in den Schulen, die sie besuchte, eine ausgesprochene Außenseiterin, ohne enge Freundinnen. Sie hatte nicht das offene, kumpelhafte Wesen der übrigen Collegestudentinnen, sie lachte nicht laut über zweifelhafte Witze und anzügliche Bemerkungen. Zurückgezogen las sie in ihrem Zimmer lieber Gedichte oder Bücher der Weltliteratur, während sich ihre Mitschülerinnen auf den Sportplätzen vergnügten. Es konnte daher nicht ausbleiben, dass sie auf die übrigen Mädchen seltsam wirkte, man hielt sie für exzentrisch und kontaktscheu. Nur ein einziges Mädchen schaffte es im Laufe der Jahre, mit ihr ein nahezu freundschaftliches Verhältnis aufzubauen: Nancy Tuckerman, die später, als Jacqueline längst als First Lady im Weißen Haus residierte, von ihr als Privatsekretärin dorthin geholt wurde.

Jackie teilte das Schicksal mit vielen schüchternen Menschen, sie wurde für unnahbar, für arrogant gehalten, weil sie sich in ihrer Menschenscheu hinter einer kühlen Maske verbarg, um nicht ihr wahres Gesicht zeigen zu müssen.

Einige Jahre nach der Scheidung ihrer Eltern änderte sich die Situation für die beiden Mädchen Jackie und Lee grundlegend. Ihre Mutter Janet war immer noch eine blühende junge Frau und hatte nicht die Absicht, nach der Scheidung ihr Leben in Abgeschiedenheit allein stehend mit zwei Töchtern zu verbringen. Attraktiv und aktiv, wie sie war, fiel es ihr nicht schwer, reiche Heiratskandidaten zu finden. Als sie nach längerem Auswählen Hugh D. Auchincloss die Hand, diesmal fürs Leben reichte, da wählte sie einen sehr wohlhabenden, gutmütigen Mann, der allerdings manch seltsamen Hobbys frönte. So hatte er im Geheimen eine große Sammlung von Pornofilmen, die er natürlich streng vor jedermann verbarg.

Obwohl die Mutter jetzt mit »Onkel Hughie« die Partie ihres Lebens gemacht hatte, kehrte für die beiden Mädchen Jackie und Lee nicht unbedingt der Reichtum ein. Denn der Stiefvater war schottischer Abstammung! Aber auch die Mutter drehte nach wie vor jeden Dollar um und beschränkte das Taschengeld für die Töchter auf ein Minimum. Im College spürte Jackie schmerzlich, dass sie keinen reichen leiblichen Vater besaß, obwohl Jack Bouvier jeden Dollar zusammenkratzte, um der geliebten Tochter möglichst viel bieten zu können. Aber es reichte eben nicht aus, was er ihr jeden Monat überwies, seine Geschäfte an der Börse gingen schlecht, und auch das erhoffte Erbe nach seinem Vater fiel überraschend gering aus. Und so konnte Jackie nur die Pferde der anderen Mädchen bewundern, sie selbst konnte zunächst nicht ihr eigenes Pferd in die Schule mitnehmen.

Jackie trat allerdings ab und zu in der Schule nicht nur durch gute Leistungen aus dem Schatten heraus, alle Mitschülerinnen waren Feuer und Flamme, wenn ihr schöner Vater sie im College von Zeit zu Zeit besuchte. Obwohl Jack Bouvier allmählich in die Jahre gekommen war, verstand er es immer noch meisterlich, die jungen Damen durch seinen Charme zu betören. Dann vergaß man allenthalben, welche Außenseiterrolle Jackie während des übrigen Jahres spielte. Wenn ihr Vater wie ein zweiter Clark Gable seinen großen Auftritt zelebrierte, dann fiel von seinem Glamour auch etwas auf die Tochter und sie wirkte weit weniger unsympathisch, vielleicht eben nur anders – ja ganz anders. Und bald wusste man überhaupt nicht mehr, was man von Jackie Bouvier denken sollte, sie wirkte einfach irritierend. Deshalb wunderte sich niemand, dass ausgerechnet sie bei einer Debütantinnenparty zur Schönsten des Abends gewählt wurde.

Unnahbar wie eine Königin hatte sie in einem extravaganten Kleid den Ballsaal betreten, und jedermann fragte sich, wer wohl das seltsam schöne Mädchen sein mochte. Bald war Jackie von neugierigen Reportern umringt, die dies und das für ihre Klatschspalten wissen wollten, vor allem, bei welchem Couturier sie die Ballrobe hatte entwerfen lassen. Mit ihrer kindlichen Flüsterstimme, die sie ein Leben lang beibehalten sollte, hauchte sie zur allgemeinen Verblüffung ins Mikrofon, sie habe das Kleid um 59 Dollar auf einem Flohmarkt erstanden.

Igor Cassini schrieb in seiner Klatschkolumne über die »Debütantin des Jahres« folgende Zeilen: »Es handelt sich um eine hinreißende Brünette mit den klassischen und zarten Gesichtszügen einer Meißener Porzellanfigur. Sie verfügt über jene Ungezwungenheit, jene sanfte Stimme und jene Intelligenz, die jede Debütantin besitzen sollte. Sie stammt unbestreitbar aus einer alten ›Old Guard‹ Familie ... Zur Zeit studiert sie in Vassar.«

Lebte die junge Jacqueline auch während des Jahres finanziell eher bescheiden in ihrem College, so verbrachte sie die Ferienmonate in den luxuriösen Landhäusern ihres Stiefvaters, wo ihr alles geboten wurde, was sich ein junger Mensch erträumen kann. Hier konnte sie das Leben in vollen Zügen genießen, reiten, Tennis spielen und mit jungen Männern auf ihre Weise flirten. Denn so sehr sie von reichen, heiratsfähigen Jünglingen aus den besten Familien umschwärmt wurde, so unerreichbar wirkte sie auf ihre Anbeter. Sie verabredete sich zu den einzelnen Dates, verbrachte ein paar nette Stunden mit einem Kavalier, um sich dann wie in ein Schneckenhaus zurückzuziehen, wenn sich einer nach einem reizenden Abend Hoffnungen wenigstens auf einen flüchtigen Abschiedskuss gemacht hatte.

Jackie wusste genau, was sie wollte. Sie wollte frei sein, um ihr Leben selbst gestalten zu können, um einen Beruf zu erwählen, der ihr Befriedigung und Freude bereiten sollte.

Sie hatte jahrelang dicke Bücher gewälzt und viel von Europa gehört. Die Werke der europäischen Dicher hatten in ihr die Sehnsucht nach dem alten Kontinent wachgerufen, sie wusste, sie musste über den großen Teich fahren, um die Wurzeln ihrer Herkunft zu erforschen, die angeblich in Frankreich lagen. Paris hieß die Stadt ihrer Sehnsucht, und nach langem Hin und Her konnte sie sowohl ihren Vater als auch ihre Mutter davon überzeugen, wie wichtig es für sie wäre, ein Jahr in Frankreich zu verbringen, sodass sie ihr die Bewilligung und das Geld dazu gaben.

Ein Traum war für sie wahr geworden, als sie die französische Küste aus dem Meer auftauchen sah. Mit Feuereifer besuchte sie einen Französischkurs, um ihre mangelhaften Sprachkenntnisse zu vervollständigen, dann belegte sie an der Sorbonne verschiedene Vorlesungen über französische Literatur und Geschichte.

Das Jahr in Paris hatte ihren Weltblick entscheidend erweitert, sie hatte erkannt, dass vieles, was man in den Vereinigten Staaten als große Errungenschaft rühmte, in Wirklichkeit im alten Europa längst schon vorweggenommen worden war. Aber sie sah auch die großen Unterschiede zwischen der Alten und der Neuen Welt, die Enge diesseits des Ozeans verglichen mit den unendlichen Weiten der USA. Und sie begann – in die Heimat zurückgekehrt – die europäische Kultur, die sie in Frankreich in vollen Zügen genossen hatte, zu entbehren.
Kaum war sie ein paar Wochen zu Hause, da beschloss sie von heute auf morgen, das Vassar College endgültig zu verlassen, um an der George Washington University weiterzustudieren. Sie wollte ihr Leben umkrempeln, dazu war sie fest entschlossen. Warum sie sich allerdings Hals über Kopf mit John G. W. Husted verlobte, das wusste sie wohl selbst nicht so genau. Denn bis jetzt war Jackie jungen Männern ungewöhnlich kühl gegenübergetreten, sie diskutierte gerne über partnerschaftliche Beziehungen wie mit Claude de Renty in Paris, der über ihre langen gemeinsamen Gespräche berichtete: »In dieser Beziehung (über Männer, Anm. d. Verf.) äußerte sich Jacqueline immer sehr unbestimmt. Sie besaß eine außergewöhnlich große Charakterfestigkeit, hatte aber auch ihre Schwächen, die sie jedoch nicht akzeptierte. Übrigens ebensowenig wie diejenigen der anderen. Wenn sie einen Mann weder schätzen noch bewundern konnte, ließ sie ihn sofort fallen.«
Und jetzt wollte sie dem zwar reichen, aber etwas langweiligen Bankierssohn aus New York, der niemals ihr große Liebe sein konnte, ihr Jawort geben. Es schien nur eine vorübergehende Laune der jungen Frau zu sein, darüber waren sich alle Freunde und Bekannten einig. Die beiden Frischverlobten verhielten sich auch wirklich nicht wie ein glückliches Paar, das bald heiraten wollte. Auf Schritt und Tritt forderte Jackie von ihrem Verlobten mehr als die gehörige Distanz, und wenn der zukünftige Bräutigam auch nur einen winzigen Annäherungsschritt wagte, wurde sie ernstlich böse. Mit Skepsis und Besorgnis registrierte man in ihrer Umgebung das beinahe überreizte Verhalten Jackies, die Voraussetzungen für eine gemeinsam harmonische Zukunft waren denkbar schlecht. Als die Verlobung schon nach drei Monaten in die Brüche ging, atmete man in beiden Familien auf.
Mit so einem Intermezzo hatte man bei Jackie eigentlich nicht gerechnet, eher, dass sie sich insgeheim mit der Absicht trug, einem ihrer viel älteren Verehrer die Hand fürs Leben zu reichen. In Jackies Gegenwart wurde so mancher gesetzte Bankier, der eine oder andere gerissene Geschäftsmann oder aber auch ein übersensibler Künstler zum schwär-

merischen Anbeter. Jackie nahm ihre Einladungen zum Abendessen in erstklassigen Restaurants oder zu interessanten Theaterbesuchen gerne an, aber zu mehr konnte sie sich dann nicht mehr entschließen.
Nach diesem seltsamen Verlobungs-Abenteuer stellte sich für Jackie eine freudige Überraschung ein. Sie hatte sich an einem Wettbewerb beteiligt, der vom Magazin »Vogue« veranstaltet worden war, und ausgerechnet sie hatte unter der großen Anzahl von Teilnehmern den ersten Preis errungen, einen halbjährigen Aufenthalt in der Pariser Redaktion und ein halbes Jahr in New York. Es war die Anerkennung für die umfangreiche Arbeit, die Jackie eingesandt hatte, als sie ein ganzes »Vogue«-Heft als Muster gestaltet und dabei drei Artikel über berühmte Leute wie Charles Beaudelaire oder Oscar Wilde verfasst hatte. Wieder winkte ein Aufenthalt in Paris, und man hätte annehmen können, dass Jackie Hals über Kopf ihre Zelte in Amerika abbrach, um mit fliegenden Fahnen zurück nach Frankreich eilen zu können. Aber der Familienrat hatte anderes im Sinn. Nach langem Hin und Her konnte man Jackie überreden, schweren Herzens die Annahme des Preises abzulehnen. Und damit hatte sie die Weichen für die Zukunft zwar unbewusst, aber unweigerlich gestellt. Wenn sie schon nicht nach Paris zurückkehren sollte, dann wollte sie in den USA arbeiten. Das war leichter gesagt als getan.
Aber der reiche Onkel Hughie ließ für die schöne Stieftochter seine Verbindungen spielen, und es dauerte nicht allzu lang und Jackie erhielt einen Job beim »Times Herald«, wo sie als Fotoreporterin nicht nur Leute zu fotografieren hatte, sondern auch kurze Berichte über diese Personen verfassen sollte. Ihr Wochenlohn war allerdings mit 42,50 Dollar eher kärglich bemessen.
1951 war die schöne Jacqueline Bouvier ganze 22 Jahre jung, Schwung und Ambition, in ihrer neuen Aufgabe das Beste zu leisten, leuchteten aus ihren dunklen Augen. Und sie war erfolgreich, wenn sie auch nur Alltagsgesichter vor die Kamera bekam und Alltagsgeschichten zu Papier brachte, wie etwa, was einer auf dem Marterstuhl des Zahnarztes dachte und fühlte ... Aber man ließ sich gerne von ihr interviewen und fühlte sich geschmeichelt, wenn sie fotografierte.
Natürlich hatte sich Jackie zum Ziel gesetzt, nicht nur den einfachen Mann auf der Straße zu befragen, sie wollte, wann immer sich ihr die Möglichkeit bieten würde, Bilder und Berichte von berühmten und bekannten Persönlichkeiten bringen. Geschichten über das Privatleben von Kongressabgeordneten, Senatoren und Ministern interessieren den Leser von Wochenmagazinen immer aufs Neue. Irgendwie musste sie sich den Zugang zu diesen Politikern verschaffen!

Im Juni 1951 bot sich für sie die erste Gelegenheit, einen Kongressabgeordneten vor die Kamera zu bekommen. Gemeinsame Freunde hatte ein Treffen zwischen ihr und John F. Kennedy arrangiert. Es war nicht Liebe auf den ersten Blick, kein Blitz schlug aus heiterem Himmel ein, als Jacqueline Bouvier John F. Kennedy zum ersten Mal gegenüberstand. Es war eine geschäftliche Verabredung, bei der es für Jack Kennedy darum ging, von einer Reporterin ausgefragt und fotografiert zu werden.

Kennedy war zu diesem Zeitpunkt längst kein grüner Jüngling mehr, der durch eine schöne junge Frau hätte ins Schwärmen geraten können. Mit seinen 33 Jahren hatte er schon allerhand erlebt, litt seit seiner Collegezeit an einem unangenehmen Rückenleiden, das ihm das Leben von Zeit zu Zeit vergällte. Im Pazifik hatte er im Zweiten Weltkrieg, obwohl er selbst dem Tode nahe war, einem Kameraden das Leben gerettet und war als Held in die Heimat zurückgekehrt. Seine Tat war in aller Munde gewesen, genauso wie seine zahllosen amourösen Abenteuer. Er war bei Gott kein Heiliger, aber er strahlte eine besondere Art Männlichkeit aus mit seinem immer noch bubenhaften Äußeren, dem wirren Haarschopf, den strahlenden blauen Augen und seinem nonchalanten Gehabe. Mit offenen Augen und beiden Beinen ging er durchs Leben, nahm dort, wo er etwas kriegen konnte, und kämpfte, wenn er etwas haben wollte. Was er dachte, als er die junge Reporterin vor sich sah, wusste niemand. Vielleicht war er überrascht, dass man so ein schönes Mädchen zu ihm geschickt hatte, jedenfalls ergriff er, der auf dem Weg nach oben vorwärts drängte, natürlich jede Möglichkeit, in den Zeitungen genannt und abgebildet zu werden, mit beiden Händen.

Der aktiv-dynamische John F. Kennedy wurde tatsächlich zum Senator gewählt, wobei das Geld der Kennedys keine unbedeutende Rolle gespielt hatte. Dabei war der zweitgeborene Sohn von Joe und Rose Kennedy zunächst keineswegs für ein hohes politisches Amt in den Vereinigten Staaten vonseiten der Familie vorgesehen gewesen, aber nach dem Tod des älteren Bruders rückte John Fitzgerald automatisch ins Blickfeld. Politische Betätigung war in der Familie gleichsam Tradition, lange Jahre war der Vater Botschafter in London gewesen, daneben hatte er an der Börse ein Vermögen gemacht.

Was Jackie bei ihrer ersten Begegnung mit dem jungen Politiker nicht ahnen konnte, war, dass sie schon bald in eine wirklich reiche Familie einheiraten würde.

Zunächst allerdings sah alles ganz anders aus, denn Jackie, viel umschwärmter Mittelpunkt, traf sich heute mit dem und morgen mit je-

nem, und bald erschien ihr Name in den Spalten der Klatschkolumnisten, dass sie Cass Canfield jr. oder einen anderen demnächst heiraten werde. Zwischen den einzelnen Stelldicheins verabredete sie sich aber dennoch mit Jack Kennedy. Bewusst zwanglos und leger gestaltete sie diese Rendezvous, so wie es sie ihr Vater einst gelehrt hatte, und keine Miene, kein Lächeln verriet, dass er ihr vielleicht mehr gefiel als alle übrigen jungen Männer. Man aß miteinander, lachte, hatte Spaß, machte Smalltalk und verabschiedete sich wieder. Vielleicht war dies die Art, Männer wie John F. Kennedy zu faszinieren, die gewohnt waren, dass Mädchen ihnen nach kürzester Zeit in die Arme fielen. Bisher mussten alle Eroberungen für Jack schnell gehen, für Romantik und Liebe blieben keine Zeit. Sex war ein wesentlicher Faktor in seinem bisherigen Leben gewesen, Sex in allen Variationen und mit Frauen aller Altersklassen.
Aber jetzt erkannte der viel umschwärmte Frauenkenner sehr schnell, dass die junge Jackie eben so ganz anders war als die anderen Mädchen, die er bisher gekannt hatte. Sie machte kein Hehl daraus, dass die legere amerikanische Art, die oft in Unkultur ausartete, keineswegs ihr Lebensstil war, dass es für sie noch andere Dinge auf der Welt gab als Hamburgers und Baseballergebnisse. Mit staunenden Augen sah Jack, dass diese junge Frau zu jedem Rendezvous chic gekleidet erschien. Auch wenn sie nur Jeans und einen Pullover trug, waren die Farben so aufeinander abgestimmt, dass sie als Gesamterscheinung elegant wirkte.
Vielleicht war all dies dafür entscheidend, dass dieser spröde Junggeselle, der sich zum Leidwesen seiner Eltern bis dahin hartnäckig allen Heiratsplänen widersetzt hatte, sich entschloss, Jacqueline Bouvier zum Altar zu führen. Die zahlreichen Mitglieder der Kennedyfamilie waren geteilter Meinung, als Jacks Absicht bekannt geworden war: Jacks Mutter, Rose Kennedy, kam der zukünftigen Schwiegertochter mit offenen Armen entgegen, und auch Joe Kennedy, einen großer Verehrer der holden Weiblichkeit, hatte Jackie im Sturm erobert. Diese Sympathie war gegenseitig, wie man aus einem Brief erkennen kann, den die junge Frau nach einem der ersten Besuche im Landhaus ihrer zukünftigen Schwiegereltern in Hyannis Port, schrieb.
»Ich lernte sie (Rose Kennedy, Anm. d. Verf.) etwa ein Jahr oder mehr als ein Jahr vor meiner Hochzeit mit Jack kennen, als ich im Sommer zu einem Wochenende hinausfuhr. Sie war besonders reizend zu mir. Ich zog mich zum Beispiel sehr sorgfältig zum Essen um. Das Kleid war vielleicht etwas aufwendiger als die Kleider, die Jacks Schwestern trugen, und er neckte mich gutmütig und sagte ungefähr: ›Wohin willst

du denn noch gehen?‹ Aber seine Mutter wies ihn zurecht: ›Sei doch nicht so uncharmant. Sie sieht einfach zauberhaft aus‹.«
Auch die Brüder Robert und Teddy verstanden sich von allem Anfang an gut mit der neuen Schwägerin, während die Schwestern Jacks und auch die Frau von Bobby, Ethel, sich ihr gegenüber eher reserviert verhielten, so wie die Reaktion bei Schwestern, die um den Besitz des Bruders gebracht werden sollen, manchmal üblich ist. Spitze Bemerkungen flogen durch den Raum, denn Jackie erschien den Kennedymädchen etwas zu exaltiert und gekünstelt. Vor allem die piepsige Kleinmädchenstimme reizte die Gemüter der Damen, und als Jackie bat, ihren französischen Namen Jacqueline doch bitte auch französisch auszusprechen, da murmelte Jean hinter vorgehaltener Hand: »Jacqueleen – das klingt so ganz wie ›Queen‹!« Jackie wusste bald, dass sie bei den Schwestern und vor allem auch bei Ethel auf der Hut sein musste, denn die Schwägerin hatte ihr gegenüber eine sehr taktlose Bemerkung gemacht, als ihr Jackie anvertraute, dass sie eigentlich gerne Ballett-Tänzerin geworden wäre. »Mit diesen Riesenfüßen?«, rief Ethel scheinbar entsetzt aus. (Jackie hatte angeblich Schuhnummer 44. Anm. d. Verf.)
Aber die Freude, dass Jack endlich die Richtige gefunden zu haben schien, übertünchte manche Missstimmung, und alles erwartete gespannt die Hochzeit, obwohl kurz vorher noch ein Artikel über den lebenslustigsten Junggesellen des Senats in den Gazetten erschienen war. Im Juni verlobten sich Jack und Jackie offiziell, daraufhin konnten die Hochzeitsvorbereitungen auf vollen Touren anlaufen. Die Braut schilderte in einem Bericht die Details: »... die Hochzeit sollte im September in Newport stattfinden. Deshalb lud meine Mutter eines Tages Jacks Mutter zum Mittagessen nach Newport ein, um Vorbereitungen mit ihr zu besprechen. Jack war gerade zum Wochenende gekommen. Ich fand die Situation sehr komisch, denn Jack war damals immerhin dreißig Jahre alt, ein erwachsener Mann und schon Senator. Seine Mutter kam zum Mittagessen zu meiner Mutter und wir wollten vorher an den Strand gehen, um zu schwimmen. Die beiden Mütter hatten sich ziemlich aufgetakelt – Bailey's Beach war damals sehr modebewusst – ich entsinne mich, dass Jacks Mutter ein schönes hellblaues Seidenkleid trug und einen großen Hut aufhatte. Jack war im Unterhemd und hatte Sandalen an, und ich vermute, dass sie beim Anblick ihres Sohnes recht entsetzt war. Ich war nicht ganz so salopp angezogen. Auf dem Wege nach Newport saßen die beiden Damen vorne im Wagen und wir wie zwei unartige Kinder hinten. Ihm war dieser Ausflug, glaube ich, alles andere als angenehm. Die beiden Damen mit ihren Hüten und Perlenketten in

weißen Handschuhen unterhielten sich über die Hochzeit. Dann gingen wir schwimmen. Ich kam zuerst aus dem Wasser. Es war Zeit, zum Essen zu gehen, aber Jack ließ sich Zeit. Seine Mutter stand am Wege und rief ihrem Sohn, ›Jack ... Ja-a-ack!‹ Er benahm sich wie ein Kind, das nicht auf seine Mutter hören will. ›Ja-a-ack!‹ Aber er wollte nicht aus dem Wasser kommen. Ich weiß nicht, ob sie zum Strand hinunterging oder ob ich ihn schließlich holte. Aber als er herankam, antwortete er: ›Ja, Mutter‹.«

Im September fand die Hochzeit des Jahres statt. Allein die Auffahrt der geladenen Gäste dauerte über zwei Stunden, alles, was Rang und Namen hatte, war in Samt und Seide, im Cut oder Frack mit Zylinder eingetroffen, man ließ es sich nicht nehmen, dem strahlenden Paar die besten Wünsche für die gemeinsame Zukunft entgegenzubringen.

Jack Kennedy war kaum wieder zu erkennen. Er, dessen Markenzeichen bislang legere, unkonventionelle Kleidung gewesen war, erschien zur Überraschung aller überaus elegant gekleidet in einem Cut. Gespannt wartete man auf das Eintreffen der Braut!

Ein bewunderndes Raunen ging durch die Gästeschar, als Jackie am Arm ihres Stiefvaters feierlich die Kirche betrat, in einem ausgeschnittenen, bodenlangen, cremefarbenen Kleid, dessen üppiger raschelnder Rock über und über mit Rüschen besetzt war. Traditionsbewusst, wie sie war, hatte sie auf den üblichen langen Tüllschleier verzichtet und sich einen weißen Spitzenschal ihrer Großmutter ins dunkle Haar stecken lassen. Freilich überschattete ein Wermutstropfen diesen schönsten Tag für Jackie, denn ihr geliebter Vater, der sie eigentlich am Altar John F. Kennedy übergeben sollte, hatte vor Aufregung am Vortag zu tief ins Glas geschaut. Und jetzt, in dem Augenblick, auf den Jack Bouvier so lange sehnlichst gewartet hatte, war er unfähig, aus dem Bett zu steigen und an den Feierlichkeiten teilzunehmen. Aber – eine Aufregung kommt selten allein: Als der Trauzeuge Jacks, sein Bruder Robert, dem Bräutigam die Ringe überreichen sollte, kramte er umständlich in seinen Taschen und suchte lange, während die Umstehenden allmählich schon unruhig wurden. Endlich fand er die Ringe, und der Erzbischof Cushing konnte die Trauungszeremonie fortsetzen. Da selbst der Papst aus Rom dem jungen Paar einen besonderen Segen übermitteln ließ, war allen Anwesenden klar, dass der Himmel selbst dem jungen Paar für die Zukunft günstig gestimmt sein müsste ...

Die Flitterwochen verbrachten die Frischvermählten in Acapulco in einer märchenhaften Villa hoch über dem Meer. Und hier schnupperte

Jackie zum ersten Mal die Luft des Geldes, denn wenn auch ihr Stiefvater ein reicher Mann war, so hatte sie selbst nie Zugang zu seinen Dollars gehabt. Jetzt aber war sie eine Kennedy und wusste, dass die Zeiten des Cent-Zählens endgültig vorbei waren.

Geld! Das war es, was ihr Blut in Wallung bringen konnte! Jetzt würde sie in der glücklichen Lage sein, wann immer sie Lust hatte, aus dem Vollen zu schöpfen, Kleider bei den teuersten Couturiers zu ordern, in exklusiven Boutiquen passende Schuhe und Taschen zu kaufen. Perlenkolliers und Brillanten würden nicht mehr nur ein Wunschtraum sein. Endlich hatte sie einen reichen Mann an ihrer Seite, der alles bezahlen konnte. So hoffte die junge Ehefrau. Was sie aber damals noch nicht ahnte, war, dass Jack Kennedy wohl aus einer äußerst wohlhabenden Familie stammte, selbst aber genügsam, ja beinahe knauserig war. In seiner wilden Junggesellenzeit kam es nicht nur einmal vor, dass ein Mädchen, das er zum Abendessen eingeladen hatte, auch für ihn zahlen musste, da er die Rechnung nicht begleichen konnte. Und keine seiner »Gönnerinnen« war sich wirklich im Klaren darüber, ob er tatsächlich nur seine Geldbörse vergessen hatte oder ob er von vornherein die Absicht gehabt hatte, die Zeche nicht zu begleichen ...

Diese gegensätzliche Einstellung zum Geld barg viele Kontroversen für die Zukunft in sich, denn je mehr sich Jack gegen die übertriebenen Ausgaben seiner Frau wehrte, umso maßloser wurde sie in ihren Bestellungen.

Sie zeigte das typische Verhalten eines Menschen, der gewohnt war, in wohlhabender Gesellschaft zu verkehren, selber aber bis jetzt nicht die Mittel besessen hatte, sich ebenfalls jeglichen Luxus leisten zu können. Jetzt glaubte sie, dass sich die randvollen Geldtruhen der Kennedys auch für sie öffneten.

Aber noch hing der Himmel über beiden voller Geigen, Jack bemerkte erstaunt, dass es auch andere Dinge auf der Welt gab außer Politik und wieder Politik, er hörte seiner jungen Frau überrascht zu, wenn sie ein Gedicht rezitierte, ließ sich die Unterschiede der verschiedenen Kunstrichtungen erklären oder lauschte den Klängen klassischer Musik. Sie führte ihn in das für ihn unbekannte Reich der europäischen Kultur und, was niemand für möglich gehalten hätte, er öffnete Augen und Ohren und betrat mit ihrer Hilfe ein fremdes faszinierendes Land. Vielleicht war der letzte Anstoß zu dieser Entdeckung ein Gedicht, das Jackie einen Monat nach der Hochzeit auf ihren jungen Ehemann verfasste und das sie mit »Jack Kennedy hat einen Traum« betitelte:

»Er streift durch die Dünen am weiten Strand
Und träumt von der Zukunft und seinem Land.

Er atmet den Duft von Gischt und Schaum,
Zum lebendigen Bilde wird der Traum.
Die Geschichte Neu-Englands geht ihm durch den Sinn,
Und alles, was stolz macht, liegt darin ...

Das ist sein Erbe – hier ruft die Pflicht;
Er hört den Ruf und verweigert sich nicht.
Die Vergangenheit fordert und ruft ihn zur Tat,
Er weiß, er muss folgen, so schwer er's auch hat.
Er soll dienen und führen in kommender Zeit.
Das ist seine Pflicht, und er ist bereit ...

Er wird Welten errichten,
Er wird Söhne zeugen.
Mögen andre verzichten
Und dem Schicksal sich beugen.

Er wird Liebe finden,
Doch statt Frieden nur Qual.
Er muss ihn suchen
Den heiligen Gral.

Das Land muss er suchen, sei es noch so schwer,
Von dem er geträumt hat im Wind am Meer.«

Jackie kannte die weitreichenden hochfliegenden Pläne ihres Mannes nur zu gut. Hatte sie anfänglich auch über seine Absicht gelächelt, einmal als Präsident der Vereinigten Staaten ins Weiße Haus einzuziehen, so merkte sie von Tag zu Tag mehr, dass es sich bei ihm nicht um Luftschlösser handelte. Auch der Familienrat hatte beschlossen, die Kandidatur John F. Kennedys finanziell mit allen Mitteln abzusichern, er war ganz klar die politische Hoffnung der Familie.
Und Jack Kennedy ging seinen Weg bis zur körperlichen Erschöpfung. Denn in jungen Jahren hatte er sich beim Football in Harvard einen Bandscheibenriss zugezogen. Der Zustand seiner Wirbelsäule verschlechterte sich in den folgenden Jahren mehr und mehr, manchmal konnte Jack nur unter großen Schmerzen mit zwei Krücken gehen, und

1954 entschloss er sich endlich auf das dringende Anraten seiner Ärzte zu einer komplizierten Rückenoperation.
Obwohl die Operation gelungen war, blieb Jack monatelang ans Bett gefesselt, die Schmerzen hatten kaum nachgelassen und zerrten an seinen Nerven. Jackie unternahm alles Menschenmögliche, um ihren Mann aus seinen trüben Gedanken zu reißen, aber Ablenkungsversuche scheiterten bis zu dem Moment, als sie auf die Idee kam, ihrem Mann vorzuschlagen, ein Buch zu schreiben. Und obwohl Jack Kennedy diesem Plan zunächst skeptisch gegenüberstand, griff er dennoch zur Feder, schrieb – und gewann mit seinem Buch »Zivilcourage« den begehrten Pulitzerpreis.
In den vielen Wochen und Monaten im Krankenhaus hatte Jack Energie gesammelt, mit der er sich nun, als er endlich entlassen wurde, auf seine politischen Aufgaben stürzte. Im Kreise seiner Freunde und Helfer begann er schon bald, seine Chancen bei den Demokraten für die nächste Präsidentenwahl abzuchecken. Sein erstes Ziel war die Vizepräsidentschaft. Und je mehr ihr Mann sich abende-, ja nächtelang in Wahlversammlungen darum bemühte, sich Anhänger und Sympathisanten zu schaffen, umso mehr zog sich Jackie zurück.
Sie begann, ihr eigenes Leben zu leben, zwar unter einem Dach mit ihrem Mann, aber dennoch beinahe von Tisch und Bett getrennt. Denn der Lebensrhythmus der beiden war grundverschieden. Jack Kennedy war Frühaufsteher, und seine Frau liebte es, bis in den Vormittag hinein zu schlafen. Und während er längst die wichtigsten Telefonate absolviert und die gesamte Post durchstudiert hatte, ließ sie sich gerade das Badewasser einlaufen. Dies änderte sich auch nicht, als endlich, nach einer Fehlgeburt, ihr erstes Kind, Caroline, am 27. November 1957 das Licht der Welt erblickte. Man engagierte eine Nurse, die sich um die Kleine kümmern sollte, denn Jackie sah sich mit ihrem labilen Gesundheitszustand überfordert, das Kind selbst zu versorgen, obwohl in offiziellen Kommuniques verbreitet wurde, dass Mrs. Kennedy ganz allein für das Wohl und Wehe ihres Kindes verantwortlich sei und sich Tag und Nacht um die Kleine kümmere. Präsidentschaftwahlen kündigten sich an!
Die völlig anderen Lebenseinstellungen, die verschiedenen Auffassungen von Pflichterfüllung, die Gegensätzlichkeit ihrer Charaktere waren die Ursachen, dass Jack und Jackie oftmals ihre eigenen Wege gingen, was natürlich der Öffentlichkeit weitgehend verborgen blieb. »Keep smiling« war die unausweichliche Devise immer dann, wenn Reporter sich irgendwo in der Nähe herumschlichen, und wie auf Kommando zeigten beide ihre Strahlegesichter.

Der Wahlkampf 1960 warf seine Schatten voraus, und Jackie war eine besondere Trumpfkarte John F. Kennedys.
Jackies Leben hatte sich auch im Hinblick auf die Wahlen verändert, mehr und mehr fühlte sie, dass sie keine Privatperson mehr war. Sie beschäftigte alleine für sich und ihre Angelegenheiten eine »inoffizielle« Privatsekretärin, Mary Barelli Gallagher, die ihr zu jeder Tages- und Nachtzeit zur Verfügung stand. Mary beantwortete die anfänglich Dutzende, später Hunderte von Briefen, die tagtäglich eintrafen, und meistens unterschrieb sie auch mit Jackies nachgemachter Unterschrift, genauso, wie sie dies mit seiner Erlaubnis auch schon für Jack Kennedy getan hatte.
Im Jahr 1960 war es dann so weit! Der neue Präsident der Vereinigten Staaten von Amerika hieß John Fitzgerald Kennedy, und Jacqueline Bouvier Kennedy war First Lady. Man hätte sich keine bessere Erste Dame des Landes vorstellen können als sie – nach außen hin. Elegant, gebildet und charmant repräsentierte sie an der Seite ihres immer fröhlich wirkenden Gatten, der unkonventionell leutselig auf die Menschen zuging und ihnen die Hände schüttelte, das neue Amerika, die neue Generation. Jack und Jackie waren das Traum-Präsidentenpaar, das die Politik der Zukunft bestimmen wollte, wobei auch auf die kulturelle Entwicklung des Landes großer Wert gelegt werden sollte.
Kurz vor dem Umzug ins Weiße Haus und vor der Vereidigung John F. Kennedys hatte Jackie einen Sohn geboren, der den Namen des Vaters John erhielt. Die Geburt war nicht nur äußerst strapaziös, das Überleben des Kindes hing an einem seidenen Faden. Die kurz darauf folgenden Inaugurationsfeiern brachten Jackie an den Rand des körperlichen und psychischen Ruins. Ihrem Manne zuliebe und auch dem amerikanischen Volk, das die Amtseinführung des neuen Präsidenten über die Medien genau verfolgte, raffte sie sich immer wieder auf, um ihren Repräsentationspflichten nachzukommen, obwohl sie einzig und allein das Bedürfnis nach Ruhe hatte.
Als First Lady hatte sie den Status der Privatperson längst hinter sich gelassen, sie stand im Licht der Öffentlichkeit, und alles, was sie tat und plante, wurde im ganzen Lande diskutiert. Ihre Kleider wurden in den Illustrierten abgebildet, man kopierte ihre Frisur und die kleinen Hüte, die die Haare zusammenhalten sollten, die »Pillboxes«, wurden weltweit ein Hit, genauso wie die Perücken, die sie auf ihren Reisen in allen Variationen mit sich führte. Noch nie war eine First Lady in der Mode so tonangebend gewesen wie sie, die französischen Modeschöpfer überschlugen sich in Bewunderung ihres Geschmackes, aber auch, wenn

sie die Listen ihrer Bestellungen durchsahen und an die Dollars dachten, die in ihre Kassen rollen würden. Kistenweise wurden Modellkleider über den Ozean gesandt, und immer neue Lieferungen folgten. Nach Aufzeichnungen von Jackies Geheimsekretärin Mary Gallagher musste Jack Kennedy, ob er wollte oder nicht, allein 40 000 Dollar im Jahre 1961 für die Garderobe seiner Frau hinblättern. Eine eigene Angestellte namens Provi kümmerte sich darum, dass die Garderobe der First Lady zu jeder Tages- und Nachtzeit in Bestzustand war, dass alle Kleider, Blusen, Hemden und Höschen sorgfältig verwahrt waren, wobei Jackie besonderen Wert darauf legte, dass auch ihre Strümpfe gebügelt sein mussten.

Die Modeschöpfer konnten sich über die Großaufträge aus dem Weißen Haus ins Fäustchen lachen, denn Mrs. Kennedy war nicht nur eine überaus gute Kundin, sie kreierte durch ihre Ideen auch einen eigenen Modestil: kleine kurze Kleider, ärmellos mit einem bootsförmigen Ausschnitt. Und, da die Reporter der Illustrierten jeden kleinsten Schritt der prominenten Dame überwachten und jede Bemerkung registrierten, berichteten sie auch ausführlich, wie sich die First Lady bei jedem Anlass zu kleiden pflegte. Es dauerte nicht lange, da trug man in Europa genauso wie in den USA Kleider á la Jackie Kennedy. Dabei war Jackie das beste Model für die von ihr bevorzugten Kleider. Sie kannte ihr Vorzüge, aber auch ihre Schwächen nur allzu genau. So wusste sie, dass ihre Figur zu wenig modelliert, ein wenig zu knabenhaft war. Jack Kennedy hatte bis zu seiner Eheschließung eher üppigen Blondinen den Vorzug gegeben, aber Jackie hatte wahrscheinlich andere Dinge in die Ehewaagschale geworfen als eine große Oberweite. Sie verstand es, ihrem leicht exotisch wirkenden Gesicht mit den weit auseinander stehenden Augen und dem eher eckigen Kinn eine raffinierte Note zu geben.

Bei offiziellen Anlässen machte die First Lady nicht nur den kleinen runden Hut, den sie am Hinterkopf trug und der bald schon ihr Markenzeichen geworden war, populär, sie trug auch immer Handschuhe. Was alle Welt für ungewöhnlich elegant ansah, hatte einen banalen Grund. Jackie Kennedy besaß nicht unbedingt herzeigbare Hände, sie hatte abgeknabberte Fingernägel. Auch ihre übergroßen Füße standen nicht in Einklang zu ihrer zierlichen Gestalt, und es war die Kunst der italienischen Meisterdesigner, durch raffinierte optische Tricks die Schuhe kleiner erscheinen zu lassen. Doch die schlaflosen Nächte der italienischen Schuhkönige wurden reichlich belohnt, denn Jackie bestellte manches Mal gleich 200 Paar Schuhe auf einmal, und ihr Mann

konnte sich nicht vorstellen, als er die enormen Rechnungen zu Gesicht bekam, wie und wann man all die Pumps, Stiefel, Slippers, Abendschuhe, Straßenschuhe, Laufschuhe etc. tragen konnte.
Aber die First Lady war von Kopf bis Fuß »durchgestylt«, es gab an ihr kein Manko, das selbst der übelst wollende Kritiker entdecken konnte. Und natürlich sonnte sich der Präsident in der Bewunderung, die man seiner schönen jungen Frau entgegenbrachte. Aber für ihre Kleidersucht hatte er jedes Verständnis verloren. Von Jackies Privatsekretärin ließ er sich ab einem bestimmten Zeitpunkt die Ausgaben für Kleider, Schuhe, Schmuck usw. genau auflisten. Und jedes Mal, wenn er die ungeheure Summe vor Augen hatte, die seine Frau ausgegeben hatte, kam es zu lautstarken Auseinandersetzungen. Dabei hatte Jackie allmählich einige Tricks entwickelt, wie sie wieder zu Geld kommen konnte. Sie verkaufte abgelegte oder mehrmals getragene Kleidungsstücke an einen renommierten Secondhandshop in New York oder sie tauschte verschiedene Schmuckstücke und Pelzmäntel in den exklusiven Geschäften, wo sie als Kundin bekannt war. Aber diese Einnahmen waren ein Tropfen auf dem heißen Stein und konnten bei Weitem ihren aufgebrachten Mann nicht beruhigen.
Als Jackie zum ersten Mal ihren Fuß ins Weiße Haus setzte, prallte sie entsetzt zurück. Vom Parterre bis zum Dachboden glich das Haus einer überholten geschmacklosen Rumpelkammer, strotzend von kitschigen Möbeln und überholten Dekorationen. Mit einem Blick erfasste sie, was sich ändern musste und wusste, dass in den nächsten Monaten die Handwerker und Dekorateure hier viel Arbeit vorfinden würden. Und obwohl ihr Mann die Einrichtung des Weißen Hauses keineswegs so schrecklich fand, konnte sie ihn davon überzeugen, dass eine Großrenovierung absolut notwendig war, wollte man hier stilvoll leben und Gäste aus aller Welt empfangen.
Alles, aber auch alles wurde umgekrempelt und geschmackvoll ersetzt, wobei Jackie es fertig brachte, ein Zimmer in einem Jahr dreimal tapezieren zu lassen, bis sie endgültig zufrieden war.
Dies alles kostete natürlich auch sehr viel Geld, und es nimmt einen nicht wunder, dass auch hier der Präsident sein Veto einlegte. Als er seiner Frau ernste Vorhaltungen machte, entschloss sie sich zu besonderen Sparmaßnahmen. Sie ordnete an, dass bei Empfängen nur ein einziger Cocktail ausgeschenkt werden sollte und ein zweiter nur auf eindringliche Forderung des Gastes gereicht werde. Außerdem sollten die Gläser, die halb voll irgendwo im Raum abgestellt worden waren, wieder aufgefüllt werden, wobei natürlich darauf geachtet wurde, dass

die Spuren von Lippenstift entfernt worden waren. Auch die Menüfolge wurde um zwei Gänge gekürzt, schließlich mussten sich die Gäste im Weißen Haus ja nicht unbedingt anessen!

Diese Sparmaßnahmen brachten allerdings nicht die ersehnten Tausenden von Dollars, die notwendig gewesen wären, um die künstlerische Ausgestaltung des Weißen Hauses zu finanzieren. Und so sehr auch Jack mit den Zähnen knirschte, musste er sich doch in einer stillen Stunde eingestehen, dass seine Frau aus der Residenz des Präsidenten der Vereinigten Staaten ein repräsentatives Gebäude gemacht hatte, wo nicht nur hohe Staatsgäste stilvoll empfangen, sondern wo auch Wissenschaftler und Künstler in entsprechender Form geehrt werden konnten. Zum Kreis Jackies gehörten nicht nur Dichter und Denker, sondern auch weltbekannte Musiker und Tänzer. Ein neuer Stil hatte mit der jungen First Lady Einzug im Weißen Haus gehalten, Jackie war zum Mittelpunkt des kulturellen Lebens geworden. Sie ließ viele vergessen, dass ihr Mann als Präsident relativ glücklos agierte, dass er die Kubakrise nur einigermaßen heil überstand, dass er tatenlos zusehen musste, wie trotz allem die Berliner Mauer gebaut wurde und der Kalte Krieg immer bedrohlichere Formen annahm.

Dies alles registrierte man nur am Rande, denn das Präsidentenpaar übertünchte durch Auftreten und Stil sehr viel, so lange beide zusammen agierten.

Aber auch im Weißen Haus gab es genügend Probleme, die allerdings nicht bis vor die Türen drangen, denn hier, im höchsten Haus Amerikas, hatte die Welt heil zu sein!

Der Präsident und seine Frau waren charakterlich grundverschieden, Jack war ein extrovertierter Mann, von dem man sich gut vorstellen konnte, dass er einem Freund begeistert auf die Schulter schlug, der spontan in die Hände klatschte und übers ganze Gesicht lachen konnte, wenn ein Gast einen guten Witz erzählte. Er besaß viele und ehrliche Freunde schon aus der Jugendzeit, während seine Frau als Einzelgängerin kaum Kontakt zu anderen Frauen hatte.

»Mrs. Kennedy suchte nie die Gesellschaft anderer Frauen. Sie hatte keine Freundinnen, die auf einen Tee vorbeikamen, um zu plaudern. Ihre einzige Vertraute war ihre Schwester Lee ... Sie war dreißig Jahre jünger als alle anderen First Ladys, denen ich gedient hatte, und besaß die vielschichtigste Persönlichkeit von allen. In der Öffentlichkeit war sie elegant, gelassen, würdevoll und königlich. Privat war sie ungezwungen, impertinent und rebellisch. Sie besaß einen eisernen Willen und mehr Entschlusskraft als irgendjemand sonst auf der Welt.

Dennoch konnte sie auch sanft, stur und scharfsinnig sein und setzte ihren Willen durch, ohne dass sich die Leute dessen bewusst wurden. Sie war lustig, frech und hochintelligent, manchmal aber auch einfältig und borniert und ohne jeden Sinn für Humor. Wir haben viel Spaß mit ihr gehabt, aber doch hat keiner sich je getraut, zu vertraulich zu sein. Sie hatte so eine ganz eigene Art, eine Distanz zu anderen Leuten zu schaffen. Sie hasste es, gedrängt und gehetzt zu werden.«
Der Chefbutler des Weißen Hauses, J. B. West, kannte die First Lady der Vereinigten Staaten wirklich gut, er wusste viel – und noch mehr über das Leben im höchsten Haus ...
Denn was erst nach Jahren bekannt wurde, war, dass die Liebe John F. Kennedys zu schönen Frauen nach seiner Eheschließung keinesweg erkaltet war. Es wäre auch zu verwunderlich gewesen, wenn der wegen seiner zahlreichen Affären berühmt-berüchtigte Jack plötzlich das sittsam monogame Leben eines treuen Ehemannes geführt hätte. Für ihn war Sex in jeder Variation ein Teil seines Lebens geworden, wobei er den direkten Weg bevorzugte. Rip Horton, ein guter Freund aus Jugendtagen, umriss die Einstellung Jack Kennedys Frauen und Mädchen gegenüber mit folgenden Worten:
»Mir ist nicht bekannt, dass er sich jemals Zeit genommen hätte, ein Mädchen zu umwerben. Er war in seinen Beziehungen mit Frauen sehr oberflächlich. Tieferes Gefühl spielte dabei keine große Rolle. Ich glaube, das war ihm einerlei. ... Wirklich, ich möchte schwören, dass er niemals Liebe zeigte, einem Mädchen sagte, wie wundervoll sie sei, wie nett und lieb. Ich glaub einfach nicht, dass er das jemals tat ... Ich glaub nicht, dass er gefühlvoll war ... Für ihn war ein Mädchen etwas Nützliches, wenn man es wollte, aber wenn man es nicht wollte, legte man es zurück.«
Der Flirt, das Umwerben eines Mädchens war für Jack Kennedy Zeitverschwendung, er kam sofort zur Sache und fiel gleichsam mit der Tür ins Haus. Eine seiner Freundinnen, Betty Spalding, nahm sich bei der Beschreibung der Umgangsformen, die für Jack charakteristisch waren, kein Blatt vor den Mund:
»Seine Kleider waren immer fürchterlich ... Seine Manieren waren wirklich schrecklich. Er hatte überhaupt keine Manieren in dem Sinne, dass man eine Frau zuerst durch die Tür gehen lässt oder ihr Türen öffnet oder zur Begrüßung einer älteren Dame aufsteht. Er war nett zu Leuten, aber er beachtete sie nicht weiter. Er achtete nicht auf seine Kleider und achtete nicht auf Geld. Er hatte nie Geld bei sich. Andererseits war er sehr sparsam mit seinem Geld. Er war knauserig. Eine

komische Gewohnheit von ihm ... ich habe keine Ahnung, warum das so war.«

Die Namen all der Damen, die sich der intimen Gunst des späteren amerikanischen Präsidenten erfreuten, würden Listen füllen, und so nimmt es einen nicht wunder, dass er sich keinen Zwang auferlegte, auch noch, als er schon die Augen aller Welt auf sich gerichtet fühlte.

Er suchte Abenteuer in allen Variationen. Vollbusige platinblonde Schönheiten wie Jane Mansfield und vor allem Marylin Monroe, mit der er über längere Zeit ein sehr intensives Verhältnis hatte, hatten es ihm besonders angetan. Der Präsident traf das Hollywood-Idol nicht nur im Haus seines Schwagers Peter Lawford im fernen Kalifornien, er verbrachte auch immer wieder Nächte mit ihr in Hotels, wenn er auf Reisen war. Und je länger die Beziehung dauerte, umso mehr machte sich die Monroe ernsthafte Hoffnungen, die Nachfolge Jackies im Weißen Haus als First Lady anzutreten. Sie erkannte in ihrer Naivität nicht die Gefährlichkeit dieser Illusion, denn an ihr als Mensch lag Jack Kennedy gar nichts, ihn reizte nur das kurvenreiche Sexsymbol. Die Monroe verwechselte Sex mit Liebe und beging den gewaltigen Fehler, den Präsidenten beinahe zwingen zu wollen, bei ihr zu bleiben. Sie drohte ihm unmissverständlich, bei einer Trennung das Tagebuch, in dem sie haarklein alles niedergeschrieben hatte, was Jack bei seinen Besuchen mit ihr besprochen hatte, der Presse zu übergeben. Ein Skandal ohnegleichen lag in der Luft! Aber Marylin Monroe kam nicht mehr dazu, diese Rache an Jack Kennedy zu üben. Der Tod hatte sie plötzlich und geheimnisvoll hinweggerafft. Und mit ihr auch das Tagebuch.

Selbst im Weißen Haus kam es während Jackies Abwesenheit zu aufregenden Partys mit spärlichst bekleideten Girls. An den Vergnügungen konnten auch die Diener teilhaben, natürlich war Diskretion die erste Pflicht, äußerste Verschwiegenheit die Prämisse. Und es dauerte lange, bis Informationen aus dem Weißen Haus durchsickerten. Aber da war der Präsident schon lange tot.

Wie Jackie Kennedy die Affären ihres Mannes verkraftete, ist nicht bekannt. Dass sie als Ehefrau wahrscheinlich alles als Letzte erfuhr, ist beinahe anzunehmen. Aber mit keinem Wimperzucken ließ sie erkennen, dass sie über die permanenten Seitensprünge ihres Mannes empört und entsetzt war. Sie schloss die Öffentlichkeit vollständig von ihren Gefühlen aus, sie gab der Präsidentenfamilie den Anschein einer völlig normalen, harmonischen, glücklichen amerikanischen Familie.

Dies alles muss für sie nicht leicht gewesen sein, vor allem, da andere Probleme sie zusätzlich noch belasteten. Sie war von Natur aus nicht

robust veranlagt. Die Schwangerschaften und Entbindungen hatten immer wieder an ihrer Gesundheit gezehrt, dazu kamen die Enttäuschungen bei den Fehlgeburten und die Tragödie, als der kleine Patrick im Sommer 1963 schon nach einigen Tagen starb.
Jackie Kennedy war keine Frau, die sich in die Öffentlichkeit drängte, die Spaß daran hatte, Hände zu schütteln und mit einfachen Leuten Smalltalk zu machen. Sie zog sich lieber in ihre Zimmer zurück und las ein interessantes Buch, hörte gute Musik oder beantwortete die zahllosen Briefe, die tagtäglich für sie im Weißen Haus eintrafen.
Um den Haushalt kümmerte sie sich herzlich wenig, nur wenn irgendein Briefschreiber das Rezept von der Lieblingsspeise des Präsidenten anforderte, war sie gewillt, sich mit diesen banalen Dingen zu beschäftigen. Ihre ganze Liebe galt der Ausgestaltung zunächst des Weißen Hauses, und als diese abgeschlossen schien, der Umänderung verschiedener Häuser, die die Präsidentenfamilie vorübergehend gemietet hatte.
Die beiden Menschen Jack und Jackie passten nicht zusammen. Und es stellt sich die Frage, wie die Geschichte ihres Zusammenseins weitergegangen wäre, hätte nicht der Tod des Präsidenten in Dallas eine vorzeitige Lösung herbeigeführt.
Durch John F. Kennedy war aus der schüchternen kleinen Lokalreporterin die First Lady der Vereinigten Staaten geworden, und durch Jacqueline Bouvier war Jack Kennedy der populärste Präsident seit Abraham Lincoln. Denn sie war es, die durch ihr Äußeres, durch ihr geheimnisvolles Wesen, durch ihr kultiviertes Auftreten das Image der Amerikanerin von heute auf morgen veränderte, die die Menschen auf die Straßen lockte, so wie damals im Frühling in Paris.
Ein festes Bindeglied der so unterschiedlichen Menschen waren die Kinder, Caroline und John. Der Präsident konnte von seinem Arbeitszimmer aus die beiden tagtäglich beim Spielen beobachten, und es kam oft vor, dass er plötzlich seinen Schreibtisch verließ und mit seiner Tochter und dem kleinen Sohn im Garten herumtollte. Aber auch Jackie suchte beim Spiel mit Caroline und John John Abwechslung und Zerstreuung. Sie hatte den Plan, dass die Kinder möglichst unkonventionell aufwachsen sollten, so weit dies natürlich bei der Position des Vaters möglich war. Deshalb bat sie ihre Geheimsekretärin Mary auch ab und zu, mit ihren beiden Söhnen ins Weiße Haus zu kommen oder besuchte die Familie Gallagher. Aber auch die Großeltern Kennedy waren immer herzlich willkommen, die Kinder freuten sich über jeden Besuch. So schrieb Caroline an ihren Großvater folgende Zeilen:

Weißes Haus, 5. Februar 1962

Lieber Grandpa,

Wir sind Schlitten gefahren, aber ohne Schnee – es gab keinen Schnee – aber dann war doch etwas da, und wir sind den ganzen Vormittag gerodelt.

Maccaroni (das Pony, Anm. d. Verf.) versuchte, nach vorn zu kommen, und wollte Buster treten. Wir saßen auf der Deichsel ...

Daddy sitzt bei Mommy und mir und nicht bei John. Er ist ein ungezogener Junge, der schreit und versucht, in Mutters Coca-Cola zu spucken. Er ist sehr schlechter Laune.

Hoffentlich sehe ich Dich bald. Antoni lebt in London, aber er ist jetzt hier, und er mag Dich und möchte, dass Du sein Grandpa bist. Ich habe Dich sehr lieb. Ich liebe Dich zweitausend Meter.

Von Caroline

Diesen Brief, den Caroline diktierte, schrieb ihre Mutter nieder und schickte ihn an Joe Kennedy, der einen Schlaganfall erlitten hatte, der ihn bis an sein Lebensende an den Rollstuhl fesseln sollte.

Als das Jahr 1963 eingeläutet wurde, als Tausende von Raketen den Himmel über dem Weißen Haus in allen Farben spielen ließen, da konnte niemand im Hause Kennedy ahnen, dass man gerade ein Schicksalsjahr willkommen geheißen hatte. Zunächst allerdings standen die Sterne günstig, Jackie erwartete wieder ein Baby, und die Schwangerschaft verlief überraschenderweise relativ komplikationslos. Ihr Zustand hinderte sie zur allgemeinen Enttäuschung, an den verschiedenen Staatsbesuchen in Europa teilzunehmen. Sie wollte kein Risiko eingehen, da für sie das Kinderkriegen bei ihrer überschlanken Figur keine ungefährliche Angelegenheit war.

Seine Reise führte John F. Kennedy zunächst nach Berlin. So sehr sich die neugierigen Berliner auch auf die schöne Jackie gefreut hatten, so gab man sich schließlich mit dem Präsidenten allein zufrieden und begrüßte ihn mit lang anhaltendem Applaus. Und als er dann diplomatisch geschickt seine Rede mit folgenden Worten beendete: »Alle freien Menschen, wo sie auch leben mögen, sind Bürger von Berlin, und deshalb sage ich als freier Mann mit Stolz: ›Ich bin ein Berliner!‹«, da kannte die Begeisterung der Berliner keine Grenzen. John F. Kennedy hatte die letzten Worte in deutscher Sprache gesprochen.

In Irland wurde er als berühmter Sohn des Landes geehrt, in England verlief seine Unterredung mit Premierminister Macmillan erfolgreich, und selbst der neu ernannte Papst Paul VI. empfing den Präsidenten im Vatikan zur Privataudienz.

Dann aber begann sich das Schicksal zu wenden. Jackies Baby kam zu früh zur Welt, und so sehr sich auch die Ärzte um den kleinen Patrick bemühten, alles war erfolglos, das Kind starb drei Tage nach der Geburt. Jackie, die den Besorgnis erregenden Zustand des Babys zunächst nicht realisiert hatte, fiel, nachdem man ihr den Tod des Kindes berichtet hatte, in einen Zustand der Depression. Sie war psychisch und physisch in einem derart schlechten Zustand, dass sie sich kaum mehr in der Öffentlichkeit zeigte.
Als überraschenderweise eine Einladung zu einer Mittelmeerkreuzfahrt des griechischen Reederkönigs Aristoteles Onassis ins Weiße Haus flatterte, waren sich alle darin einig, dass dieser Tapetenwechsel für die junge Frau nur gut sein konnte.
Jackie erlebte diese Reise auf der Luxusjacht Christina wie in einem Traum. Um die Form zu wahren, hatte der Reeder auch Jackies Schwester Lee, der man ein sehr enges Verhältnis zu Onassis nachsagte, und ihren zweiten Mann, Fürst Stanislaus Radziwill, zu dieser Schiffsreise eingeladen. Und Onassis wusste, was er seinen hohen Gästen schuldig war. Er selbst kümmerte sich beinahe Tag und Nacht um die Gemahlin des amerikanischen Präsidenten, ließ den Charme eines Weltmannes sprühen, las ihr jeden Wunsch von den Augen ab, war zuvorkommend und rücksichtsvoll, heiter und unterhaltsam und bezauberte Jackie Kennedy. Bis nach Washington drangen die Meldungen der internationalen Klatschpresse, und Jack Kennedy, der das Gefühl der Eifersucht wahrscheinlich noch nie kennengelernt hatte, bat seine Frau, dem Griechen gegenüber etwas zurückhaltender zu sein.
Onassis schenkte Jackie zum Abschied ein prachtvolles, sündteures Kollier, besetzt mit Rubinen und Brillanten, das Geschenk eines steinreichen Mannes, der mit Geld anscheinend nicht knauserte! Die Tage im Weißen Haus aber waren für Jackie gezählt. Die Eröffnung des nächsten Wahlkampfes für das Jahr 1964 stand vor der Tür, und die erste Reise in dieser Richtung sollte den Präsidenten in den Süden, nach Dallas, führen, einer besonders heißen Gegend in jeder Hinsicht. Denn hier liebte man die Kennedys nicht! Gegner des Präsidenten hatten sich schon formiert, noch bevor bekannt geworden war, dass Jack Kennedy diese Stadt zum Auftakt der Wahlkundgebungen besuchen würde. Es waren deutlich Stimmen laut geworden, die den Präsidenten vor der Fahrt nach Dallas warnten, aber der Präsident schlug diese Reden mit einer Handbewegung lächelnd in den Wind. Was sollte schon sein, außer ein paar Buhrufen, und die würde er unbeschadet überstehen. Vielleicht würde es ihm auch gelingen, die Menschen von Dallas eines

Besseren zu belehren und außerdem ... Jackie wollte ihn begleiten! Seine junge Frau würde man sicherlich nicht auspfeifen! Sie sollte sich in ihrer ganzen Schönheit präsentieren, deshalb gab Jack auch den Befehl, das kugelsichere Dach zu öffnen. Alle sollten Jackie bewundern und er wollte im offenen Wagen die Menschen sehen, sie begrüßen und ihnen zuwinken können!
Grenzenlos war die Verwirrung, als die Schüsse von Dallas gefallen waren, furchtbar das Entsetzen und der Aufschrei, der um die Welt ging. Ein Mann war hinterrücks ermordet worden, dem die Hoffnungen der freien Welt galten.
Der Körper des Präsidenten war tödlich getroffen worden. Und in diesem Moment passierte etwas Phänomenales: Von einem Moment auf den anderen war aus dem Menschen Kennedy, der viele Fehler und Schwächen hatte, ein Held geworden, eine Legende.
Im Schoß seiner Frau hatte er sein Leben ausgehaucht, und diese Frau vergaß wahrscheinlich im Augenblick seines Todes alle Unzulänglichkeiten ihres Mannes und wirkte mit, ihn auf ein Podest zu heben. Jackie trat jetzt mit ihrer ganzen Energie auf den Plan, als es galt , den toten Jack für die Ewigkeit zu präparieren. Sie war es, die forderte, dass der Präsident im Heldenfriedhof von Arlington seine letzte Ruhestätte bekommen sollte, sie ordnete an, dass das Licht der ewigen Flamme hier nicht verlöschen sollte. Sie war es, die die Begräbniszeremonien bis ins kleinste Detail ausarbeitete, die bestimmte, wie sich die kleinen Kinder am Sarge ihres Vaters zu verhalten hatten, damit ganz Amerika zu Tränen gerührt wurde über den letzten Gruß des dreijährigen Sohnes John John.
Und das, was Jack Kennedy als amerikanischer Präsident nicht war, ein erfolgreicher Politiker, das wurde er jetzt nach seinem überraschenden Tod. Er wurde von seiner Witwe zum Idol gemacht. Alle Welt trauerte mit der schwarz gekleideten, jungen schönen Jackie, die auch jetzt, in dieser Situation, keineswegs darauf vergaß, sehr sorgfältig ihre Trauergarderobe auszuwählen.
Nachdem sie die verschiedenen Vertreter ausländischer Staaten und Abordnungen nach der Beerdigung in Arlington empfangen hatte, wusste Jackie, dass sie möglichst bald ihre Koffer packen musste, um das Weiße Haus für den neuen Präsidenten zu räumen.
Nachdem sich die Familie Kennedy vom ersten schweren Schock erholt hatte, stellte sich Robert Kennedy, Jackies Schwager, ihr ganz zur Verfügung. Mit seiner Hilfe fand sie eine geeignete Wohnung für sich und ihre Kinder, ihre finanzielle Situation war dabei genau abgeklärt

worden. Sie war immer noch eine reiche Frau, aber ob das Geld, das ihr als Witwe nach einem Präsidenten zustand und das ihr aus dem Familienfonds gezahlt wurde, allein nur für ihre Garderobe ausreichen würde, darüber machte sie sich zu diesem Zeitpunkt wahrscheinlich noch keine Gedanken.

Jackie war nach wie vor ein Mitglied des Kennedy-Clans, und mit ihrer Hilfe rechnete Bob Kennedy, den Wahlkampf um das Amt des Präsidenten zu gewinnen. Und dass er auf Jackie zählen konnte, wusste er. Was er aber nicht ahnen konnte, war, dass Jackie nicht vorhatte, ein Leben lang die Witwe des amerikanischen Präsidenten zu bleiben.

Nach einem Trauerjahr sah man sie da und dort in Gesellschaft älterer Verehrer, ihr Name tauchte mehr und mehr in Klatschspalten auf, und die Jetset-Gesellschaft in New York rechnete es sich als besondere Ehre an, wenn die Witwe in Erscheinung trat. Künstler aller Branchen umschwirrten sie, Männer jeglichen Alters und Berufs und aller Nationen. Aber eines hatten alle gemeinsam: Sie waren reich!

Und doch hatte keiner von ihnen auch nur die geringste Chance, denn nur ein einziger Mann war in der Lage, ihr all das zu bieten, was sie sich erträumte. Dieser Mann war reicher als alle anderen, er zählte zu den Superreichen auf dieser Erde: Aristoteles Onassis!

Die Witwe des Präsidenten kannte ihren Wert in der internationalen Gesellschaft nur zu genau, sie konnte wählen und wusste, dass ein Onassis trotz seines gesamten Reichtums noch die Aufbesserung seines Prestiges brauchte. Er, dem ein Sir Winston Churchill in Freundschaft verbunden war, der mit Staatsmännern aus aller Welt bis zum Umfallen Champagner trank, der die schönsten und berühmtesten Frauen besessen hatte, er konnte eine gesellschaftliche Spitzenstellung erreichen, wenn er die Witwe des amerikanischen Präsidenten heiratete. Und das sollte ihm einiges wert sein! Jackie hatte ihren Preis!

Als die Tageszeitungen in großer Aufmachung über eine eventuelle Eheschließung der schönen Witwe mit dem zwar superreichen, aber keineswegs ansehnlichen Playboy Onassis berichteten, da ging ein Aufschrei durch den Blätterwald. Wie war so eine Liaison möglich, zu fassen? Sie war jung und schön und letztlich stand ihr die Welt offen. Und er? Ein undurchsichtiger Kaufmann aus Smyrna, der durch alle möglichen, teilweise dubiosen Tricks immensen Reichtum erworben hatte.

Eine Welle der Empörung flutete nicht nur durch die Vereinigten Staaten! Jackie war schließlich Gesamteigentum der internationalen Boulevardpresse geworden! Aber was keiner bedachte, war, dass Geld eine magische Anziehungskraft besitzen kann, die alles andere vergessen lässt. Im Hause Kennedy war man über die bevorstehende Verbindung geteilter Meinung. Am objektivsten verhielten sich vielleicht die ehemaligen Schwiegereltern. Rose Kennedy schreibt in ihren Memoiren über den auserwählten Bräutigam:

»Ich kannte Aristoteles Onassis schon seit einigen Jahren ... Auf seinen Reisen hat er uns auch ein paarmal für einen Tag oder Abend in Hyannis Port besucht ... Da ich von seinem märchenhaften Reichtum und Lebensstil wusste, von den Inseln, Jachten, Villen und der großen Dienerschaft, fürchtete ich, die ungezwungene Atmosphäre bei uns könnte ihm etwas seltsam vorkommen. Wenn es so war, dann hat er es sich jedenfalls nicht anmerken lassen. Er war still, umgänglich, gesprächig, intelligent, hatte Sinn für Humor und konnte interessant erzählen.

Er gefiel mir; er war freundlich, anregend und, um ein griechisches Wort zu verwenden, eine charismatische Persönlichkeit ... Und doch war ich völlig überrascht, als Jean mich eines Morgens im Oktober 1968 anrief und sagte: Jackie werde ihn heiraten ... Ich wusste zunächst nicht, was ich sagen sollte. Ich dachte an den großen Altersunterschied und daran, dass sie verschiedenen Kirchen angehörten. Er war griechisch-katholisch und geschieden ... Ich dachte auch an Caroline und John jr. und überlegte, ob sie Onassis als Stiefvater akzeptieren würden ...

Ich kam zu dem Schluss, dass Jackie es verdiente, ein erfülltes Leben zu führen und eine glückliche Zukunft vor sich zu haben ... Es war nicht ihre Art, sich übereilt in ein Abenteuer zu stürzen. Sie musste daher ihre Gründe gehabt haben.

Ich gab meine Bedenken auf und beschloss, Jackie meine ganze moralische Unterstützung zu geben, denn die vor ihr liegenden Wochen und Monate würden hohe Anforderungen an sie stellen. Als sie mich anrief, sagte ich ihr, sie sollte tun, was sie für richtig hielt, und meine guten Wünsche würden sie dabei begleiten.«

Gute Wünsche hatte Jackie im wahrsten Sinne des Wortes dringend nötig, denn nicht nur in Amerika hatte ihr Vorhaben einen Sturm der Entrüstung ausgelöst, auch die Onassis-Familie stand kopf. Die beiden Kinder von Ari, wie Onassis im Freundeskreis genannt wurde, konnten die Nachricht anfangs kaum glauben, obwohl sie im Laufe der Jahre an alle möglichen Eskapaden ihres Vaters gewöhnt waren. Dass Schauspielerinnen, Künstlerinnen, Frauen hochrangiger Politiker genauso wie die Callas zu seinen Liebschaften zählten, daran fanden Alexander und Christina schon lange nichts mehr, vor allem, nachdem

sich die Eltern getrennt hatten. Atina Onassis, die Mutter der beiden, hatte jahrelang eine Affäre ihres Mannes nach der anderen ertragen, dann hatte sie sich selbst junge und gut aussehende Liebhaber gesucht, man lebte nebeneinanderher, bis es zum endgültigen Bruch kam. Dass sich allerdings Tina in derlei Weise rächen würde, indem sie den ärgsten beruflichen Gegner und persönlichen Feind ihres Ehemannes, Livanos, der nach Aris Meinung schon Tinas Schwester ins frühe Grab gebracht hatte, heiratete – dieser Schlag traf selbst den abgebrühten Onassis tief.
Als Jackie Kennedy die nähere Bekanntschaft mit Onassis machte, hatte dieser gerade eine überaus heftige Liaison mit ihrer Schwester Lee, was in den USA großes Aufsehen erregte. Denn die Boulevard-Presse stellte die Frage, ob der griechische Reeder, Glücksritter und Selfmademan tatsächlich die Absicht habe, Schwager des amerikanischen Präsidenten zu werden. Schon der Gedanke allein rief Empörung hervor!
Dem Charme Aris und der Faszination seines Geldes – beides hatte schon auf die Schwester gewirkt – konnte auch Jackie nicht widerstehen. Außerdem kümmerte sich Onassis rührend um die junge Witwe, beriet sie, wenn sie Probleme hatte, und war immer dann zur Stelle, wenn er dringend gebraucht wurde. Er war im Schlepptau der Radziwills nach New York gekommen und erhielt überraschenderweise eine persönliche Einladung der Präsidentenwitwe, Gast im Weißen Haus zu sein. Dabei hatte Onassis nicht gerade die besten Beziehungen zu den USA, hier war er ganze 40 Minuten wegen dubioser Geschäfte ins Gefängnis gewandert, hatte seine Zelle mit Strichjungen, Schiebern und anderen Kriminellen geteilt, bevor das Lösegeld eingetroffen war, durch das er wieder auf freien Fuß gesetzt wurde. Außerdem war er den Kennedys in vielerlei Hinsicht suspekt gewesen, und Robert Kennedy hatte seinen Bruder des Öfteren dazu zu bewegen versucht, Onassis die Einreise in die Vereinigten Staaten zu verwehren. Aber jetzt hatte sich die Situation grundlegend verändert, jetzt war Ari willkommen.
Aristoteles Onassis war, als John F. Kennedy den Kugeln seiner Mörder erlag, ein Mann, der den kometenhaften Aufstieg in seinem Leben schon hinter sich hatte, dem nur noch die Krönung seines Prestiges wirklich fehlte. Eine Königin, eine Prinzessin zu heiraten, das wäre das Nonplusultra in seinem Leben gewesen – oder die Witwe des amerikanischen Präsidenten. Weder eine Diva wie die Callas noch eine politische Legende wie Evita Peron konnten eine Jackie Kennedy ausstechen. Die ehemalige Frau des mächtigsten Mannes der Welt zum Altar zu führen, das war der Höhepunkt seiner internationalen Karriere!

Aristoteles Onassis war sicherlich einer der interessantesten Selfmademen dieses Jahrhunderts. Obwohl er aus einer wohlhabenden Tabakhändlerfamilie aus Smyrna stammte, hatte er schon als junger Mensch die politischen Wirren in Kleinasien kennengelernt, bei denen Tausende ihr Leben einbüßten. Als mittelloser Auswanderer suchte er sein Glück in Argentinien, arbeitete dort Nacht für Nacht bei einer Telefongesellschaft, während er am Tage das verdiente Geld nutzbringend anzulegen versuchte. Geschickt, wie er sich als Kaufmann schon damals erwies, gelang es ihm, einen Tabakhandel in Argentinien aufzuziehen. Der erste Schritt zu seinem späteren sagenhaften Reichtum war gemacht. Und obwohl er sich, wo er nur konnte, unter die feine Gesellschaft mischte, wurde er doch nie wirklich akzeptiert. Dass Jackie Kennedy ihm nicht entgehen konnte, war ihm wahrscheinlich schon sehr bald klar geworden. Sie suchte Reichtum und er suchte den Namen! Einer konnte dem anderen geben, wonach ihm gelüstete. Sie würde sich verkaufen, um all dem Luxus frönen zu können, den ihr Jack Kennedy nicht zu geben bereit war, und er konnte mit der schönen Witwe des amerikanischen Präsidenten sein Prestige aufbessern.
Der Weg zum Altar auf Onassis' Privatinsel Skorpios war allerdings noch mit gewaltigen Hindernissen blockiert. Zunächst schien die Familie Kennedy quer zu schießen, denn Robert Kennedy war nun einmal kein Freund des Großreeders. Viel zu suspekt erschien ihm Onassis, und mit Schrecken dachte er daran, dass eine Verbindung der hochverehrten Witwe seines Bruders mit dem dubiosen griechischen Händler einen düsteren Schatten auf die Familie Kennedy werfen könnte. Und das war das Letzte, was der karrieresüchtige Bob Kennedy brauchen konnte. Er strebte wie sein Bruder die Präsidentschaft an, und mit Hilfe Jackies hätte er wahrhaft gute Chancen gehabt.
Aber das Schicksal wollte es anders: Am 5. Juni 1968 streckten gezielte Schüsse auch den zweiten Sohn aus dem Hause Kennedy nieder, eine Tatsache, die Jackie in blankes Entsetzen versetzte. Die Überlegung, ob man die Kennedys samt und sonders ausrotten wollte, ließ sie Tag und Nacht nicht mehr los. Und obwohl Sicherheitsbeamte eingesetzt wurden, um sie und die Kinder zu beschützen, so getraute sie sich beinahe nicht mehr aus dem Haus. Nur ein Ausstieg aus dieser Familie schien für sie der sichere Weg in die Freiheit zu sein!
Jetzt stand ihr Entschluss fest, den beinahe doppelt so alten Ari zu heiraten, mit ihm durch die Welt zu ziehen, sich seines Geldes zu bedienen und – aus dem Schussfeld der Meuchelmörder zu geraten! Als man sich in der Familie Kennedy endgültig mit dem Gedanken vertraut

gemacht hatte, dass Jackie mit ihren 37 Jahren ein anderes, selbständiges Leben führen wollte, da wurde das neue aktive Oberhaupt der Familie, Teddy Kennedy, damit betraut, für Jackie einen bestmöglichen Ehevertrag mit Aristoteles Onassis auszuhandeln. Denn immerhin verlor Jackie die jährliche Apanage der Kennedys und ihre Witwenpension in den USA. Auch die beiden Kinder Caroline und John John sollten abgesichert sein.
Es wurde beinahe um jeden Cent gefeilscht, und was Thomas Wiseman in seinem Buch »The Monet' Motive« schreibt, trifft für den »Verkauf« der Präsidentenwitwe Jackie voll und ganz zu: »Wenn Geld in unserer Gesellschaft der universale Maßstab für Güte ist, dann ist es eine Beleidigung, nicht bezahlt zu werden. Spitzenfrauen wollen eine Spitzenbezahlung für das, was sie tun. Sie wollen den Tribut in Geld und wollen nicht geschätzt, verehrt und versorgt werden oder Kleider geschenkt bekommen. Jackie erhält einen finanziellen Beweis für ihren Wert als Frau ... Selbst wenn der Wert an Kühen oder Jachten gemessen würde, wäre das noch lange nicht so schlimm, wie unterbewertet zu werden. Das Grausame des Marktes ist nicht die Tatsache, verkauft zu werden, sondern billig verkauft zu werden.«
Alle Welt sah die Eheschließung zwischen diesen beiden so ungleichen Menschen als einen Handel an, und die Presse konnte nicht umhin, immer wieder die Frage zu stellen: »Warum heiratet die schöne Jackie den alten Playboy?« oder »Würden Sie mit Ari Onassis schlafen?« stand in riesigen Lettern in einer französischen Zeitung zu lesen. Die Antwort gab Onassis selbst irgendwann in einer indiskreten Stunde, wo er intime Details seines Körperbaus der Skandalpresse mitteilte und sich kein Blatt vor den Mund über die Bettgeschichten mit Jackie nahm und die Reporter informierte.
Die Hochzeit hatte in griechisch-orthodoxem Ritus auf Skorpion stattgefunden, die beiden Kinder Caroline und John John hatten die Mutter in die Kirche begleitet, ebenso die Radziwills und Angehörige der Kennedy-Familie. Zurückhaltender zeigte sich die Familie des Bräutigams. Lange hatten der Sohn Alexander und die Tochter Christina überlegt, ob sie überhaupt dem Vater die Ehre ihrer Gegenwart erweisen sollten. Die langjährige Geliebte Alexanders, die geschiedene Baronin Fiona Thyssen, überredete ihn schließlich, doch an den Hochzeitsfeierlichkeiten teilzunehmen. Mit düsterem Gesicht und finsterer Miene verfolgten die beiden Kinder von Tina Onassis die Handlungen des Patriarchen. Beide konnten den Vater nicht verstehen, weshalb er ausgerechnet die »Witwe« als neue Mrs. Onassis gewählt hatte.

Mit der Heirat war Jackie zunächst alle finanziellen Sorgen los, sie konnte aus dem Vollen schöpfen, denn in dem Ehevertrag waren ihr zunächst drei Millionen Dollar zugesichert worden, obwohl ihr New Yorker Anwalt beinahe das Sechsfache verlangt hatte. Jedes der Kinder erhielt eine Million Dollar, außerdem verpflichtete sich Onassis, für alle Ausgaben Jackies aufzukommen. Und damit wusste er zunächst nicht, worauf er sich eingelassen hatte.

Denn, wenn sie sich schon verkauft hatte, dann sollte der Geldstrom aus den prallen Taschen ihres Ehemannes ununterbrochen fließen. Jackie verfiel gleichsam in einen Kaufrausch, den niemand, vor allem nicht Ari Onassis, verstehen konnte. Nicht nur einmal schüttelte er verständnislos den Kopf über die enormen Rechnungen, die auf Veranlassung seiner Frau auf seinen Namen ins Haus flatterten, mehr noch verwunderte ihn die Tatsache, dass er beinahe niemals seine Frau in irgendeinem der sündteueren Kleidungsstücke zu Gesicht bekam, denn Jackie trug fast immer nur flache Schuhe, Jeans und einen legeren Pulli. Wozu also all der Luxus und die Geldverschwendung? Denn obwohl Onassis der Letzte war, der einen Dollar umdrehen musste, so begann er doch allmählich, die Kaufwut seiner Frau für bedenklich zu erachten, vor allem, da sich die Ansprüche Jackies immer höher schraubten. Gegen sie war Maria Callas ein Waisenkind gewesen, so schoss es Aristoteles Onassis in den Sinn. Hatte er nicht doch einen gravierenden Fehler begangen, als er Maria so grausam vor den Kopf stieß, als er sich entschloss, nicht sie, sondern Jackie zu heiraten? Nach heftigsten Szenen hatte sich Maria schließlich resignierend geäußert, dass sie zuerst ihr Gewicht verloren habe, dann ihre Stimme und zuletzt noch Ari Onassis. Freilich hatte er längst Abbitte geleistet und sein ehemaliges Verhältnis mit ihr in Paris wieder aufgenommen, vor allem, da sich die junge Ehefrau immer rarer machte.

Jackie verbrachte die meiste Zeit des Jahres in New York, angeblich, weil sie sich um die Erziehung ihrer beiden Kinder kümmern musste. Aber je mehr Zeit ins Land zog, umso mehr verdichteten sich die Gerüchte, dass es in der Onassisehe tatsächlich eine Absprache gegeben habe, wonach jedem der Ehepartner ein eigenes Schlafzimmer zugebilligt worden war. Außerdem stand Jackie das Recht zu, keine Kinder mehr zu bekommen. Wie viele Monate des Jahres beide gemeinsam verleben wollten, war angeblich auch in der Abmachung festgeschrieben.

Im Kampf um Geld, Macht und schöne Frauen war Ari Onassis ein alter Mann geworden, der wahrscheinlich in keiner Weise mehr für Jackie Kennedy attraktiv war. Und da sie nun den goldenen Vogel eingefangen hatte, gab sie sich keine Mühe mehr, in seinem Käfig zu leben. Sie hatte sein Geld gewollt, und jetzt suchte sie die Freiheit!

Dass Aristoteles Onassis sich schon nach kurzer Zeit, als er aus dem seichten Traum erwacht war, überlegte, wie er am besten bei einer Scheidung aussteigen würde, war für alle, die ihn kannten, kein Geheimnis mehr. Er war ein Leben lang gewohnt, Nägel mit Köpfen zu machen. Nur über die Höhe der Abfindung war er sich noch nicht ganz im Klaren, als ihn ein schrecklicher Schicksalsschlag traf:

Sein einziger Sohn und Haupterbe Alexander stürzte mit einem veralteten Privatjet ab. Mit dem Tod Alexanders begann der unausweichliche innere Abstieg von Onassis, obwohl er zu Lebzeiten seines Sohnes niemals mit diesem ein auch nur annähernd gutes Verhältnis gehabt hatte. Jetzt, viel zu spät, bemerkte er, was er eigentlich verloren hatte, und stürzte sich mit seiner ganzen Liebe auf seine Tochter Christina. Und er wusste, dass Christina genauso wie Alexander bei Lebzeiten die »Witwe«, Jackie abgrundtief hasste. Es gab keinen Weg, auf dem beide Frauen zu einem Konsens hätten kommen können. Zwar waren ihm schon seit einiger Zeit die Augen aufgegangen, und er hatte endlich erkannt, dass ihn Jackie nur seines Reichtums wegen geheiratet hatte. Sie sollte aber einen Aristoteles Onassis nicht hinters Licht geführt haben, diese Rechnung wollte er ihr gründlich verderben!

Seine überaus deutlich zur Schau getragene Trauer um seinen einzigen Sohn verhinderte zunächst, dass er sich endgültig wegen einer Scheidung mit seinen Anwälten besprach. Eines aber machte er fix: Auf einem gemeinsamen Flug von Acapulco, wo Jackie unbedingt eine Villa kaufen wollte (vielleicht in Erinnerung an ihre Hochzeitsreise mit Jack), setzte sich Ari in einen anderen Winkel des Flugzeuges und schrieb haarklein sein Testament nieder.

Und dabei fiel wenig für Jackie ab, denn seine Universalerbin war und blieb seine einzige Tochter Christina. Von seiner Begeisterung Jackie gegenüber war nichts übrig geblieben, sie, die er einst mit einem Diamanten »außen kühl und scharf, feurig und heiß unter der Oberfläche« verglichen hatte, war zu einem kaltherzigen und oberflächlichen Stein geworden, zu einem Klotz am Bein, den er los haben wollte. In seinem Testament jedenfalls wurde die Frau, die er eigentlich niemals geliebt hatte, vergleichsweise mit einem Butterbrot abgespeist, wenn man den immer noch vorhandenen Reichtum von Ari Onassis bedachte. Jackie sollte nach seinem Tod jährlich zweihunderttausend Dollar bekommen und die Kinder Caroline und John 25 000 Dollar bis zu ihrer Volljährigkeit. Wenn man bedenkt, welche Summen Jackie alljährlich allein für ihre Kleidung ausgab, so waren diese 200 000 Dollar geradezu ein Bettel. Aristoteles Onassis merkte selbst am besten, dass seine Kräfte nachließen, dass seine Vitalität und sein Lebensmut täglich abnahmen. Immer häufiger wurde er von starken Schmerzen geplagt, seine Augenlider schienen von Tag zu Tag schwerer zu werden, sodass es ihm Mühe bereitete, die Augen offen zu halten.

Zu seinem körperlichen Verfall kamen ungünstige geschäftliche Nachrichten, die Olympic-Airways, die ganz in seinem Besitz gewesen waren, gingen verloren, auch andere Großprojekte, sowohl in Griechenland als auch in den USA, scheiterten. Und Onassis hatte nicht mehr die Kraft, all die Rückschläge mit einem Handstreich abzutun, die Ärmel aufzukrempeln und den Kampf ums Geschäft aufs Neue aufzunehmen. Das exzessive Leben, das er stets geführt hatte, verlangte jetzt seinen Tribut. Aristoteles Onassis war erst 75 Jahre Jahre alt, aber ein körperliches Wrack. Er, der so viel und so lang auf seine körperliche Vitalität stolz gewesen war, konnte seinem physischen Verfall nicht entgehen.

In einem Pariser Krankenhaus, wo sich die bekanntesten Ärzte um den schwerreichen Patienten bemühten, verbrachte er die letzten Tage seines Lebens, müde, matt, abgemagert bis zum Skelett. Und Jackie ...? Sie weilte einstweilen in New York und ließ sich per Telefon Mitteilung über den Gesundheitszustand ihres Mannes berichten und hatte keinerlei Absicht, nach Paris zu fliegen, um Ari die Hand beim Sterben zu halten.

Seine engsten Freunde und Christina verbrachten die letzten Stunden an seinem Krankenbett. Erst nachdem man Jackie den Tod ihres zweiten Mannes in New York mitgeteilt hatte, flog sie nach Paris, um eine flüchtige Erklärung der Presse abzugeben. Mit dunkler Brille getarnt, in einem schwarzen, eng gegürteten Ledermantel hauchte sie mit zarter Stimme lächelnd ins Mikrofon der Reporter:

»Aristoteles Onassis rettete mich in einem Augenblick, als mein Leben von Schatten eingehüllt war. Er hat viel für mich bedeutet. Er brachte mich in eine Welt, in der man sowohl Glück als auch Liebe finden kann. Wir haben viele schöne Erfahrungen miteinander gemacht, die unvergesslich sind und für die ich ihm ewig dankbar sein werde.«

Die Witwe wurde von der griechischen Verwandtschaft, die vollzählig sich um den Sarg scharte, offen feindselig behandelt, und selbst in diesem Augenblick konnte Christina die Verachtung Jackie gegenüber nicht verbergen. Zum absoluten Eklat kam es aber, als Jackie, Christina und Teddy Kennedy in der Nähe von Actium in Griechenland in einer Limousine gemeinsam fuhren. Plötzlich hielt das Auto an, der Wagenschlag wurde aufgerissen, und Christina sprang heftig erregt heraus und stieg in ein anderes Auto. Viel später erfuhr man den Grund: Ted Kennedy hatte – völlig pietätlos – mit Christina finanzielle Gespräche führen wollen, zu einem Zeitpunkt, wo die Leiche ihres Vaters kaum erkaltet war und man gerade auf dem Weg zur Beerdigung auf Skorpios war!

Jackie konnte nach dem Tod ihres zweiten Mannes beruhigt der Zukunft entgegensehen, denn Christina einigte sich finanziell sehr bald mit ihr, vielleicht, um endlich vor der Frau Ruhe zu haben, die sie als Unheilbringerin bezeichnete. Sie sprach einmal Freunden gegenüber aus, was sie über Jackie dachte: »Sie zog Unheil an wie ein Blitzableiter den Blitz.« Christina war nun einmal von ihrer Herkunft her tief in Griechenland verwurzelt, wo man vielfach auch heute noch archaiisch an Urgewalten und Urkräfte glaubt. Dass Jackie magische Fähigkeiten besitzen musste, dessen war sie sich sicher. Daher unternahm sie alles, um von der Gegenwart dieser »schwarzen Witwe« befreit zu werden.

Das Interesse der internationalen Klatschpresse war nach dem Tod von Onassis und nach ihrer endgültigen Rückkehr nach Amerika an Jackie nicht geringer geworden. Denn dass Jackie nicht allein bleiben würde, war für alle sonnenklar. Wer aber würde der nächste Mann sein? Jeder Spaziergang, jedes Zusammentreffen mit guten Freunden wurde peinlichst genau notiert und wenn möglich fotografiert.

Jackie aber begann sich immer mehr zurückzuziehen. Und da sie sich kaum mehr unter Menschen mischte, ließ sie in ihren eigenen vier Wänden in der 5th Avenue ein Teleskop aufstellen, mit dem sie die Leute auf der Straße beobachten konnte. Wie eine Voyeurin verbrachte die von der Presse am meisten beachtete Frau Stunden ihres Tages.

Als Onassis starb, war Jackie Bonvier Kennedy Onassis 47 Jahre alt. Obzwar sie immer noch als vorbildhaft galt, zeigte ihr Gesicht unübersehbare Spuren des Alters. Mit diesem Problem wurde sie wie viele reiche Amerikanerinnen leicht fertig, denn die Skalpelle der berühmten Schönheitschirurgen lagen auch für sie bereit, um ihr ein gleichbleibend junges Gesicht zu verleihen.

Jackie hatte nun, in der zweiten Hälfte ihres Lebens, nur zwei Möglichkeiten zur Wahl: Sie konnte das Geld, das sie nach dem Tode Aris letztlich doch geerbt hatte, weiterhin für allen möglichen zeitabhängigen Plunder hinauswerfen und ihre Tage mit pausenlosem Einkauf vergeuden oder sie konnte sich einer sinnvollen Tätigkeit zuwenden, die ihr Abwechslung und innere Befriedigung bringen würde.

Und überraschenderweise entschied sie sich für die zweite Variante. Jahrzehntelang hatte sie keinen Fuß mehr in ein Verlagshaus gesetzt, jetzt nahm sie aber die Chance wahr, die ihr geboten wurde: Im September 1975 übernahm sie eine Stelle im Verlagshaus Viking Press, wo sie die Aufgabe hatte, Manuskripte zu bearbeiten. Ihr Salär betrug 10 000 Dollar pro Jahr, ein Betrag, der ihr wie ein Taschengeld anmuten musste.

Die ehemalige First Lady und Top-Dame der internationalen Jetset-Gesellschaft fügte sich überraschend schnell in das Verlagsteam. Und was man kaum für möglich gehalten hätte, sie wurde sogar von ihren Mitarbeitern als ernste Arbeiterin anerkannt. So äußerte sich eine Assistentin über sie: »... waren wir angenehm überrascht, weil wir in ihr etwas anderes entdecken mussten als eine Modepuppe mit einem komischen Stimmchen.« Alle erkannten, wie sehr Jackie sich nach den langen Jahren des Nichtstuns mit ihrer Arbeit beschäftigte und wie sehr sie es wahrscheinlich genoss, endlich in dem Beruf arbeiten zu können, den sie seinerzeit begeistert erlernt hatte. Ihre Kollegen begannen, sie voll und ganz zu akzeptieren: Sie »nahm ihren neuen Beruf sehr ernst. Schon bald stellte es sich heraus, dass sie gern an Manuskripten arbeitete, um sie druckreif zu machen. Dafür besaß sie Gespür und arbeitete hart. Sobald alle das akzeptiert hatten, wurde sie etwas lockerer.«

Schon bald verwirklichte Jackie ihre Idee, selbst Teilhaberin eines Verlagshauses zu werden, und obwohl sie sich nur drei Tage in der Woche ihrem Job widmete, gelang es ihr doch, so manchen berühmt-berüchtigten Autor an Land zu ziehen, wie Michael Jackson, dessen Memoiren sie veröffentlichte.

Jetzt, da sie nicht mehr planlos in der Welt umherfuhr, wo sie eine geregelte Arbeitszeit einhielt, tauchten plötzlich Probleme für sie auf, über die sie bis dahin wahrscheinlich kaum nachgedacht hatte. Ihre Kinder Caroline und John waren mittlerweile herangewachsen und begannen, ihr eigenes Leben führen zu wollen, nicht als Kennedys, sondern als normale junge Bürger der USA. Dass die Familie des ermordeten Präsidenten nach wie vor Einfluss auf die beiden jungen Leute ausüben wollte, war beinahe natürlich.

Und dass es dabei zu Spannungen mit Jackie kommen musste, die die künstlerischen Ambitionen ihres Sohn und die Künstlerfreunde ihrer Tochter unterstützte, war nur eine Folge der verschiedenen Ansichten. So wie die Mutter sah man Caroline, die zwar das trockene Jusstudium gewählt hatte, um Rechtsanwältin zu werden, häufig in Begleitung von Tänzern, Malern und Schriftstellern, und schließlich heiratete sie auch

einen originellen Mann, der zu ihr in seiner halb intellektuellen, halb künstlerischen Art hervorragend passte.
Größere Probleme allerdings machte der junge John John. Es dauerte lange, bis er einen geraden Weg im Leben fand. Obwohl er leidenschaftlich gerne Schauspieler geworden wäre, hörte er doch immer auf seine Mutter, die ihm auch das Jusstudium ans Herz gelegt hatte. Er war ein ungewöhnlich gut aussehender junger Mann geworden, dessen Aufsehen erregende Eheschließung im Herbst 1996 seine Mutter nicht mehr erleben konnte. Die Presse bezeichnete den jungen Kennedy als schönsten Junggesellen der USA!
Als Jackie, geb. Bouvier, verwitwete Kennedy, verwitwete Onassis, den letzten Mann ihres Lebens, Maurice Tempelman, kennenlernte, da konnte sie nicht ahnen, dass nur noch 14 gemeinsame Jahre vor ihnen liegen sollten. Freilich taten sich ab diesem Zeitpunkt Probleme für beide auf, denn Tempelman war und blieb verheiratet. Es war sicherlich nicht körperliche Anziehungskraft, die Jackie an dem gleichaltrigen Diamantenhändler faszinierte, denn Maurice war klein und dick, aber seine ungewöhnliche Bildung, seine Welterfahrung als ehemaliger Berater John F. Kennedys in afrikanischen Angelegenheiten und die Möglichkeit, auf den gemeinsamen Spaziergängen lange Gespräche zu führen, reizten die immer noch zurückhaltend scheue Jackie. Sie hatte ihr Leben grundlegend verändert, nichts war mehr von dem Glamour geblieben, der sie jahrzehntelang umgeben hatte. War sie einst Vorbild für die internationale Modewelt gewesen, tonangebend in ihrer Kleidung und ihrem Geschmack, so fiel sie jetzt kaum einem Reporter auf, wenn sie mit Kopftuch und Trenchcoat ins Büro eilte oder mit schweren Schuhen ihre langen Spaziergänge frühmorgens absolvierte. Es war ruhig um die Frau geworden, die einstmals das begehrteste Modell für die sensationshungrige Presse gewesen war.
In aller Stille kümmerte sie sich um ihre Mutter, die völlig verarmt war und auf die finanzielle Hilfe der Tochter angewiesen war. Einmal in der Woche ging sie mit ihren Enkelkindern Rose, Tatiana und Jack spazieren, so wie dies andere weniger berühmte Großmütter auch tun.
Sie konnte freilich nicht wissen, dass ihr ein verhältnismäßig kurzes Leben beschieden sein sollte. Als man im Februar 1994 bei einer Routineuntersuchung in einer Klinik Lymphdrüsenkrebs feststellte, da ahnte sie vielleicht, dass ihre Tage gezählt waren. Sie unterzog sich zwar noch allen möglichen Therapien, aber die Ärzte konnten ihr nicht mehr helfen und entließen sie knapp vor ihrem Tode nach Hause. Im Kreise ihrer Familie starb sie mit nur 64 Jahren am 14. Mai 1994.

Warum die beiden Kinder die umfangreichen Sammlungen und die Unzahl von Privatgegenständen ihrer berühmten Mutter so bald nach ihrem Tode in einer Riesenauktion bei Southerbys versteigern ließen, ist wahrscheinlich nur Insidern bekannt. Auf diese Weise wurde das Hab und Gut einer der berühmtesten Frauen dieses Jahrhunderts, deren Leben durch den Einfluss des Schicksals, aber auch durch persönliche Entscheidungen zwiespältig verlaufen war, in alle Winde zerstreut.
Zweifelsohne hatte Jackie, ohne allerdings es nach außen hin zu zeigen, Gefallen an der Macht, ob sie nun politisch fundiert oder durch Geld erkauft werden konnte. Sie war im Grunde ihres Herzens eine Abenteurerin, die nur in kritischen Situationen Stärke bewies. In ihrem Inneren wahrscheinlich völlig zerrissen, hatte sie ohne einen Beschützer Angst vor der Zukunft. Im nächsten Moment aber konnte sie diesen starken Mann aus tiefster Seele hassen, da sie sich ihre Schwäche hatte eingestehen müssen. Dadurch musste sie ins Zwielicht geraten, auch, oder gerade dann, wenn sie strahlend schön im gleißenden Scheinwerferlicht stand.

Die Königin der Herzen

Diana

ALS DIANA, PRINZESSIN VON WALES, AM 31. AUGUST 1997 in Paris mitten in der Nacht an der Seite Dodi al Fayeds den schweren Mercedes bestieg, um den lauernd wartenden Reportern zu entgehen, da wusste sie noch nicht, dass sie den Weg in die Unsterblichkeit gerade betreten hatte. Aus der meistfotografierten Frau der Welt, der ehemaligen Gemahlin des britischen Thronfolgers, die eine sensationshungrige Meute von Presseleuten auf Schritt und Tritt verfolgte, war durch den völlig überraschenden Tod eine Heldin, eine Königin geworden, deren Image beispiellos in der englischen Geschichte sein dürfte. Dianas Lebenslauf gleicht dem Stoff, aus dem Hollywood-Filme gemacht sind – sie stieg auf zur weltweit bewunderten Märchenprinzessin, lebte in Saus und Braus, erlebte einen nicht allzu tiefen Fall, bei dem ihr die Abgründe des Lebens etwas zu Bewusstsein kamen, und beschäftigte sich mit Problemen, die sie sich selbst aussuchte. Und obzwar ihr Leben keineswegs alltäglich verlief oder gerade deshalb, wurde minutiös von den Reportern Menschen in aller Welt berichtet, dass Lady Di trotz ihres Reichtums und ihrer Sonderstellung eine Frau sei, von der man den Eindruck haben konnte, dass sie einem irgendwo zufällig begegnen könnte. Daher nahm man an ihrem Schicksal, an ihrem Glück und Unglück intensiv Anteil, so als ginge es um das Los einer lieben Verwandten. Auf den Hochglanzfotos sah man sie lachen und weinen, denn sie verbarg das, was sie fühlte, nicht hinter einer steifen undurchsichtigen Maske wie die übrigen Angehörigen des britischen Königshauses, sie unterdrückte trotz ihrer hohen Stellung nicht ihre Emotionen und zeigte ihr wahres Gesicht. Das machte sie zu einer Frau zum Anfassen! Die Medien hatten es verstanden, aus Diana ein Wesen zu schaffen, das dem Interesse eines breiten Publikums entsprach. Man zeigte die Prinzessin, wie sie jeder sehen wollte, als eine Frau, mit der man Pferde stehlen, die man nebenan im Rockkonzert pfeifen hören konnte, eine Mutter, die ihre Kinder liebte, die mit ihnen spielte und sie verwöhnte, Diana mit vom Wind zerzaustem Haar in Jeans und Parka, als Joggerin in hautengen Leggins, als Samariterin mit Rotkreuzemblemen. Auf der anderen Seite war sie eine Lady wie aus dem Bilderbuch, umschwärmter Mittelpunkt auf Jetset-Partys, mit den teuersten Roben, die nur wenig von ihrem allseits bewunderten Körper verdeckten.

Die Reporter der Regenbogenpresse wussten, was sie an Diana hatten und deshalb verfolgten sie die junge Frau – ob sie es wollte oder nicht – auf Schritt und Tritt.

Sie bot nicht nur Stoff für die Klatschspalten und erhöhte dadurch die Auflagenzahlen der Illustrierten durch jedes ihrer Fotos, sie ermöglichte auch den Paparazzi – wie die aufdringlichsten Fotografen genannt werden, seit Federico Fellini in seinem Film »La dolce vita« diesen Typ des hemmungslosen Reporters geschaffen hatte – aus ihren Bildern Profit zu ziehen. Horrende Gagen versprachen die Chefs der Boulevardblätter für Exklusivfotos, wobei man immer wieder darnach trachtete, die Prinzessin irgendwo in einer verfänglichen Situation zu überraschen.

Diana war schon vor ihrer Scheidung vom britischen Thronfolger Prinz Charles zu einer öffentlichen Sache geworden, zu einer Institution, die kein Anrecht auf Privatleben mehr zu haben schien. Wie ihr Leben weitergegangen wäre, bleibt in der Nachschau nur Spekulation. Ob ihre Person auch noch in 15 Jahren so großes Interesse erweckt hätte oder ob es allmählich ruhiger um sie geworden wäre, lässt sich heute nicht mehr sagen, aber es ist anzunehmen, dass die Zeit all den Trubel allmählich geglättet hätte.

Ihr früher Tod hat sie unsterblich gemacht, obwohl sie durch ihre Scheidung nicht mehr dem englischen Königshaus angehörte und nur noch als Mutter des britischen Thronfolgers für die Royals von Bedeutung war. Wahrscheinlich war man vonseiten der Königsfamilie heilfroh, dass das Kapitel Diana endgültig abgeschlossen war. Das Interesse an ihr hatte sich für ihren einstigen Ehemann Prinz Charles schon sehr bald nach der glanzvollen Hochzeit in Grenzen gehalten, und die Queen, seine Mutter, hatte auch keinen Versuch unternommen, die immer sichtbarer werdenden Gegensätze zwischen ihrem Sohn und ihrer Schwiegertochter zu planieren. Man hatte sich arrangiert.

Niemand im königlichen Hause konnte ahnen, dass es einmal Diana sein würde, die unüberschaubare Menschenmassen in aller Welt schluchzend und weinend auf die Straßen treiben würde, dass die Anteilnahme an ihrem Tod den Rahmen aller bisherigen Trauerkundgebungen, die England erlebt hatte, sprengen würde. Durch ihr frühes plötzliches Sterben entglitt sie nicht nur dieser Welt, sie wurde von einem Augenblick auf den anderen zu einer Ikone, wie einst Kaiserin Elisabeth, die legendäre Sisi, oder König Ludwig II. von Bayern. Alle drei erfüllten die Grundvoraussetzungen, die notwendig sind, um zum Mythos zu werden: Sowohl Elisabeth als auch Ludwig und Diana waren schön, geheimnisvoll und starben eines unnatürlichen Todes. So konnten sie die Phantasie der Nachwelt immer wieder von neuem reizen.

Der Charakter der schönen egozentrischen Kaiserin von Österreich war schon zu ihren Lebzeiten nicht fassbar; ihren Zeitgenossen blieb sie genauso ein Rätsel wie ihrem eigenen Mann, der sie bis zu ihrem gewaltsamen Tod über alles liebte.

Auch ihr schöner Wittelsbacher »Cousin«, der Bayernkönig Ludwig II., hatte niemals engeren Kontakt mit seinen Untertanen, er lebte in einer Traumwelt, die er sich selbst aufgebaut und deren Errichtung das bayerische Volk Unsummen Geldes gekostet hatte. Und gerade, weil sich der schöne König mit einer Aura des Unwirklichen umgab und sich nirgends zeigte, verehrte und bewunderte man ihn und fragte nicht nach über das Warum und Wieso. Sein Tod im Starnberger See wurde zum letzten großen Geheimnis.

Es waren wiederum die Medien, die Diana beinahe ein Leben lang bewusst für sich eingesetzt hatte, die auch nach ihrem Tod perfekte Arbeit leisteten. Denn sie machten aus der schönen Prinzessin mit dem wechselhaften Schicksal eine Frau, die einer Heiligen gleichkam. Und unkritisch, wie im allgemeinen Artikel und Berichte über Personen angenommen werden, wurde nicht nur England von einer Massenhysterie erfasst: Tausende säumten die Straßen und Plätze in London, Menschen, die Diana niemals persönlich gekannt und die auch wahr-

scheinlich nie irgendeine Wohltat von ihr empfangen hatten, stürzten einander weinend in die Arme, und vor dem Buckingham-Palast häufte sich ein Meer von Blumen, noch bevor die Leichenfeier für die geschiedene Frau des britischen Thonfolgers und Geliebte des international bekannten Playboys Dodi al Fayed durch die Fernsehanstalten in alle Welt übertragen wurde.
Ein Phänomen von heute, das auch vor der stockkonservativen Königsfamilie nicht Halt machte und die Queen dazu zwang, einiges aufzugeben, was seit undenklichen Zeiten in der britischen Köngisfamilie Tradition hatte. Königin Elizabeth zauderte anfänglich, doch dann erkannte sie, dass sie dem übermächtigen Wunsche des Volkes Rechnung tragen und sich als trauernde Anverwandte zeigen musste, wollte sie nicht die Sympathien ihrer Untertanen gänzlich verlieren. Und das war das, was sich Königin Elizabeth in diesen Tagen am allerwenigsten leisten konnte, da der Sinn des Königtums für so manchen kritischen Briten seit Langem in Frage gestellt wird. Für die ehemalige Schwiegermutter der »Königin der Herzen« war es beinahe zu einer Verpflichtung geworden, Trauer um die einstige Schwiegertochter erkennen zu lassen. Das forderte das Volk! Im Fernsehen wollte man aus der Miene der Königin ablesen, dass die Landesmutter doch ein menschliches Herz besaß.
König Elizabeth verstand die Zeichen der Zeit oder hatte erfahrene Berater, auf die sie in dieser kritischen Situation hörte. Sie stimmte zu, dass man Diana ein Begräbnis zubilligte, wie es sonst nur einem Mitglied der Königsfamilie zustand. In vielerlei Hinsicht sprang die Queen über ihren eigenen Schatten und dies erwies sich nicht zu ihrem Nachteil. Denn ohne ihr Zutun festigte Diana durch ihren Tod die leicht ins Wanken geratene britische Monarchie! Vielleicht einmal für ihren und Charles' ältesten Sohn William. Dabei hatte Diana in den letzten Wochen vor ihrem tödlichen Unfall für reichlich Aufregung im königlichen Haus gesorgt, als ihre Liaison mit Dodi al Fayed – natürlich auch wieder durch die Presse – aufgedeckt wurde. Die Reaktionen und Diskussionen im britischen Königshaus waren sicherlich von großer Heftigkeit, bedenkt man die Konsequenzen, die sich durch eine Heirat mit dem Sohn des ägyptischen Großkaufmannes al Fayed, der in England nicht allzu viele Sympathien besaß, nachdem er eine englische Institution, das Traditionskaufhaus Harrod's, erworben hatte, auch für die Queen und ihre Familie ergeben hätten. Denn Dodi al Fayed war Mohammedaner und Diana immerhin die Mutter des zukünftigen britischen Thronfolgers! William und Harry hätten einen islamischen Stiefvater bekommen.

Man kann sich vorstellen, mit welchen Argusaugen die englische Königin die Affäre ihrer einstigen Schwiegertochter betrachtete, sie, die in ihrer Familie wahrlich nicht vom Glück verfolgt war. Würde man nachträglich richten, so könnte man anführen, dass das Schicksal Uneinsichtigkeit meist hart bestraft. Denn vor Jahrzehnten, als Elizabeths Onkel Edward VIII. die zweimal geschiedene Amerikanerin Wallis Simpson aus Liebe geheiratet hatte, da betrachtete die junge Elizabeth diese unerwünschte Tante geradezu als Unperson. Edward VIII. musste sich auf Grund eines Parlamentsbeschlusses zwischen der Frau, die er liebte, und der englischen Königskrone entscheiden. Er hatte nur die Wahl, abzudanken und das Land zu verlassen – oder Wallis für immer aufzugeben.

Er entschied sich für die Frau seines Herzens. Ruhelos zog er an der Seite von Wallis in der Welt umher, selbst in dieser Zeit ständig von Fotografen und Reportern verfolgt, ohne eigentliche Aufgabe und ohne fixe Bleibe. Es war wie eine Laune des Schicksals, dass ausgerechnet der Vater von Dodi al Fayed die Villa des ehemaligen Herzogs von Windsor und seiner Gemahlin Wallis in Paris erworben hatte, wo Dodi mit Diana mehrere Tage vor ihrem Tod verbracht hatten. Für Queen Elizabeth hingegen existierte dieser verstoßene Onkel jahrzehntelang nicht mehr. Zu spät für Edward – im hohen Alter – erteilte sie gnädig die Erlaubnis, dass er ab und zu nach London zurückkehren durfte, zunächst nur allein. Erst zu einer offiziellen Familienfeier wurde auch die Gemahin des Herzogs eingeladen. Und obwohl man wirklich ganz unter sich war, überlegte Elizabeth immer noch, ob sie Wallis die Hand reichen sollte – einer geschiedenen Frau!

Scheidungen waren bisher im britischen Königshaus absolut tabu!

Was innerhalb der Ehen passierte, ging niemanden, vor allem nicht das Volk, etwas an. Die Fassade wurde respektiert, und die königlichen Ehen hatten nach außen hin zu funktionieren! Wie hätte also Königin Elizabeth dem Wunsche ihrer eigenen Schwester willfahren können, als Margaret Rose den geschiedenen Peter Townsend heiraten wollte. So etwas war von vornherein geradezu undenkbar, auch wenn das Lebensglück der Schwester auf dem Spiel stand! Von heute auf morgen hatte Margaret die Affäre zu beenden, so, als handle es sich um ein unrentables Geschäft. Dass die Prinzessin mit Peter Townsend vielleicht glücklich geworden wäre, interessierte damals die Königin herzlich wenig. Die Schwester ehelichte schließlich Antony Armstrong-Jones, der zwar der Queen auch nicht allzu gelegen kam, da er zu wenig standesgemäße Vorfahren nachweisen konnte. Um sein Image in der Familie aufzubessern, verlieh ihm Elizabeth den Titel eines Lord Snowdon. Dieser neu geschaffene Lord, von Beruf Fotograf, erwies sich keineswegs als Glücksfall für die Royals, und so ging diese Ehe in Brüche, nachdem durch Presseberichte verschiedene Affären und Abenteuer sowohl der königlichen Schwester als auch ihres lebenslustigen Gemahls im ganzen Königreich die Runde gemacht hatten.

Auch die eigene Ehe bereitete der Queen wahrscheinlich genügend schlaflose Nächte, die sie allein in ihren Appartments verbrachte. Hatte sie Philip Mountbatten zwar aus wirklicher Liebe geheiratet, so brachte wahrscheinlich die schwierige Rolle des ewigen Prinzgemahls für den gut aussehenden Philip große Probleme mit sich. Nachdem seine »Lilibeth« so überraschend früh zur Königin von England gekrönt worden war – ihr Vater, König George, war allzu bald gestorben –, hatte Philip keine anderen Aufgaben wahrzunehmen, als zu repräsentieren, diesen oder jenen Club zu eröffnen, irgendwelchen Institutionen vorzustehen, seinen Hobbys nachzugehen und überall, wo er auftauchte, eine gute Figur zu machen. Ansonsten schrieb ihm das Protokoll vor, immer einige Schritte hinter seiner Frau, der Königin, zu gehen.

Man musste kein Mann wie Philip sein, dass dies alles auf die Dauer zu einem echten Problem werden musste. Wahrscheinlich war weder die Queen noch ihr Prinzgemahl an dem Erkalten der Beziehungen schuld, es waren die Regeln der Etikette, von denen sich beide niemals frei machten, die die Ehe für sie zu einer vertraglichen Vereinbarung werden ließ. Von der großen Liebe war wenig übrig geblieben! Vielleicht war es Elizabeth, die in ihrer zurückhaltenden Art nicht die Fähigkeit entwickeln konnte, zu ihrem Mann und den Kindern eine wirklich liebevolle innere Beziehung aufzubauen. Denn auch die Kinder blieben, was die emotionale Entwicklung betrifft, sicherlich weitgehend auf der Strecke. Sonst ist es nicht zu erklären, dass zwei Söhne und die einzige Tochter des Königspaares geschieden sind. Irgendetwas Entscheidendes war in der Kindheit der Königskinder schief gelaufen! Elizabeth hatte wahrscheinlich nicht erkannt, dass es für das zerbröckelnde britische Dominion wohl wichtig war, eine vorbildliche Königin zu sein, dass sie aber ihren Kindern gegenüber die Verpflichtung gehabt hätte, eine echte Mutter zu sein.

Die Scheidungen im eigenen Haus mussten für die konservative Queen eine ungewöhnliche psychische Tragödie dargestellt haben. Denn jetzt hatte sich all das in ihre eigenen vier Wände eingeschlichen, was sie so sehr bei ihrem Onkel verabscheut hatte. Und sie hatte nicht mehr die Möglichkeit, den Zeichen der Zeit durch Hinweise auf althergebrachte

Traditionen zu widerstehen. Ihr blieb keine andere Wahl, als den offiziellen Scheidungen zuzustimmen, wollte sie nicht riskieren, dass das britische Königshaus in immer tiefere Schlammschlachten verwickelt würde.
Die internationale Presse hatte natürlich bei all den Rosenkriegen bei den Royals kräftig mitgemischt. Nicht erst bei Diana.
Als Diana Frances Spencer am 1. Juli 1962 das Licht der Welt erblickte, da konnte wirklich noch niemand auf den britischen Inseln und im Commonwealth ahnen, dass nur dreieinhalb Jahrzehnte später dieses Mädchen einmal in die Geschichte eingehen würde. Die Geburt der Tochter war für den Viscount of Althore und seine Gemahlin eher eine Enttäuschung, denn sie hatten sich nach zwei Töchtern sehnlichst einen Sohn und Erben gewünscht. Viel hing nämlich davon ab, ob in der nächsten Zeit ein männlicher Nachkomme geboren würde, Titel und Besitz waren an einen Sohn geknüpft. Nach altem englischen Recht würde alles an Landgütern und auch die Grafenwürde an den nächsten männlichen Verwandten übergehen, wenn sie ohne männlichen Erben blieben.
Man kann sich vorstellen, wie untröstlich der Viscount und seine Gemahlin gewesen waren, als der endlich ersehnte Sohn John noch am Tage der Geburt gestorben war. Das Schicksal hatte es wahrlich bis jetzt nicht gut mit ihnen gemeint! Was sie am Geburtstag ihrer kleinen Tochter nicht wissen konnten, war, dass sich nach einiger Zeit doch noch ein Sohn einstellen würde, sodass wieder eitel Freude im Park House auf dem Sandringham Estate hätte herrschen können. Aber die Eltern Dianas und ihrer Geschwister hatten sich auseinandergelebt, sie hatten sich schon bald nach ihrer Hochzeit wenig bis gar nichts mehr zu sagen. Dabei hatte der ungewöhnlich gut aussehende Johnnie Althorp die attraktive achtzehnjährige Frances aus Liebe geheiratet.
Oder beide hatten, jung wie sie waren, die ungewöhnliche sexuelle Anziehungskraft, die einer auf den anderen ausübte, mit Liebe verwechselt. Wenngleich sie einander körperlich anzogen, hätten sie niemals heiraten dürfen, denn die Gegensätze zwischen dem geistig eher uninteressierten Johnnie und seiner hochintelligenten Frau waren riesengroß. Sie konnten keine Brücke der Gemeinsamkeit finden, denn alles, was ihn interessierte, langweilte sie tödlich und zu dem, wofür sie schwärmte, hatte ihr Mann nicht den geringsten Zugang. Beider Schicksal sollte sich bei ihrer Tochter Diana in ähnlicher Weise wiederholen!
Es kam, wie es beinah vorauszusehen gewesen war: Die schöne Frances fand einen Mann, der sie nicht nur körperlich reizte, sondern mit dem

sie auch auf andere Weise harmonierte. Dass dieser Mann Peter Shand Kydd bis zu ihrem Auftauchen eigentlich recht glücklich verheiratet gewesen war und Kinder hatte, störte Frances herzlich wenig. Sie wusste, als sie ihn zum ersten Mal sah, dass er für sie der Mann fürs Leben war! Peter Shand Kydd stammte aus einer wohlhabenden Tapetendynastie. Er hatte bei der Marine gedient und bis dahin eigentlich ein eher solides Leben geführt, das plötzlich durch die Bekanntschaft mit der Viscountness Althorp in vollständig andere Bahnen gelenkt wurde. Aber er konnte seinem Schicksal nicht entgehen, und so sehr er die Absicht hatte, der schönen Frances zu widerstehen, so gab es doch keinen anderen Weg für ihn, als sich scheiden zu lassen und sie zu heiraten.

Dabei verlor Frances nicht nur Johnnie, an dem ihr schon lange nichts mehr gelegen war, sondern auch ihre Kinder, da Frances' Mutter sich bei der Scheidung gegen die Tochter ausgesprochen hatte. Die Mutter, Ruth Fermoy, eine ungewöhnlich starke Persönlichkeit, hieß nämlich den Lebenswandel ihrer Tochter und die Konsequenzen, die sich daraus ergaben, nicht nur nicht gut, sie verdammte die Leidenschaftlichkeit Frances' in Grund und Boden. Ihre Aussagen vor Gericht veranlassten die Richter, die Kinder, ganz gegen die allgemeine Gewohnheit, dem Vater zuzusprechen. Selbst die Tatsache, dass Johnnie Althorp, der nach dem Tod seines Vaters der nächste Earl of Spencer werden sollte, sicherlich nicht lange allein bleiben würde und die Kinder dadurch eine Stiefmutter bekommen würden, änderte an der Einstellung der Richter und ihrer Entscheidung nichts.

Warum Ruth Fermoy so gehandelt hatte, ließ sich lange Zeit schwer erklären. Aber sie fühlte sich in ihrem tiefsten Herzen so sehr der Königsfamilie verpflichtet, dass sie eine Scheidung ihrer Tochter in diesen Jahren, als bei den Royals die Welt noch in schönster Ordnung war, als persönliche Schande betrachtete. Wenn es auch immer wieder die heftigsten Liaisonen gerade in den oberen Schichten der Gesellschaft gegeben hatte, so betrachtete man öffentliche Scheidungen, wo intimste Dinge vor den Augen der neugierigen Menge ausgebreitet wurden, als absolut shocking. Sollte jeder tun, was er wollte und für richtig hielt, wenn er nur den Schein wahrte! Und ihre Tochter hatte diese Grundregel der Gesellschaft verletzt, es gab für sie kein Pardon.

Obwohl die Kinder durch den Einfluss der Großmutter die Mutter verloren hatten, so übte Ruth Fermoy doch ein Lebens lang großen Einfluss auf Diana und deren Geschwister aus. Sie zog die Fäden im Hintergrund, vor allem in einer Zeit, als der Vater verheiratet war. Die neue Viscountess Althorp war eine Dame mit einem bewegten Vorleben, ebenfalls wie Johnnie Althorp geschieden und Mutter von vier Kindern. Sie hatte Johnnie ins Visier genommen und – obwohl er versuchte, aus den Netzen, die sie geschickt ausgeworfen hatte, zu entkommen, auch geheiratet. Margret Herzogin von Argyll, allgemein Raine genannt, besaß eine ungewöhnlich sinnliche Natur. Ihrer Ausstrahlung konnte so leicht keiner entgehen, auch nicht Johnnie Althorp. Nach einem heftigen Tete-a-tete mit ihr war sein Blut so in Wallung geraten, dass er in ihren Armen einen Schlaganfall erlitt. Schon damals hätte er ahnen können, was auf ihn zukam.

Diana und ihre Geschwister waren entsetzt, als sie vernahmen, welche Wahl ihr Vater getroffen hatte. Deshalb war es kein Wunder, dass sie sich immer mehr, wenn sie zur Ferienzeit die Internate verließen, der Großmutter anschlossen. Ruth Fermoy versuchte alles, damit ihre Enkelkinder mehr als nur die übliche Bildung für höhere Töchter und Söhne bekommen sollten.

Sie war selbst hochmusikalisch und hatte vor ihrer Eheschließung die Absicht gehabt, Musikerin zu werden. So oft sie konnte, nahm sie Diana und deren Geschwister in Konzerte mit und veranstaltete selbst in ihrem Haus Liederabende, wo sich die heranwachsende Diana jedoch mehr als langweilte. Daneben nahm Ruth jede Gelegenheit wahr, die Kinder in die große Gesellschaft einzuführen, wobei sie alles daran setzte, den engen persönlichen Kontakt mit der königlichen Familie wiederherzustellen.

Schon in früheren Jahren hatten Sarah und Jane, Dianas Schwestern, mit den Königskindern in Sandringham gespielt, wenn die Königsfamilie hier Urlaub machte. Ihnen war es erlaubt, die Queen mit Tante Lilibet zu betiteln, und Charles und Ann waren glücklich gewesen, wenn sie mit den Althore-Kindern durch Wald und Flur streifen konnten. Diana und ihr jüngerer Bruder Charles waren zu klein gewesen, um mit von der Partie sein zu können, sie kannten eher die Prinzen Andrew und Edward.

Ruth Fermoy hatte eine sehr enge Freundin, und die war keine geringere als die Queen Mum. Ruth war eine der Hofdamen der Königinmutter und allmählich hatte sich eine wirklich herzliche Freundschaft zwischen den beiden Damen entwickelt. Man trank gemeinsam Tee und unternahm auch ab und zu einen Spaziergang, auf dem alle möglichen Dinge ventiliert wurden.

Natürlich waren die Enkelkinder und deren Zukunft ein Hauptthema von Ruth und ihrer hohen Freundin. Und so lag die Idee nahe, irgendwie eine Verbindung der beiden Familien zustande zu bringen. Immerhin waren die Spencers uralter britischer Adel, und der deutschstämmigen

Königsfamilie würde eine wirklich altenglische Blutauffrischung nicht schaden! Denn nur die Vorfahren der Königin-Mutter stammten aus Schottland und hatten so einheimisches Blut in die Familie gebracht. Prinz Philip, der Herzog von Edinburgh, besaß einen griechischen Großvater und einen deutschen.

Zunächst nahm man Sarah ins Visier, die man als geeignete Frau für Prinz Charles ansah. Die Großmutter hatte natürlich keine Ahnung, dass Sarah im Internat allzu gerne, vielleicht aus einer gewissen Einsamkeit heraus, tief in die Flasche schaute und wirkliche Probleme mit dem Alkohol hatte. Je mehr sie aber trank, vornehmlich Wodka, weil der keine »Fahne« hinterließ, desto weniger aß sie. Eine schwere Magersucht war die Folge, die kaum in den Griff zu bekommen war, da man zu dieser Zeit noch wenig mit diesem Phänomen anzufangen wusste.

Trotzdem fanden Prinz Charles und Sarah einander bei einem arrangierten Treffen nach langer Zeit zunächst sympathisch, und es schien, als würde die Rechnung der beiden Großmütter aufgehen. Diana war zu dieser Zeit 16 Jahre alt, ein hoch gewachsener Teenager, der weder an eine Romanze noch an eine Heirat dachte. Sie lebte in einer anderen Welt und verschlang die bittersüßlichen Liebesromane von Barbara Cartland, die die Stiefgroßmutter selber geschrieben und ihr bei jedem Besuch auf Althore mitgebracht hatte.

Diana war nach der Scheidung der Eltern in das bekannte Internat Riddlesworth Hall in Norfolk gekommen, wo sie bis kurz vor ihren 13. Geburtstag bleiben sollte. So wie alle Kinder, die sich plötzlich einer anderen Umgebung ausgesetzt sahen, litt Diana an Heimweh. Allerdings trug die Situation der gespaltenen Familie dazu bei, dass sie sich schnell an die neue Umgebung und an die anderen Mädchen gewöhnte. Diana war keine herausragende Schülerin, im Gegenteil, sie erfüllte die Aufgaben, die die Schule stellte, mehr schlecht als recht. Ihre beiden älteren Schwestern waren bekannt für ihre Intelligenz, so dass die jüngere automatisch in den Schatten gestellt wurde. Dabei bedachte niemand, dass Diana gerade zu der Zeit, als die Eltern sich trennten, in einem Alter war, in dem man sich mit einem Kind besonders beschäftigen muss. Allein gelassen, wie sie war, kümmerte sie sich gern um ihre Tiere, ein Meerschweinchen und eine Katze, sonst hatte sie keine ausgeprägten Interessen. Erst später entwickelte sie eine ausgeprägte Liebe zum Tanzen, und sie hätte alles darum gegeben, Balletttänzerin zu werden. Aber diese Vorstellung musste sie sich schon sehr bald aus dem Kopf schlagen, denn man konnte beinahe zusehen, wie sie wuchs. Dieser Beruf war damit für sie völlig ausgeschlossen, da sie einfach viel zu groß war. Es gehörte für die höheren Töchter der Gesellschaft beinahe zum guten Ton, die West Head School in Sevenoaks in der Grafschaft Kent zu besuchen, wo der Lehrplan so gestaltet war, dass man aus allen Wissensgebieten etwas lernte, gerade so viel, um später bei den entsprechenden Tees und Partys Smalltalk-Konversation machen zu können. Viele Dinge wurden angeschnitten, nur ganz wenig vertieft. Auf korrekte, leicht snobhafte Sprache, vor allem auf die Verwendung des eher veralteten Konjunktivs sowie auf englische Literatur wurde besonderer Wert gelegt, denn Artikulation und Diktion waren und sind auch heute noch kennzeichnend für die »Upper classes«.

Diana war im Internat nicht unglücklich, sie wusste sich zu arrangieren und hatte bald eine Menge Freundinnen, allerdings keine beste Freundin. In ihrer umgänglichen Art war sie bei allen gern gesehen, und niemandem fiel so recht auf, dass sie eigentlich keinen Menschen wirklich an sich heranließ. Sie suchte keinen engen Kontakt in ihrer versteckten Schüchternheit, die sie so geschickt zu kaschieren verstand, dass man diese Charaktereigenschaft kaum bemerkte.

Ohne sich zu verstellen, zeigte sie wahrscheinlich niemandem ihr wahres Gesicht. So wie alle Mädchen des Internats hatte sie ihre Licht- und Schattenseiten, über die niemand lange nachgedacht hätte, wäre sie nicht später einmal die Frau des britischen Thronfolgers geworden. Erst dann erinnerte man sich an alle möglichen Eskapaden, und mancher ihrer Freundinnen fiel ein, dass Diana nicht immer lammfromm gewesen war. Obwohl sie sich stets bemühte, nie die Kontrolle über sich zu verlieren, konnte sie, wenn sie sich ungerecht behandelt fühlte, erstaunlich wütend werden. In solchen Situationen ging das Temperament mit ihr durch, und es dauerte einige Zeit, bis sie zu ihrem normalen Wesen zurückfand. Wenn sich auch so manche Erzieherin über diese überraschenden Zornesausbrüche wunderte, so nahm man sie Diana nicht allzu übel, denn im nächsten Moment war sie wieder das liebenswürdige und unproblematische Mädchen, das ohne viel Mühe das durchsetzte, was es sich vorgenommen hatte.

Die schulischen Leistungen Dianas blieben weit hinter denen ihrer Schwestern zurück, die beide ausgezeichnete Schülerinnen gewesen waren. Aber Diana fand keinen inneren Zugang zum Lernen. Was gingen sie schon die Probleme der Wissenschaft an, was interessierten sie die Ergebnisse der Forschung, wichtig für sie war, dass alles, was sie für ihr eigenes Wohlergehen brauchte, richtig funktionierte. Sollten sich andere über das Wie, Warum, Wieso den Kopf zerbrechen, sie hatte

ohnehin niemals die Absicht, in der Zukunft einen Beruf auszuüben, in dem man höhere Bildung benötigte.
Diana war nicht für trockene Büchergelehrsamkeit geboren, dafür war sie eine begeisterte Sportlerin. Schon bald bemerkte man in der Schule ihr Schwimmtalent, und beinahe verwundert stellte man fest, wie sie mit wahrem Feuereifer ständig danach trachtete, ihren Schwimmstil und ihre Schnelligkeit zu verbessern. Für das Pensionat machte sich ihr Eifer bezahlt, denn durch ihren Einsatz gewann ihre Mannschaft so manchen Titel. Auch später noch, als sie längst die Frau des englischen Thronfolgers war, schwamm sie täglich im Buckingham-Palast vor dem Frühstück ihre Längen. Mit dieser Leidenschaft stand sie beinahe allein in ihren Kreisen, denn in der höheren Gesellschaft war es allgemein üblich, die Freizeit mit Reiten zu verbringen. Diana konnte diesem Sport nichts abgewinnen, sie hatte in ihrer Kinderzeit zu schlechte Erfahrungen mit den unberechenbaren Pferden gemacht. Vielleicht hatte sie sich damals irgendwie falsch verhalten und das Pony, auf dem sie reiten wollte, aus irgendeinem Grund erschreckt. Das Tier, das zunächst einen friedlichen Eindruck gemacht hatte, warf Diana plötzlich in hohem Bogen ab. Sie fiel so unglücklich, dass sie sich den Arm brach.
Es war kein Wunder, dass das junge Mädchen eine Scheu vor Pferden entwickelte und sich andere Sportarten als Hobby aussuchte. Wie sich aber später herausstellen sollte, wurde ihre Abneigung gegen Pferde und den Reitsport zu einem echten Handikap für sie. Denn alle Mitglieder der englischen Königsfamilie waren fanatische und beinahe besessene Reiter, auch Prinz Charles. Wahrscheinlich versuchte er, seine junge Frau zu überreden, ein Pferd zu besteigen und es noch einmal zu versuchen, aber Diana konnte dieses üble Kindheitserlebnis niemals so recht – auch nicht mit einem sehr privaten Reitlehrer – überwinden. Lieber wich sie einen Schritt zurück, als auf ein Pferd direkt zuzugehen, etwas, was Reiter sicherlich nicht verstehen können. Und da weite Ausritte für die Königsfamilie üblich waren, besonders wenn man den Urlaub in Sandringham oder auf einem anderen Schloss verbrachte, stand Diana von vornherein im Abseits, sie fühlte sich zuerst nur vernachlässigt, später allein gelassen, da keiner auf sie Rücksicht nahm.
Das Internat bot außer den Wassersportarten und dem Reiten noch andere sportliche Aktivitäten an. So spielten die Mädchen mit wahrer Begeisterung Landhockey oder Ball über die Schnur, eine Vorform des beliebten Volleyballs. Natürlich waren auch Plätze für Rasentennis vorhanden, da dieser Sport, bevor er zum wahren Volkssport wurde, noch als exklusiv galt. Tennis faszinierte Diana, talentvoll, wie sie für

alle Ballspiele war, entwickelte sie sich zu einer guten Spielerin, ohne allerdings jemals ein Turnier zu gewinnen. Sie spielte zwar leidenschaftlich gern, aber nur um des Spielens willen, nicht wegen des Sieges. Schon als junges Mädchen zeigte sich, dass sie keine Kämpfernatur war. Sie konnte sich für alles begeistern, was ihr mühelos in den Schoß fiel und wofür sie keinen allzu hohen Tribut zahlen musste. Und so sollte es letztlich ein Leben lang bleiben!

Wie die Zukunft Dianas aussehen würde, darüber machte sich höchstens die Großmutter Ruth Fermoy Gedanken. Der Vater, Johnnie Althorn, hatte ganz andere Sorgen. Denn nach dem Tod seines ungeliebten Vaters wurde er zum achten Graf Spencer und übersiedelte mit Sack und Pack auf das riesige Landgut der Spencers, nach Althore, den alten Familiensitz, ungefähr zehn Kilometer von Northampton entfernt.

Das Herrenhaus in dem weiten Park war ein romantischer, verträumter Besitz gewesen, so lange, bis die neue Herrin ihre Ideen zu verwirklichen begann.

Denn Raine, Johnnie Althorps zweite Frau, konnte mit dem, wie sie glaubte, verstaubten Interieur nichts anfangen. Die Gemälde der alten Meister, die wertvollen Teppiche und das kostbare Porzellan, das aus Familienbesitz stammte, machten wenig Eindruck auf sie. Raine hatte ganz andere Vorstellungen von einem Familienbesitz. Er sollte nicht nur die Tradition widerspiegeln, er sollte auch den Gegebenheiten und dem Komfort der heutigen Zeit entsprechen. Deshalb setzte sie alles daran, das Haus von Grund auf umzukrempeln, es moderner, heller und luxuriöser zu gestalten. Mit unbezähmbarer Aktivität ging sie ans Werk. Das nötige Geld, das sie für ihre Sanierungsmaßnahmen brauchte, war nicht schwer zu finden, denn an den Wänden hingen in düsterem Licht alte Meister, Gemälde von van Dyck, Gainsborough und Rubens. Ohne mit der Wimper zu zucken, bot Raine verschiedene Bilder aus der wertvollen Sammlung Kunsthändlern an und meinte, gute Preise zu erzielen. Wie sich aber schon allzu bald herausstellte, verkaufte sie so manches Kunstwerk für ein Butterbrot, um dann in Althorp den wertvollen Boden mit modernen Spannteppichen auslegen zu lassen. Auch die alten Kamine fand sie langweilig. Sie mussten einer modernen automatischen Heizung weichen oder blieben höchstens als Attrappen erhalten.

Johnnie ließ seine dynamische Frau schalten und walten, wie sie wollte, er hatte an kulturellen Dingen ohnedies kein allzu großes Interesse. Er war glücklich, dass Raine eine Lebensaufgabe gefunden hatte, und konnte das Misstrauen seiner Kinder Raine gegenüber nicht verstehen.

Denn mit immer größer werdender Sorge registrierten Diana und ihre Geschwister, was die Stiefmutter alles verkaufte. Ob sie an den einzelnen Gemälden persönliches Interesse hatten, bleibt dahingestellt, aber immerhin ging es um ihr Erbe. Der Besitz wurde von Monat zu Monat geschmälert, und alle waren sich sicher, es würde nicht viel übrig bleiben, wenn Raine weiterhin schalten und walten konnte, wie ihr der Sinn stand.

Die beiden älteren Schwestern Dianas, Sarah und Jane, vermieden es, unter einem Dach mit der ungeliebten Stiefmutter zu wohnen. Sie hatten es fertig gebracht, mit Raine zwei Jahre lang kein Wort zu wechseln. Diana hatte zwar auch keinerlei Beziehung zur zweiten Frau ihres Vaters, sie kam aber doch in den Ferien ab und zu nach Althorp, wo sie sich in ihr Zimmer zurückzog und die Romane der Stiefgroßmutter verschlang. Sonst sah man sie kaum, höchstens dann, wenn sie zum Schwimmen oder Tanzen ging. Diana vergrub sich in die Welt ihrer Romanhelden. Auch sie wollte einmal aus Liebe heiraten, vielleicht einen Lord oder gar Prinz Charles, den sie, je älter sie wurde, aus der Ferne immer mehr bewunderte und über den sie alles bis ins kleinste Detail las, was in den Gazetten zu finden war. Allmählich entwickelte er sich zum Mann ihrer Träume. Einer Freundin, die sie in dem Schweizer Internat, dem Institut Alpin Videmanette in Rougemont, gewonnen hatte, teilte sie ernsthaft mit, dass sie die feste Absicht hätte, einmal Prinzessin von Wales zu werden. Das Mädchen horchte erstaunt auf und lachte über diese spaßige Idee. Warum sollte ausgerechnet der begehrteste Junggeselle weit und breit die eher eckige Diana Spencer heiraten? Was die Freundin in der Schweiz nicht ahnen konnte, war, dass Diana aus dem Funken, der ihr plötzlich durch den Kopf gespukt hatte, allmählich ein Feuer entfachte, das sie nicht mehr löschen wollte. Warum sollte es nicht Charles sein? Schließlich hatte er sich noch nicht entschieden. Sie musste nur auf eine entsprechende Gelegenheit warten. Sie wollte früh heiraten, das war Diana schon lange klar. Andere Perspektiven gab es für sie nicht. Sie würde ihre Erfüllung als Ehefrau und Mutter ihrer Kinder finden, wenn möglich als Mitglied der High Society, noch besser als Teil der Royal Family.

Diana hinterließ überall, wo sie auftauchte, keinen besonderen Eindruck. Auch ihre Lehrerinnen in der Schweiz konnten nicht allzu viel über ihre Fähigkeiten aussagen. Ihre Französischkenntnisse, die sie hier verbessern sollte, waren genauso dürftig wie ihr allgemeiner Wissensstand. Wäre sie nicht später die Frau des britischen Thronfolgers und Prinzessin von Wales geworden, so hätte man nie mehr ein Wort über sie in dem Internat verloren.

Als sie nach England zurückkehrte, suchte sie sich zunächst einen Job, so wie andere junge Leute. Es war in den Siebzigerjahren zwar nicht allzu schwer, eine Beschäftigung zu finden, aber man brauchte auch damals gewisse Voraussetzungen, Abschlussprüfungen oder Diplome, um einigermaßen gut zu verdienen. Dies alles besaß Diana nicht. So blieb ihr nichts anderes übrig, als sich als Kindermädchen bei verschiedenen Familien zu verdingen. Und da sie mit Kindern sehr gut umgehen konnte, war man mit dem freundlichen jungen Mädchen zufrieden, wobei man fand, dass sie es als Tochter von Lord Spencer nicht nötig gehabt hätte, so zu arbeiten.
Aber Diana wollte sich aktiv ihren Lebensunterhalt verdienen und daher war ihr keine Tätigkeit zu gering, sodass sie auch ab und zu eine Stelle als Putzfrau annahm. Wenn sie dann in ihren Jeans und mit einer Strickjacke bekleidet erschien, konnte niemand ahnen, dass diese junge Frau einmal im Jahr 1995 3000 Kleider in ihren Schränken haben sollte, wozu eine 50 Meter lange Kollektion von Ballroben kam, von den 600 Paar Schuhen und 400 Hüten ganz zu schweigen!
Nachdem sie den Schulen endgültig den Rücken gekehrt hatte, wohnte Diana zunächst einmal im Haus ihrer Mutter in London. Allerdings verkaufte Frances das Gebäude, und die Tochter war gezwungen, sich nach einer anderen Bleibe umzusehen. Es war ein glücklicher Zufall, dass Diana von ihrer Urgroßmutter Fanny Work, die in Amerika ein Vermögen erworben hatte, die nötigen 50 000 Pfund geerbt hatte, um sich eine geräumige Wohnung kaufen zu können. Mit den drei Schlafzimmern, dem gemütlichen Wohnzimmer und dem modernisierten Bad entsprach die Wohnung ganz dem Lebensstil eines Mädchens aus gutem Hause, wenn auch dieses Mädchen so manches Mal selbst bei ihrer Schwester Sarah für ein paar Pennys putzte.
Wenn man in späterer Zeit Diana als Prinzessin von Wales in ihren Glitzer- und Glamour-Roben vor Augen hat, umgeben von Luxus und Reichtum, dann kann man sich nur schwer vorstellen, dass diese Frau mit dem Putzlumpen in der Hand einmal Böden und Toiletten schrubbte. Und doch schien diese Tätigkeit, für die sie ein Pfund in der Stunde als Lohn erhielt, ihr nichts ausgemacht zu haben, denn sie war geradezu von einem Ordnungswahn besessen. Kaum hatte sie sich auf einer Party vom Büfett ein paar Happen geholt und einige Bissen gegessen, als sie schon aufsprang und den Teller wegräumte. Und hätte man sie gelassen, wie sie wollte, so hätte sie prompt auch noch das Geschirr abgewaschen. Sie hasste nichts so sehr wie Unsauberkeit und Schmutz. Alles an ihr war zeit ihres Lebens adrett, sauber, ja beinahe penibel.

Um Geld zu sparen, vermietete sie zwei ihrer Schlafzimmer an ganz gewöhnliche Mädchen, die alles andere als von adeliger Herkunft waren. Mit ihnen verbrachte Diana lustige Stunden, man arrangierte Dinerpartys, für die Diana selbst kochte und dafür größtes Lob einheimste. In ihrer nach modernsten Gesichtspunkten eingerichteten Küche fühlte sie sich ganz besonders wohl. Sie wäre sicherlich eine hervorragende Gastgeberin geworden, hätte sie später die Möglichkeit gehabt, selbst Hand anzulegen, um die Gäste persönlich zu verwöhnen. Aber immer noch spukte ihr der Plan, Prinz Charles zu heiraten, durch den Kopf, und sie wusste damals vielleicht selbst noch nicht, dass daraus wahrlich eine fixe Idee werden sollte.
Wie die meisten jungen Mädchen ihrer Generation war Diana kein Kind von Traurigkeit. Man sah sie auf Partys bis zum Morgengrauen tanzen, sie amüsierte sich im Kreise von gleichaltrigen Freunden, besuchte Konzerte, in denen die Beatles spielten und war eine begeisterte Kinogängerin. Und da sie kein unhübsches Mädchen war, konnte sie sich über einen Mangel an Verehrern nicht beklagen. Sie wollte, wie die anderen auch, ihr junges Leben genießen. Dabei spielte die Gesellschaftsschicht, aus der sie kam, natürlich eine bedeutende Rolle, denn sie verkehrte wiederum nur mit jungen Männern aus ihren Kreisen. George Plumptre, der Sohn eines Oberhausmitgliedes, ein gepflegter junger Mann, acht Jahre älter als Diana, war wahrscheinlich der erste, in den sich Diana verliebte. Es war eine unkomplizierte und zugleich komplizierte Beziehung, denn Diana war sich ihrer Gefühle ihm gegenüber wahrscheinlich nicht so sicher, wie es sich George erwartet hatte. Aber man lebte in einer aufgeschlossenen Zeit, in der man nicht allzu feste Bindungen eingehen musste, um gesellschaftlich noch »in« zu sein. Die lockeren Verhältnisse waren an der Tagesordnung, und niemand fand etwas dabei, wenn ein Mädchen heute mit diesem und morgen mit jenem in sehr vertraulichem Gespräch gesehen wurde. Die Frauen wollten endlich zeigen, dass man die Prüderie der vergangenen Generationen zu Grabe getragen hatte und sich voll und ganz emanzipierte. Wenn auch Diana im Innersten ihres Wesens einen schüchternen Kern besaß, so demonstrierte sie wie alle anderen aus ihrem Freundeskreis für eine moderne Welt der Frau. Als nächsten Freund wählte sie sich den etwas jüngeren Daniel Wiggin, einen Freund ihres Bruders Charles, einen ungewöhnlich attraktiven jungen Mann. Alle Freundinnen Dianas beneideten sie um den »sexy boy«, und es konnte nicht ausbleiben, dass schon sehr bald Gerüchte über eine nähere Beziehung zwischen den beiden zu kursieren begannen. Noch aber war es Diana mit keinem ihrer Verehrer ernst, da

keiner ihrer Anbeter ernstlich ans Heiraten dachte. Und das war es, was Diana wollte.
Ihre Schwester Jane war in ihren Augen zu beneiden, denn sie hatte einen wohl zwölf Jahre älteren Mann geheiratet, aber immerhin stand dieser Mann in enger Beziehung zur Königin von England. Robert Fellowes war Assistent des Privatsekretärs der Queen und wurde schließlich sogar Privatsekretär. Dadurch war es ihm möglich, im Königshaus aus und ein zu gehen.
Jane war immer die Lieblingsschwester Dianas gewesen, und deshalb konnte es nicht ausbleiben, dass Diana eine Einladung nach Sandringham bekam, wo die Königin und ihre Familie oft und gerne die Ferien verbrachte. Wahrscheinlich hatte die Schwester, ohne dass sie es ahnen konnte, Schicksal gespielt. Denn hier auf Sandringham war auch Prinz Charles anwesend, der allerdings ganz andere Dinge im Sinn hatte, als sich mit der in seinen Augen immer noch kindlichen Diana zu vergnügen. Charles war ein begehrter, nicht mehr ganz junger Mann mit einer ganz besonderen Ausstrahlung auf die Damen, die durch sein distinguiertes Wesen noch verstärkt wurde. Es konnte nämlich vorkommen, dass er stundenlang eine Dame mit außerordentlicher Liebenswürdigkeit behandelte, um sie dann am nächsten Tag beinahe zu übersehen. Warum er dies tat, blieb sein Geheimnis. Aber seine Methode schien ihre Wirkung nicht zu verfehlen, denn die Schönen im Lande scharten sich um ihn, wo er auftauchte, und wenn er auch keiner ernsthafte Versprechungen machte, so sahen es die Damen als Ehre an, zu seinen Favoritinnen zu zählen.
Obwohl die Queen sicherlich bestimmte Vorstellungen von einer zukünftigen Königin von England hatte, verwehrte sie Charles seine diversen Abenteuer nicht. Die Mädchen, die mit dem Prinzen von Wales in der Öffentlichkeit gesehen wurden, stammten aus allen möglichen Gesellschaftsschichten. Größtenteils jedoch hatten sie akzeptable Ahnen, wobei natürlich auch einige Schauspielerinnen ihre mangelnde Abstammung durch Popularität wettzumachen suchten. Am Ende der langen Liste aber stand eine Frau, die für Prinz Charles zum Schicksal werden sollte, obwohl er sich zunächst nicht für sie entscheiden konnte: Camilla Parker Bowles. Sie war eine Jugendfreundin gewesen, ein echter »Kumpel«, der mit dem Prinzen durch dick und dünn gegangen war, die reiten konnte wie der Teufel und die sich wenig aus Glanz und Glitter machte. Zu ihr fühlte sich der Prinz schon als junger Bursche hingezogen, sie strahlte Natürlichkeit und Unkompliziertheit aus. Warum Charles zuschaute, dass Camilla einen anderen heiratete, wusste

er wahrscheinlich selbst nicht, obwohl er diese Frau – auch später an der Seite Dianas – nicht vergessen konnte.
Als Diana der Einladung ihrer Schwester nach Sandringham gefolgt war, hoffte sie vielleicht, Prinz Charles aufzufallen. Denn immer hartnäckiger hatte sie sich ihren Freundinnen gegenüber geäußert, dass sie einmal Prinzessin von Wales werden wollte.
Und irgendwann musste der Start zu dieser Karriere gesetzt werden, einmal musste sie die Sache zielstrebig anfangen und mehr als nur ein paar belanglose Worte mit dem Prinzen wechseln. Obzwar Charles immer noch sehr zurückhaltend ihr gegenüber war, zeigte er sich doch überraschend freundlich, ohne allerdings genau zu wissen, was er mit dem jungen Mädchen eigentlich reden sollte. Denn schon bald hatte er erkannt, dass sie kein so rechtes Gesprächsthema hatte. Was hätte Diana in diesem Augenblick dafür gegeben, halbwegs gebildet zu sein oder zumindest über die kulturellen Ereignisse in London etwas Bescheid zu wissen.
Aber ein Anfang war für sie gemacht. Und durch die Verbindungen der Schwester würde diese Einladung nach Sandringham sicherlich nicht die letzte sein! Davon, dass auch die beiden Großmütter im Hintergrund arbeiteten, wusste sie natürlich damals noch nichts. Immer mehr wurde sich Diana darüber klar, dass sie ihr Ziel, das sie zunächst sich nur spaßeshalber gesetzt hatte, erreichen wollte. Alle, die sie kannten, wussten, dass sie ungewöhnlich ehrgeizig sein konnte und dass sie immer das bekam, was sie sich vorgenommen hatte. Wenn Prinz Charles die Absichten dieses eher unscheinbaren jungen Mädchen damals durchschaut hätte, wenn er gewusst hätte, wie aufreibend einmal ein Leben an ihrer Seite für ihn sein würde, hätte er einen großen Bogen um Diana gemacht und möglichst schnell das Weite gesucht.
Denn seine Chancen, ihren Netzen zu entkommen, wurden von Begegnung zu Begegnung kleiner. Noch aber nahm keiner ihrer Freunde Dianas Aussage wirklich ernst, dass es nicht mehr lange dauern würde und sie den Prinzen von Wales heiraten würde. Noch war Diana mitten im Trubel der Gesellschaft wohlhabender junger Leute, noch vergnügte sie sich in den entsprechenden In-Lokalen, noch tanzte man mit ihr nach den wildesten Rhythmen, noch konnte sie ungeniert die Nacht zum Tag machen, noch war sie Diana Spencer!
Dass sie ausgerechnet in das Bild einer zukünftigen Frau des britischen Thronfolgers passen sollte, das konnte Diana wirklich nicht ersthaft annehmen. Denn die Königsfamilie hatte selbstverständlich bestimmte Vorstellungen von der Frau, die Charles zum Altar führen sollte. Sie

sollte keine ausgeprägte Persönlichkeit besitzen, denn immerhin hatte sie sich den Regeln der Tradition und den Vorschriften des Königshauses anzupassen, sie musste natürlich der Anglikanischen Kirche angehören, denn seit 1701 waren Ehen für Angehörige des Königshauses mit Katholiken auf Grund des Act of Settlement verboten. Daneben durfte sie keineswegs durch überragende Intelligenz die Queen in den Schatten stellen, außerdem sollte sie auch nicht unbedingt künstlerische Ambitionen haben, denn wie leicht konnte es geschehen, dass so eine Frau Verbindungen zu merkwürdigen Künstlerkreisen pflegen wollte. Dazu hoffte man, dass die spätere Prinzessin von Wales eine gute Figur zu Pferde machen würde, eine Nichtreiterin war in der Köngisfamilie beinahe unvorstellbar! Aber dies würde sich vielleicht ändern lassen, reiten konnte man auch noch später erlernen. Dass Charles natürlich keine ausgesprochen hässliche Frau heiraten würde, darüber waren sich alle klar, die den Geschmack des Prinzen kannten. Als erwünschte Beigabe würde man es betrachten, wenn die zukünftige Braut von Prinz Charles noch Jungfrau wäre, denn einerseits wollte man sichergehen, dass ein zukünftiges Kind wirklich vom britischen Thronfolger stammte, und andererseits fürchtete man so manche geschmacklose Enthüllung eines eventuellen Vorlebens der zukünftigen Königin von England durch die Presse.

Ein Mädchen, das alle geforderten Eigenschaften in sich vereinigte, musste wahrscheinlich erst geboren werden. Solche Überlegungen stellte man auch im Umkreis der Queen an. Ob sich die Königin tatsächlich ernsthafte Sorgen um die private Zukunft ihres ältesten Sohnes machte, bleibt dahingestellt. Denn Prinz Charles hatte immerhin die Dreißig schon überschritten und musste letztlich selbst entscheiden können, wen er zum Altare führen wollte. Alles andere war schließlich Nebensache, Königin Elizabeth regierte nach wie vor und so würde es auch in den nächsten Jahren und Jahrzehnten bleiben. Der junge Thronfolger hatte wenig Aussichten auf eine wahre Lebensaufgabe. Seine Mutter konnte sich nicht entschließen, ihn in die Verpflichtungen eines zukünftigen Königs von Großbritannien einzuweihen und auch heute noch, mit 50 Jahren, vertritt Charles seine Mutter nur ab und zu wie ein Statist. Natürlich weiß Königin Elizabeth nicht erst seit dem tragischen Tod ihrer ehemaligen Schwiegertochter, an welch seidenem Faden die Monarchie in Großbritannien hängt. Sie fühlt auch, dass man sie selbst als Staatoberhaupt akzeptiert, Traditionen sind in England nur schwer zu brechen. Aber wie würde es mit einem Charles als König weitergehen? Zu viele offene Fragen tauchen auf, als dass sich die Queen entschließen könnte, ernsthaft eine Abdankung zu Gunsten ihres Sohnes ins Kalkül zu ziehen.

Auf der Strecke bleibt natürlich Prinz Charles, genauso wie seinerzeit der älteste Sohn der Königin Victoria, Edward VII., es kaum erleben konnte, das Erbe seiner Mutter anzutreten. Auch der österreichische Kronprinz Rudolf hätte, wenn er nicht im Jahre 1889 mit 30 Jahren aus dem Leben geschieden wäre, als 58-jähriger Mann sicher nicht mehr Weltbewegendes leisten können, als sein Vater im Jahr 1916 starb. Es verbirgt sich wahre Tragik hinter diesen Schicksalen, denn dass ein Kronprinz einen normalen Beruf erlernen könnte wie ein gewöhnlich Sterblicher, das ist ihm auf Grund seiner hohen Geburt versagt. Er hat einzig und allein die Aufgabe, sich auf die späteren Regierungsgeschäfte vorzubereiten, die irgendwann in ferner Zukunft auf ihn zukommen würden. Charles wartet immer noch.

Dass Charles in den Augen der Damen natürlich besonders attraktiv war, blieb kein Geheimnis. Und da er kein Kostverächter war, begannen seine Romanzen schon sehr früh. Dabei waren durchaus Mädchen von Stande unter den Auserwählten, die genauso gut wie Diana seine legitime Frau und nicht nur seine Geliebte hätten werden können. Selbst die überaus kritische Königsfamilie hätte auch die eine oder andere akzeptiert, ja man kann sagen, dass die Queen sicherlich Divina Sheffield lieber als Schwiegertochter gesehen hätte als Diana.

Vor allem die Großmutter machte sich Gedanken darüber, wen ihr Lieblingsenkel einmal in die Familie einführen würde. Das Heiratsspiel wurde zur Lieblingsbeschäftigung der alten Königin Elizabeth. Dabei beriet sie sich gerne mit ihrer guten Freundin, der Großmutter Dianas, mit Lady Fermoy. Und da lag natürlich nichts näher, als eine Verbindung der beidseitigen Enkel zu forcieren.

Je mehr die beiden alten Damen über das Thema diskutierten, umso mehr begeisterten sie sich für den Plan, dass Diana Prinz Charles heiraten sollte, sie schien auf Anhieb die Richtige für ihn zu sein. Vielleicht eine Spur zu jung, aber ein größerer Altersunterschied war noch nie ein Hindernis in den Königshäusern gewesen! Diana hatte sich allmählich zu einem attraktiven Mädchen entwickelt, besaß einen gewissen Charme, mit dem sie Charles sicherlich becircen würde, und außerdem wirkte sie eher zurückhaltend und versprach daher, gut formbar zu sein. Ein besonderer Trumpf von Lady Fermoy war natürlich noch, dass in den Adern der Enkelin seit Generationen reines englisches Blut rollte. Und das brauchte die vermischte englische Königsfamilie nun wirklich! Und wie man das Blatt auch immer drehte und wendete: Diana war die ideale

Frau für Prinz Charles, so dachten zumindest die beiden Großmütter! Dass alles ganz anders kommen würde, konnten die beiden alten Damen bei ihrer Kuppelei natürlich nicht vorhersehen. Denn sie hatten das wichtigste bei all ihren Überlegungen vergessen: die Liebe. Was noch vor hundert Jahren möglich gewesen wäre, eine Ehe auf Vertragsbasis, war im 20. Jahrhundert auch in Königsfamilien nicht mehr üblich. Diana wollte Charles heiraten, das war für viele kein Geheimnis. Und so wie sie alles geplant hatte, verliebte sie sich sogar in ihren Bräutigam und zukünftigen Mann, weil sie das für richtig fand. Er allerdings empfand für Diana niemals die große Liebe, die die Voraussetzung für ein ganzes Leben miteinander gewesen wäre. Er hatte sie wahrscheinlich aus vielen Gründen geheiratet, aber bestimmt nicht aus Liebe. Und so konnte die Verbindung der beiden niemals glücklich werden und endete, wie sie enden musste, in der Scheidung.
Vielfach wurde das Schicksal Dianas mit dem der Kaiserin von Österreich, Elisabeth, verglichen, und doch hinken alle Vergleichsmöglichkeiten. Denn Sisi hatte niemals beabsichtigt, Kaiser Franz Joseph zu heiraten, im Gegenteil, sie wehrte sich innerlich gegen diese Bindung, noch bevor sie dem Kaiser, der vor Liebe zu ihr blind für die Realität war, ihr Jawort gegeben hatte. Franz Joseph liebte seine Frau ein Leben lang, Prinz Charles Diana wahrscheinlich nie, was schließlich dazu führte, dass beide getrennte Wege – auch auf sexuellem Gebiet – einschlugen. Kaiserin Elisabeth verließ auch Franz Joseph, aber nicht, um bei anderen Männern Erfüllung zu finden, sondern, um ihren Einsamkeitsdrang zu befriedigen.
Zunächst schien aber der Plan der beiden Großmütter viel für sich zu haben, obwohl beide nicht die unterschiedlichen Interessen der beiden jungen Leute ins Kalkül zogen. Sie hätten auch für ihre Argumentation vielleicht den alten Spruch bemüht, dass Gegensätze sich sehr oft anziehen und es durchaus sein kann, dass gerade Menschen mit verschiedenen Neigungen sich bestens ergänzen. Aber Charles und Diana waren grundverschieden in ihren Vorstellungen vom Leben. Die Erziehung des Prinzen hat es mit sich gebracht, dass er eher ein grüblerisch veranlagter Mensch wurde, der sich gerne in die Einsamkeit zurückzieht, um dort neue Kraft zu schöpfen, wie er dies in Nepal praktiziert hat, in einer Zeit, da Diana schon im Gespräch war. Diana allerdings hielt es in einsamen Gegenden nicht aus, sie vermisste den Trubel der Großstadt und fühlte sich wohl, wenn das Leben um sie pulsierte. Charles hingegen konnte stundenlang am Wasser beim Fischen sitzen, einfach und praktisch gekleidet, während sie zeit ihres

Lebens und in allen Situationen schicke Kleidung bevorzugte. Vieles im Charakter der beiden stimmte in keiner Weise überein, dazu kamen ihre unterschiedlichen geistigen Interessen. Charles engagierte sich und engagiert sich auch heute noch für den Umweltschutz und die Erhaltung der Natur, etwas, was für Diana vollständig uninteressant war. Für sie war die Beziehung zu Menschen wichtig, mit denen sie sprechen und über ihre Probleme reden konnte, ihnen konnte sie Mut zusprechen und sie aufheitern. Sie brauchte nicht die Stille um sich, die Charles suchte, sie spielte genauso gern Tennis in der Halle wie in freien Natur, Beton bedeutete für sie nichts Bedrohliches, Unnatürliches, für sie war er ein Ausdruck des modernen Zeitalters, genauso wie die laute, rhythmische Musik, die die einzelnen Popgruppen darboten. Sie konnte mit klassischen Werken wenig anfangen, die Charles bevorzugte. Und wenn er sich auf dem Cello versuchte, dann konnte es vorkommen, dass sie aufsprang, und so schnell sie konnte, das Zimmer verließ. Ihr fehlte der Zugang zu all diesen Dingen, und es tauchte die Frage auf, ob sie sich jemals für irgendetwas auf kulturellem Gebiet hätte begeistern können, wäre sie in ihrer Jugendzeit wirklich in dieser Richtung angeleitet worden. Denn als junges Mädchen hatte sie weder die Theater Londons noch Covent Garden besucht, das Kino mit den meist seichten Filmen, die sie voll Begeisterung mit ihren Freunden anschaute, war ihre einzige Bildungsstätte gewesen.

An diese unendlich wichtigen Voraussetzungen für eine wirklich harmonische Ehe hatten die beiden Großmütter natürlich nicht gedacht, man blieb bei den Betrachtungen der beiden Charaktere mehr an der Oberfläche. Aber wer hatte schon, seit es Monarchien gibt, wirklich eine genaue Analyse des Wesens zweier Menschen, die man verheiraten wollte, vorgenommen? Wann hatte man sich in den europäischen Herrscherhäusern den Kopf darüber zerbrochen, ob die Braut und der Bräutigam tatsächlich zueinander passten, wenn Land- und Machtgewinn sich abzeichneten? In früheren Zeiten hatten die Menschen, die von ihren Eltern aus dynastischen Gründen füreinander bestimmt wurden, überhaupt keine Wahl gehabt, sie hatten den Partner nehmen müssen – ohne Wenn und Aber –, auch wenn es allen schon lange, bevor das Jawort am Altar alles endgültig besiegelte, klar war, dass beide in dieser Verbindung nur zutiefst unglücklich werden konnten. Nach einem großen Unglück sah es allerdings bei Charles und Diana zunächst nicht aus. Diana unternahm alles, um die Blicke des Prinzen von Wales auf sich zu ziehen, nachdem sie es sich in den Kopf gesetzt hatte, den englischen Kronprinzen zu erobern. Bei den ersten Einladungen in Cowes und auf Schloss Balmoral zeigte sich das junge Mädchen von seiner Schokoladenseite, sie umgirrte den eher spröden Charles nach allen Regeln der Kunst. Interessiert hörte sie zu, wenn er von seinem Einsatz bei den Polospielen berichtete, obwohl sie diesen Sport nicht ausstehen konnte, fragte nach, ob die letzte Jagd zu seiner Zufriedenheit abgelaufen war, was sie im Grunde ihres Herzens überhaupt nicht interessierte, erkundigte sich nach der Länge der Fische, die er aus den Gewässern gezogen hatte – etwas, was für sie vollständig belanglos war. Dazu lächelte sie in einer besonders reizenden kleinmädchenhaften Art, sodass selbst Königin Elizabeth, die Diana eher skeptisch gegenüberstand, den Eindruck gewinnen musste, dass dieses Mädchen vielleicht doch die Richtige für ihren ältesten Sohn sein konnte. Vielleicht, so dachte die Königin, hatte ihre Mutter wirklich den Blick der langjährigen Erfahrung, wenn sie ausgerechnet Diana Spencer so protegierte.

Dabei musste sich Diana wahrscheinlich gar nicht verstellen, wenn sie plötzliches Interesse für Dinge zeigte, die ihr in ihrem bisherigen Leben nichts bedeutet hatten, denn sie hatte sich, wie sie sich das vorgenommen hatte, trotz des großen Altersunterschiedes, wirklich in Charles verliebt. Auch sie konnte nicht ahnen, dass diese Verliebtheit zunächst alles überdecken würde, was in späteren Jahren ihre anfängliche Harmonie so empfindlich stören sollte. Außerdem hatte sie möglicherweise damals schon die feste Absicht, Charles, sollte er wirklich ihr Ehemann werden, von Grund auf ändern zu wollen. Was sie, wenn sie dieses Ziel verfolgte, völlig übersah, war, dass Charles ein Mann war, der mit beiden Beinen im Leben stand und seinen Lebensinhalt schon lange definiert hatte. Er war nun einmal keine 19 Jahre mehr wie sie und hatte feste Grundsätze, die er auch um ihretwillen niemals aufgeben würde.

Prinz Charles hätte Diana nie heiraten dürfen, denn er, der sonst so überkritisch den Mädchen gegenüber gewesen war, mit denen er auf den Titelseiten der Boulevardpresse immer wieder abgebildet war, kannte die echte Diana viel zu wenig, als er seine Entscheidung traf.

Er sah in ihr das halbwegs attraktive, blutjunge naive Mädchen, als das sie sich gab, und übersah dabei ihren brennenden Ehrgeiz und die Konsequenz, mit der sie allen Dingen, die sie besitzen wollte, hinterherjagte. Und das Hauptobjekt ihrer Begierden war er!

Wäre seine Beziehung zu Diana Spencer seine Privatangelegenheit geblieben, so hätte die Geschichte für beide anders verlaufen können. Aber wie immer es geschah, plötzlich wurde diese beginnende Romanze von der Presse aufgegriffen, und Diana stand von einem Moment auf den anderen im Rampenlicht der Öffentlichkeit. Journalisten und Reporter verfolgten sie, und Diana erkannte sehr bald, wie sehr der Prinz von Wales durch die Berichte in den Medien in Zugzwang gebracht werden konnte, vor allem, da plötzlich im »Sunday Mirror« eine Titelgeschichte erschien, in der berichtet wurde, dass Lady Diana den Prinzen von Wales an den Abenden des 5. und 6. November im königlichen Zug, der in Wilthire abgestellt auf einem Nebengleis stand, besucht hätte. Weit nach Mitternacht hätte sie den Zug verlassen! Dies war natürlich für alle, die Schicksal und Leben der Royals Tag für Tag verfolgten, eine ausgemachte Sensation. Denn bis jetzt hatte die Presse die königliche Familie halbwegs in Ruhe gelassen, man hatte sich mit Klatsch und Tratsch zurückgehalten, vor allem mit Rücksicht auf die Königin. Aber jetzt stand eine junge Frau im Mittelpunkt, die nicht nur den Kontakt zu den Medien suchte, sondern die auch gewillt war, ab und zu irgendein Geheimnis, das für die Leser von Interesse sein konnte, preiszugeben.

Es war ein seltsames Liebesverhältnis, das Diana zu den Medien und ihren Vertretern entwickelte, denn die Geister, die sie gerufen und die ihr geholfen hatten, die Frau des britischen Thronfolgers zu werden, wurde sie, als sie endlich erkannt hatte, wie sehr sie ihr privates Leben zerstörten, nicht mehr los.

Aber jetzt, als es darum ging, Prinzessin von Wales und vielleicht einmal Königin von England zu werden, da waren ihr alle Reporter recht, die dazu beitragen konnten, dass Charles in einen Teufelskreis geriet, aus dem er nicht mehr herauskonnte. Die einzige, die dies wirklich erkannte, war seine Mutter, die Königin, denn sie versuchte, so gut es ging, mit den Vertretern der Presse einen Konsens zu finden, um halbwegs wieder Ruhe in der Familie einkehren zu lassen. Die Königin war eine Respektsperson, deren Anordnungen man nicht unbedingt zuwiderhandeln wollte.

Durch die Berichterstattung im »Sunday Mirror« war der makellose Ruf, der bisher Diana umgeben hatte, natürlich gründlich gefährdet. Bis jetzt hatte man zwar nicht offiziell, aber doch ziemlich deutlich die Forderung gestellt, dass die Braut des Thronfolgers noch Jungfrau sein sollte, wenn er sie zum Altare führte. Dies schien nun endgültig vorbei zu sein, ohne Dianas Vorleben unter die Lupe nehmen zu müssen. Aber was kaum einer vermutet hätte, trat ein: Die Familie Spencer fühlte sich bemüßigt, alles zu dementieren, was ein negatives Licht in moralischer Hinsicht auf Diana geworfen hätte, und der eigene Onkel verkündete den überraschten Journalisten, dass seine Nichte ein absolut

unberührtes Mädchen wäre, schließlich sei sie neunzehn Jahre jung und in diesem zarten Alter wären sexuelle Beziehungen in diesen Kreisen unüblich!
Es blieb der Phantasie der Leser des »Sunday Mirror« überlassen, sich vorzustellen, womit sich Charles und Diana die Nachtstunden im königlichen Zug vertrieben hatten, eines aber erreichte Edmund Fermoy: Die Presse bohrte nicht weiter in Dianas Vergangenheit. Der Verbindung seiner Nichte mit dem britischen Thronfolger stand nun wirklich nichts mehr im Wege!
Als Prinz Charles am 24. Februar 1981 seiner Braut den mit Diamanten besetzten Saphirring im Werte von dreißigtausend Pfund an den Finger steckte, hatte Diana den schwierigsten Teil des Weges, um in den Buckingham-Palast zu kommen, zurückgelegt. Jetzt waren die Würfel für Charles und die königliche Familie endgültig gefallen, und man hoffte allseits, dass dieses junge zielstrebige Mädchen die richtige Frau für den Kronprinzen sein würde.
Die Einstellung der königliche Familie Diana gegenüber war zwiespältig, denn Prinz Philip machte kein Hehl daraus, dass er von der zukünftigen Schwiegertochter, von ihrem jungmädchenhaften Charme, ihrem hübschen Äußeren und ihrem Wesen hingerissen war. Auch die beiden Brüder von Charles, Prinz Andrew und Prinz Edward, waren durchaus der Meinung, dass Charles eine gute Wahl getroffen hatte. Natürlich war Diana zunächst der Liebling der Königinmutter, war sie doch die erste gewesen, die dieses Mädchen auserkoren hatte. Die Queen Mum konnte allerdings damals, als der Himmel noch voller Geigen hing, nicht ahnen, dass sich diese Verbindung einmal so negativ entwickeln würde. Die Königin selbst blieb Diana gegenüber reserviert und beinahe zugeknöpft, sie war niemals in ihrem Leben impulsiv gewesen und verhielt sich eher abwartend. Vielleicht wollte sie sich angenehm überraschen lassen. Der prachtvolle Ring, der die Herzen der meisten Frauen hätte höher schlagen lassen, war für Diana beinahe eine Enttäuschung, denn sie hatte sich ein wesentlich teureres Geschenk von ihrem Bräutigam erwartet. Charles hatte sie zum Kauf zu einem Juwelier seines Vertrauens mitgenommen und ließ sie unter den verschiedenen Modellen wählen, die er schon vorher ausgesucht hatte. Diana entschied sich bewusst für den teuersten Ring unter den vorgelegten, sie wollte ihrem Bräutigam dadurch wahrscheinlich zu verstehen geben, dass für sie das Teuerste gerade gut genug wäre, ein auffälliger Wink, den Charles aber kaum verstand. Denn zeit seines Lebens war und ist er äußerst sparsam, obwohl seine Mutter die reichste Frau dieser Erde ist und er selber auch

nicht gerade am Hungertuch nagt – aus seinen zahlreichen Besitzungen erzielt er Jahr für Jahr beachtliche Gewinne. Trotzdem drehte er auch Diana gegenüber jedes Pfund einzeln um, etwas, was Diana nie verstehen konnte, denn sie hatte wenig oder gar keine Beziehung zu Geld. Für sie war es lediglich wichtig, dass die Kassen stets reichlich gefüllt waren, um nach Lust und Laune aus dem Vollen schöpfen zu können. Die notorische Sparsamkeit von Charles betrachtete sie verächtlich als Geiz. Und vielleicht hatte sie damit nicht ganz Unrecht. Charles brachte es nämlich fertig, sich, wenn es nur irgend möglich war, einladen zu lassen, wenn er Gefahr lief, seine Geldbörse öffnen zu müssen. So erschien er gerne als Ehrengast bei den Poloturnieren, und ohne mit der Wimper zu zucken nahm er Flüge in Privatjets an, ohne sich zu revanchieren. Er stand und steht auf dem Standpunkt, dass es für jeden eine Ehre sein müsse, den Prinzen von Wales als Gast begrüßen zu dürfen.

Auch später, als Diana ihrem ersten Sohn das Leben schenkte, stellte sich ihr Mann zwar mit einem Diamantenhalsband ein, an dem ein Anhänger in Herzform glitzerte, aber selbst jetzt hatte Charles ein eher bescheidenes Geschenk gewählt. Wäre die Art des Kolliers nicht geradezu romantisch gewesen, hätte die junge Mutter, die sich ein weit teureres Präsent erwartet hatte, ihre Enttäuschung kaum verbergen können.

Wirklich kostbare Juwelen erhielt Diana nicht von ihrem Ehemann, sondern orientalische Potentaten ließen es sich nicht nehmen, sich mit wertvollsten Geschenken einzustellen und die schöne Prinzessin von Wales mit funkelnden Steinen zu verwöhnen. So überreichte ihr der Kronprinz von Saudi-Arabien eine Garnitur Diamanten und Saphire als bescheidene Gabe, wie er es ausdrückte, die an Schönheit und Kostbarkeit alles übertraf, was der Prinz von Wales jemals seiner Frau verehrte. Nur die Königin selbst und auch die Königinmutter öffneten ab und zu ihre Schatztruhen und schenkten der jungen Frau aus ihrem Privatbesitz einige kostbare Stücke zu verschiedenen Anlässen.

Der Verlobungstag hatte turbulent begonnen und sollte auch ganz so enden. Endlich hatte man die offiziellen Termine hinter sich gebracht, das obligate Winken vom Balkon des Buckingham-Palastes, den festlichen Lunch, die Interviews mit den Jounalisten und die Sitzungen mit den zugelassenen Fotografen der internationalen Presse. Der Abend, ganz privat im Kreise der Königsfamilie, konnte beginnen. Die Verlobungsfotos wurden gebracht, und das Brautpaar betrachtete neugierig die Ergebnisse der Fotografen.

Aber je mehr Bilder Diana von sich und Charles zu Gesicht bekam, umso düsterer wurde ihre Miene. Schließlich konnte sie ihr Entsetzen kaum mehr verbergen, denn auf den Fotos wirkte sie unvorteilhaft, beinahe matronenhaft. Und noch an diesem Abend beschloss sie, ihr Aussehen in Kürze zu ändern. Bis zur Hochzeit im Sommer wollte sie abspecken und rank und schlank von den Titelseiten der Illustrierten lachen.

Damit begann eine verhängnisvolle Entwicklung der jungen Frau, denn was zunächst aus Eitelkeit und Modetrend zustande kam, das konnte sie später kaum mehr bremsen. Sie begann streng zu fasten, und um das Hungergefühl zu betäuben, trimmte sie sich an den verschiedenen Martergeräten der Fitness-Studios fast bis zur völligen Erschöpfung. Dazu nahm sie Ballettunterricht und übte sich im Steptanz. Aber nach tagelangem Fasten befiel sie dann plötzlich eine unheimliche Lust zu essen, sie stürzte sich geradezu auf den Kühlschrank und schlang alles, was sie finden konnte, in Windeseile in sich hinein, ganze Torten, halbe Würste oder fette Saucen. War sie dann gesättigt, überkam sie das schlechte Gewissen und sie steckte den Finger in den Mund. Dabei übersah sie vollständig, dass sie drauf und dran war, an Bulimie, an Ess-Brech-Sucht zu erkranken.

Anfänglich konnten die Journalisten der Regenbogenpresse die Verwandlung Dianas miterleben und minutiös darüber berichten, wie viele Pfund die Lady ihrer Meinung nach schon heruntergehungert und heruntergeschwitzt hatte. Man war begeistert über die Verwandlung der jungen Braut, sie hatte sich von einem eher alltäglich wirkenden Entlein zum schönen Schwan gemausert, der sich auf den Titelbildern der Illustrierten attraktiv ausnahm. Wo immer die Reporter Diana aufspüren konnten, zückten sie die Kameras, und die Bilder gingen rund um den Erdball.

Aber plötzlich verschwand Diana hinter den Mauern des Buckingham-Palastes, und nur ab und zu wurde sie irgendwo in den Londoner Straßen gesehen und erkannt. Dann ging sie ihrer Lieblingsbeschäftigung nach und tätigte mit ihrer Mutter Einkäufe. Für Diana war Shopping keine notwendige Angelegenheit, es wurde für sie geradezu zu einer heiligen Handlung. Und so wie Charles alles hasste, was mit Kaufen und Konsum zusammenhing, so entwickelte Diana geradezu eine Leidenschaft, die vornehmen Geschäfte mit ihrem Besuch zu beehren und sie keinesfalls mit leeren Händen zu verlassen. Was hätte sie auch in den Wochen und Monaten vor der Hochzeit im Sommer anderes tun können? Sie hatte sonst kaum große Ambitionen, das einzige, woran ihr wirklich lag, war ohne Zweifel, Charles ganz und gar für sich zu gewinnen. Dass sie dabei den falschen Weg einschlug, wurde ihr damals und vielleicht auch später niemals bewusst. Sonst hätte sie sich ganz anders verhalten müssen und nicht als Lektüre entweder irgendwelche Modejournale oder – so wie in der Pensionatszeit – die Liebesromane ihrer Stiefgroßmutter Barbara Cartland ausgewählt. In diesen bittersüß-kitschigen Geschichten wurde Diana eine Welt vorgegaukelt, die sie sich selber an der Seite des späteren Königs von England als reiche Prinzessin aufbauen wollte. Sie erkannte dabei nicht, dass sie einmal mit ihren Illusionen allein dastehen würde, dass Charles ganz andere Interessen hatte, als ständig händchenhaltend und verliebt die Augen verdrehend sich neben ihr auf nächtlichen Parkbänken herumzudrücken.

Selbst jetzt, als Braut des britischen Thronfolgers, konnte sich Diana nicht entschließen, Konzerte oder Opern zu besuchen, diese Art von Musik war nicht nach ihrem Geschmack, sie gähnte schon vor Langeweile, wenn ein Sinfonieorchester die Instrumente zu stimmen begann. Weder mit klassischen Kompositionen konnte sie etwas anfangen, noch fand sie Zugang zu moderner konzertanter Musik. Auch die Kunstgalerien und Museen in London interessierten sie nicht. Und wenn sie später moderne Künstler empfing, die in der Kunstszene einen klingenden Namen besaßen, dann nur, um mit ihnen Smalltalk zu machen.

Prinz Charles musste schon bald erkannt haben, dass Diana weder über eine ausgewogene Bildung verfügte noch über allzu große Intelligenz. Aber sie war noch jung, und deshalb wiegte er sich in der Hoffnung, dass sie durch seine Initiative Verschiedenes annehmen würde, um dann auf den Geschmack zu kommen. Er machte den gleichen Fehler, den schon Hunderte von Männern vor und nach ihm begangen hatten, wenn sie meinten, dass sich ihre Frauen ändern würden. Nur ganz selten sind Frauen nach der Hochzeit bereit, an sich zu arbeiten und sich dem Niveau ihrer Männern anzugleichen – und umgekehrt.

Charles scheint zum Zeitpunkt der Verlobung keinesfalls bis über beide Ohren in Diana verliebt gewesen zu sein. Sonst hätte er in vielerlei Hinsicht anders handeln müssen. Zumindest hätte er die Frage eines Reporters, ob er verliebt sei, nach kurzem Zögern nicht so sphinxisch beantwortet: »Ja – was immer das auch bedeuten mag.«

War Diana auch nicht willens, sich mit den Problemen der Kunst und Wissenschaft auseinander zu setzten, um ihren geistigen Horizont zu erweitern, so war sie doch bereit, all das zu lernen, was für sie als zukünftige Prinzessin von Wales von Bedeutung war, um an der Seite ihres Mannes bestens zu wirken. Dazu gehörte es natürlich zu wissen, wie man sich in der Öffentlichkeit zu präsentieren hatte. Es wurde eigens

Lady Susan Hussey engagiert, die die junge Braut in die Geheimnisse der Royals einweihen sollte, in die Art, wie sie zu lächeln hatte, wie sie dem Volk zuwinken sollte, wieviele belanglose Wörter man bei den entsprechenden Gelegenheiten mit wem sprach, wie man hoheitsvoll schritt, ohne gekünstelt zu wirken, kurzum, Diana sollte zu einer echten Repräsentationsfigur werden.

Diana war eine gelehrige und talentierte Schülerin, wenngleich sie manchmal im Buckingham-Palast für Aufregung sorgte und sich den Unwillen ihrer zukünftigen königlichen Schwiegermutter zuzog. Ab und zu hatte sie nämlich das förmliche Zeremoniell einfach satt, das rund um die Uhr das Leben reglementierte. Dann zog sie sich ihre leuchtend roten Leggins an, schnallte sich Rollerblades an die Füße und sauste mit einem Walkman im Ohr durch die heiligen Hallen, vorbei an den erstaunten Bediensteten, die glaubten, ihren Augen nicht trauen zu können. Aber auch die Vorhaltungen, die sie nach so einer Aktion immer wieder bekam, konnten sie nicht davon abbringen, ihren jugendlichen Bewegungsdrang von Zeit zu Zeit auszutoben. Sie war eben 19 Jahre jung und wollte sich nicht ununterbrochen ladylike verhalten, wie man dies von ihr verlangte.

Und mit Verwunderung stellte man allgemein fest, dass durch das junge Mädchen ein klein wenig frischer Wind durch den leicht verstaubten Buckingham-Palast zu wehen begann, und so mancher Diener, der anfangs missbilligend den Kopf über die Prinzenbraut auf Rollerblades geschüttelt hatte, schaute amüsiert zu, wie sie geschickt um die Kurven in den langen Gängen flitzte. Wenn einer dann erschreckt zurücktrat, um sie vorbeizulassen, konnte es geschehen, dass Diana plötzlich stoppte und den Diener in ein kurzes Gespräch verwickelte. So etwas hatte es noch nie gegeben! Denn die Diener versahen manchmal jahrzehntelang ihre Aufgaben, ohne jemals ein persönliches Wort von den Royals gehört zu haben. Vielleicht war Diana wirklich die Frau, die der tradtionsbewusste ernste Thronfolger an seiner Seite brauchte! Sie würde sicherlich die Nähe zum Volk herstellen.

Was Prinz Charles wirklich dazu bewog, Diana Spencer zu seiner Ehefrau zu machen, ist bis heute nicht ganz geklärt. Aber es konnte natürlich sein, dass auch ihn ihre unkonventionelle Art beeindruckte, nicht nur ihr hübsches Gesicht und ihr tadelloser Körper. Sie brachte immerhin etwas Schwung in die Familie, wenngleich dieser Elan auch zu Unstimmigkeiten führte. Den Unmut der Königin zog sich die zukünftige Schwiegertochter jedoch des Öfteren auch bewusst zu. Aber einmal geschah dies ohne Absicht und ohne Zutun Dianas.

Reporter hatten sich im Kindergarten, wo sie noch tätig war, angesagt, um ein Interview mit ihr zu machen. Natürlich durften dabei auch – wie immer – die Fotografen nicht fehlen. Diana sollte mit den Kindergartenkindern für ein Foto posieren, so richtig herzerwärmend für die Illustriertenleser in aller Welt. Nichts ahnend nahm Diana den vorgeschlagenen Platz ein und konnte nicht ahnen, dass sie die Sonne im Rücken hatte. Die Bilder, die in den nächsten Tagen die Cover der Zeitschriften zierten, zeigten nicht nur die Braut des britischen Thronfolgers mit den ihr anvertrauten Kindern, sondern auch ihre wohlgeformten Beine der ganzen Länge nach. Der ungefütterte Rock Dianas war im Gegenlicht durchsichtig gewesen. Die Königin empfand die Aufnahmen mehr als shocking, während Charles stolz die schönen Beine seiner Braut betrachtete und sein Wohlgefallen darüber auch seinem Sekretär gegenüber äußerte.
Es war für Diana nicht allzu schwer, Königin Elizabeth gegenüber immer wieder in die Fettnäpfchen zu steigen, denn sie dachte nicht allzu lange darüber nach, was die zukünftige Schwiegermutter akzeptieren würde und was nicht. So erschien sie an der Seite von Prinz Charles auf einer Galaveranstaltung in London, auf der Fürstin Grazia Patricia eine Lesung hielt, zur allgemeinen Überraschung in einem schwarzen, tief dekolletierten großen Abendkleid, das mehr enthüllte als verbarg. Die Reporter waren entzückt, und auch Charles verbarg seinen Stolz auf seine attraktive, schöne Braut nicht. Nur die Königsfamilie zeigte sich entsetzt über die Geschmacklosigkeit Dianas, denn erstens waren derart freizügige Kleider keineswegs bei den Royals üblich, noch dazu, wo es sich nicht um eine Tanzveranstaltung gehandelt hatte, und andererseits grenzte es beinahe an einen Frevel, zu einem anderen Anlass als zu Trauerfeierlichkeiten die Farbe Schwarz zu tragen. Aber Diana hatte eines erreicht mit ihrer provozierenden Garderobe: Sie begann der Welt kundzutun, dass sie ihre eigenen Vorstellungen in der Zukunft auch gegen die Traditionen der Familie durchsetzen wollte! Sie war eine Frau des 20. Jahrhunderts, und als solche wollte sie leben und akzeptiert werden.
Die Hungerkuren hatten in den Monaten vor der Hochzeit ihre Wirkung gezeigt. Aus dem eher pummeligen Mädchen war eine attraktive junge Frau geworden. Die Welt schaute voller Spannung nach London, wo die letzten Vorbereitungen zur Hochzeit des Jahrzehnts getroffen wurden.
Schon einige Zeit vor dem festgesetzten Termin – die Eheschließung sollte am 29. Juli in der St. Paul's Cathedral stattfinden – war London in

Aufregung geraten. Das Fest der Feste warf seine Schatten voraus, und in allen Schaufenstern prangten die Konterfeis der Brautleute, Scharen von Reportern lagen Tag und Nacht auf der Lauer, um irgendwo noch mit einem Schnappschuss des Brautpaares das Geschäft ihres Lebens zu machen. Tausende von Schaulustigen aus allen Teilen der britischen Inseln hatten keine Unkosten gescheut und waren nach London gekommen, um auch einmal einen Blick auf die königliche Familie und natürlich vor allem auf das schöne Brautpaar zu werfen.

Am Vorabend feierte eine unüberschaubare Menschenmenge in allen Parks der Hauptstadt bei schottischem Whisky und englischem Ale. Zum grellbunten Licht der Raketen sang und tanzte man, ließ das Brautpaar hochleben und ahnte dabei nicht, dass alle guten Wünsche nichts fruchten würden.

Als dann der Morgen graute, war es an der Zeit, sich einen guten Platz am Straßenrand zu sichern, um vor allem einen Blick auf Diana werfen zu können, denn wie bei jeder Hochzeit war letztlich hauptsächlich die Braut von Interesse, obwohl Charles in seiner Admiralsuniform eine ausgesprochen gute Figur machte. Aber als die lächelnd winkende Diana in der gläsernen Kutsche an den jubelnden Menschen vorbeifuhr, da wurde für viele ganz plötzlich mitten im 20. Jahrhundert ein Märchen wahr.

Am Arm des Vates betrat die Braut die riesige Kirche, nachdem es beinahe zu einer Panne gekommen wäre. Denn obwohl Diana das Schreiten im Brautkleid, das eine acht Meter lange Schleppe besaß, im Buckingham-Palast geübt hatte, hatte man nicht daran gedacht, dass die Braut nicht nur in der Kirche schreiten, sondern zuerst einmal aus der Kutsche aussteigen musste. Und da bereitete ihr die ungewohnte Schleppe Probleme, und fast wäre sie aus der Kutsche gestürzt.

Ein Heer von Fotografen richtete seine Objektive auf die junge schöne Braut, ein Blitzlichtgewitter ging über sie nieder und blendete sie am hellen Tag, als sie auf das Kirchenportal zuschritt. Rundfunkreporter beschrieben ihren Hörern das Brautkleid in allen Einzelheiten und berichteten, dass es nostalgisch wirkte, denn Diana hatte ein Modell gewählt, wie es eine ihrer Ahnen auf einem Gemälde trug, das in Althore hing. Es war ein Kleid aus elfenbeinfarbener englischer Seide mit überweitem Rock, überreich mit Rüschen und Spitzen besetzten Ärmeln und einem glänzenden Mieder. Allerdings bemerkten die kritischen Augen der Journalisten auch, dass das Oberteil des Kleides nicht perfekt saß. Die griechische Schneiderin, die das Brautkleid mit der Hand genäht hatte, traf dabei keine Schuld, denn für sie hatte es sich beinahe als Ding der Unmöglichkeit gezeigt, einen perfekten Sitz zu erzielen, da die Braut immer noch von Tag zu Tag dünner wurde und das Mieder nach jeder Anprobe enger gemacht werden musste. Der Schleier, der kunstvoll mit einem Diadem im kurzen Haar befestigt war, vervollständigte den reizvollen Anblick der bezaubernden jungen Braut. Die Großnichte des Herzogs von Edinburgh, Prinzessin Katharina von Jugoslawien, sprach aus, was alle Hochzeitsgäste dachten: »Vor allem erinnere ich mich daran, wie überwältigend schön Diana aussah. Sie war eine wunderbare Braut.«

Charles und Diana waren ein schönes Paar, und die Millionen, die ihre Eheschließung vor dem Altar der St. Paul's Cathredral auf den Bildschirmen miterlebten, kamen auf ihre Rechnung. Es war die perfekte Illusion einer längst vergangenen Zeit mit ihren althergebrachten Traditionen, und Rührung überkam die Zuschauer in allen Teilen der Welt, als Diana ihr »I will« flüsterte. Die frisch gebackene Prinzessin von Wales war immerhin der längst vertraute Gast in den Wohnzimmern rund um den Erdball, und was man nicht aus den einschlägigen Fernsehübertragungen erfahren hatte, konnte man in den reich bebilderten Gazetten nachlesen. Die Illustrierten erlebten Rekordauflagen. Diana war zum absoluten Kassenmagneten geworden.

Die gesamte Königsfamilie war mit einem Schlag wieder populär geworden, obwohl immer mehr Stimmen zu hören gewesen waren, die den Sinn und den Nutzen einer monarchischen Verfassung in Frage gestellt hatten. Aber jetzt war man im britischen Weltreich stolz darauf, ein solches Fest zu erleben. Als sich die königliche Familie mit dem Prinzen und der Prinzessin von Wales auf dem Balkon des Buckingham-Palastes leutselig zeigte, da winkte und jubelte man den Royals begeistert zu und wäre gerne auch beim anschließenden Hochzeitsfrühstück wenigstens Zaungast gewesen, bei dem sich die High Society an Fischknödeln vom Butt mit Hummersauce, supreme de volaille und Erdbeeren mit Schlag delektierte. Zu diesen Köstlichkeiten wurden deutscher Wein und französischer Champagner gereicht.

Natürlich hielten die Fotografen aus aller Welt Wacht vor dem Buckingham-Palast, um die Abreise des jungen Ehepaares möglichst aus allernächster Nähe ablichten zu können. Die Jagd auf Diana hatte begonnen!

Charles und Diana verbrachten die ersten Tage ihrer Ehe auf Broadlands, einem Landsitz, der dem Großonkel des Prinzen, dem Grafen Mountbatten von Burma, gehörte. Hier hatten sich auch einst die Königin und Prinz Philip in den Flitterwochen zurückgezogen.

Nach diesen ruhigen Tagen begann die eigentliche Hochzeitsreise auf der königlichen Jacht Britannia, die vor Gibraltar vor Anker lag. Es war keine besonders gute Idee von Charles gewesen, das britische Schiff ausgerechnet in die Gewässer vor der Küste Spaniens zu beordern, denn seit Jahrzehnten bildet die vorgelagerte Insel Gibraltar einen Zankapfel zwischen Großbritannien und Spanien. Dass die Britannia vor der Küste Spaniens lag, war auch der Grund, warum der spanische König Juan Carlos und seine Gemahlin Sophie, die mit der englischen Königsfamilie sonst in gutem Einvernehmen standen, nicht an der Hochzeit in London teilgenommen hatten.
Die Hochzeitsreise verlief ganz so, wie es in den rosaroten Liebesromanen von Dianas Stiefgroßmutter Barbara Cartland, die Diana seltsamerweise nicht zu ihrer Hochzeit geladen hatte, nachzulesen war. Ein Angehöriger der Schiffscrew erzählte später, als der Honigmond längst vorbei war, über das jung vermählte Paar.
»Sie waren sehr glücklich. Es war offensichtlich, dass sie ineinander vernarrt waren. Er konnte seine Hände nicht von ihr lassen und sie saß ständig auf seinem Schoß, küßte ihn oder schmiegte sich an ihn.«
Sie vertrieben sich die Zeit mit Sonnenbaden, Schwimmen, Tauchen, Schnorcheln, ab und zu wurde in einer romantischen Bucht ein Barbecue veranstaltet, und wenn die Britannia wieder auf hoher See war, genossen sie die Zweisamkeit in ihrer Luxuskabine mit dem riesigen Bett, das man eigens für das junge Paar an Bord gebracht hatte. Prinzessin Ann hatte nämlich ihrem Bruder anvertraut, dass sie und ihr junger Ehemann Mark Philipp die zwei Doppelbetten hatten aneinander binden lassen müssen, damit sie durch den Seegang nicht ständig auseinander drifteten.
Der blaue Mittelmeerhimmel hing zunächst wirklich voller Geigen, doch was für Diana im Süden so verlockend geklungen hatte, erwies sich in der eher grauen englischen Wirklichkeit als eintönig. Denn Charles hatte – zu Hause angekommen – nichts Eiligeres zu tun, als nach Balmoral zu fahren, um dort, an seinem Lieblingsort, einige Zeit der Ruhe zu genießen. Dabei hoffte er, dass auch seine junge Frau am Landleben Gefallen finden würde, immerhin hatte sie, bevor sie geheiratet hatten, begeistert die Einladungen nach Balmoral angenommen. Aber seitdem hatte sich gewaltig viel geändert, und Charles glaubte seinen Ohren nicht trauen zu können, als er die ersten Vorwürfe über die Eintönigkeit des Lebens auf dem Lande aus Dianas Mund vernahm. Sie wollte in dieser ländlichen Einöde nicht versauern, sie fühlte sich noch viel zu jung, um hier mit ihrem Mann, der nicht gerade ein Alleinunterhalter

war, Abend für Abend am Kamin zu sitzen. Sie fand keinen Gefallen daran, ältliche Damen aus der Nachbarschaft zu empfangen, um mit ihnen Tee zu trinken und Smalltalk zu machen, und genauso wenig interessierten sie die langen Spaziergänge in der nebeligen Luft. So hatte sie sich ein Leben als Gemahlin des britischen Thronfolgers, als ranghöchste Prinzessin im Lande, beileibe nicht vorgestellt. Sie wollte sich amüsieren, in London leben und jeden Tag das kaufen, worauf sie gerade Lust hatte, wollte das Geld mit vollen Händen ausgeben und am Abend von einem Nobellokal ins andere ziehen.
Was Diana bei ihren Schachzügen um Charles nicht bedacht hatte, trat nun allzu deutlich zu Tage: Zwar waren ihr seine Eigenheiten auch früher schon aufgefallen, aber sie hatte sich fest vorgenommen, den Prinzen gründlich zu ändern. Dass ihr dies niemals gelingen würde, konnte sie damals nicht ahnen. Schon in den ersten Wochen nach der Hochzeitsreise trat das ein, was sie wohl beide nicht für möglich gehalten hatten: Sie hatten sich nichts zu sagen. Plötzlich waren ihnen die Augen aufgegangen, und sie hatten mit Schrecken festgestellt, dass keiner Interesse an den Dingen hatte, die dem anderen etwas bedeuteten. Jedes Gespräch erstarb in den Anfängen, keiner hörte zu, was der andere sagen wollte, denn keiner interessierte sich wirklich dafür. Wenn Charles seiner jungen Frau die Vorzüge des Landlebens, den Sinn des Schutzes der Natur erläutern wollte, verschloss sich Diana schon bei den ersten Worten, sie sah in der Stille um sie herum keinen Reiz, und Charles war auf beiden Ohren taub, wenn seine junge Frau ihn zu überreden versuchte, nach London zu fahren, um dort das Nachtleben zu genießen. Jeder für sich wollte das, was der andere von Grund auf verabscheute.
Noch etwas anderes hatte Charles bemerkt, was bei ihm geradezu Entsetzen verursachte: Er hatte festellen müssen, dass seine junge Frau völlig ungebildet war. Er war durch Diana auf der Hochzeitsreise von einer peinlichen Situation in die andere geraten, als sie beide beim ägyptischen Staatspräsidenten Sadat und seiner Frau zu Gast gewesen waren. So sehr sich auch die Sadats bemühten, Diana in ein Gespräch zu ziehen, umso unangenehmer fiel auf, dass sie außer ein paar platten Banalitäten zu keinem Thema etwas zu sagen wusste.
Damals hatte sich Charles vorgenommen, dafür zu sorgen, dass Diana dieses Bildungsdefizit so bald wie möglich aufholte. Oliver Everett, ein herzlicher, humorvoller und gebildeter Mann, der im Auswärtigen Amt sicherlich eine große Karriere gemacht hätte, wenn er sich nicht von Prinz Charles hätte überreden lassen, Dianas Privatsekretär zu

werden, sollte die Prinzessin anregen und anleiten, außer den Romanheftchen auch andere Dinge zu lesen. Charles hatte sich dies viel leichter vorgestellt, als es in Wirklichkeit war, denn Diana sah keine Notwendigkeit, sich mit Dingen zu beschäftigen, die sie nicht interessierten. Und so sehr sich Oliver Everett auch bemühte, ihr wenigstens nahe zu legen, sich über das Hintergrundmaterial, das sie für öffentliche Auftritte benötigte, zu informieren, so wenig Erfolg hatte er damit. Diana stand in ihrer freimütig naiven Art der Presse Rede und Antwort, und die Reporter und Journalisten erwarteten von der schönen Prinzessin keine tiefschürfenden Erkenntnisse. Es genügte ihnen, Diana in allen möglichen Posen, möglichst leicht bekleidet, vor die Fotolinse zu bekommen, alles andere war für die Leser der Regenbogenpresse ohnehin uninteressant.

Nach den ersten Schwierigkeiten des Zusammenlebens schien es, als würde Diana doch noch eine befriedigende Tätigkeit ausüben können, denn sie begann Highgrove House, ihren ersten Wohnsitz, von Grund auf zu verändern. Charles war von diesem Besitz hingerissen, er hatte sich vom ersten Tage an, wie er selbst sagte, in den Garten verliebt, den er selbst zu gestalten gedachte. Einzig und allein dem Garten brachte er Interesse entgegen, das im georgianischen Stil erbaute Haus mit seinen neun Schlafzimmern, den vier Empfangsräumen und den sechs Bädern interessierte ihn nicht allzu sehr, denn nach seinen Vorstellungen war es zweckmäßig und doch in dem komfortablen Stil eingerichtet, den er überall von den königlichen Schlössern gewohnt war.

Diana sah beim ersten Anblick, dass hier eine ordnende Hand nötig war. Man musste Highgrove vom Keller bis zum Dachboden entstauben und modernisieren. Und so wie sie in ihrer persönlichen Kleidung einen treffsicheren Geschmack entwickelte, der die Modeschöpfer inspirierte, so stattete sie die alten Räume mit neuem Glanz aus, alles wurde luftig und hell und blieb doch wohnlich und gemütlich. Und selbst der über die hohen Kosten, die die Renovierung verursachte, entsetzte Charles musste lobend anerkennen, dass es Diana gelungen war, ein freundliches Heim für sie beide zu schaffen.

Während dieser Aktivitäten, die Diana voll in Anspruch nahmen, bemerkte sie gar nicht, dass Charles seiner Wege ging. Es störte sie nicht, wenn er schon am frühen Morgen zum Fischen aufbrach oder erst am späten Abend nach einem Polospiel nach Hause kam. Sie hatte ohnehin die Hände voll zu tun. Aber alles hat einmal ein Ende, und so war das Haus schließlich blitzblank und alles hatte seinen Platz, selbst die letzte Vase. Aber Diana konnte ihren Erfolg hier nicht genießen, denn kaum war alles fertig, da kam ihr erst so richtig zu Bewusstsein, dass das Haus mitten auf dem Lande gelegen war und London mit seinen Unterhaltungsmöglichkeiten weit weg. Was sollte sie hier, mitten in dem großen Park? Für Charles schien Highgrove absolut zentral situiert zu sein, Windsor Castle war nicht allzu weit entfernt, seine Schwester Prinzessin Ann lebte beinahe nebenan, und der Poloplatz in Cirencester war nur einen Katzensprung entfernt. Für ihn schien Highgrove House das Zentrum der Welt. Nicht so für Diana, sie fühlte mit jedem Tag mehr, dass sie in dieser Einsamkeit nicht leben konnte und wollte.

Zunächst versuchte es Diana mit Schmeicheleien, ihren Mann dazu zu bewegen, wenigstens im Kensington-Palast eine Etage zu bekommen. Als Charles diesen Plan nicht weiter verfolgte und sich kaum um die Wünsche seiner Frau kümmerte, begann Diana, mit anderen Methoden ihr wahres Gesicht zu zeigen. Sie weinte und trotzte, schmollte und schrie, bis Charles, der jede Kontroverse, jeden Streit hasste, endlich seinen Widerstand aufgab. Auf diese Weise kam eine Art Waffenstillstand zustande, der Hausfrieden schien für kurze Zeit wiederhergestellt zu sein, und voller Freude richtete Diana auch die beiden Appartements im Kensington-Palast ganz nach ihrem Geschmack und Gutdünken ein. Sie konnte kaufen, soviel sie wollte, wenn auch der Prinz von Wales nur widerwillig zahlte.

Obwohl Charles und Diana schon sehr bald nach der Hochzeit aus dem siebenten Himmel gefallen waren, so glätteten sich die hochgehenden Wogen doch in dem Moment, als Diana erfuhr, dass sie schwanger war, wenngleich Charles zunächst noch keineswegs über diesen Zustand seiner Frau erfreut war. Denn er hatte mit einem Kind noch etwas warten wollen. Als jedoch dann, am 21. Juni 1982, das erste Kind der beiden, ein Sohn und zukünftiger Thronfolger, in der Wiege lag, da war für alle, auch für die königliche Familie, die die Entwicklung der Jungvermählten mit Sorge verfolgt hatten, die Welt wieder in Ordnung. Der Kleine wurde am 4. August, am 82. Geburtstag seiner Urgroßmutter Elizabeth, auf die Namen verschiedener Vorfahren William Arthur Philip Louis getauft.

Der Prinz von Wales hatte jetzt eine richtige Familie, und was niemand für möglich gehalten hatte, war, dass Charles ein begeisterter Vater wurde. Er las alle Bücher über die Entwicklung eines Kindes vom Baby bis ins Kleinkindalter, badete und wickelte den Sohn und besprach mit seiner Frau lange und eingehend alles, was mit dem Kind zusammenhing. Und plötzlich hatten die beiden ein Gesprächsthema, das sie beide interessierte. Diana stillte das Kind selbst und wachte ängstlich darüber, dass auch die Kinderfrau Barbara Barnes, die man auf Empfehlung

engagiert hatte, ihr den Kleinen nicht abspenstig machte. Das Kind schien eine Brücke zwischen Diana und Charles geschlagen zu haben. So sehr William zunächst die Eltern verband, so sehr sollten er und sein Bruder Harry, der zwei Jahre später zur Welt kam, Charles und Diana wiederum trennen. Denn Charles hatte sich als zweites Kind sehnlichst eine Tochter gewünscht, und seine Frau wagte es nicht, ihn nach einer Ultraschalluntersuchung, in der festgestellt worden war, dass es wieder ein Sohn werden würde, vor der Geburt des Kindes darauf vorzubereiten. Umso heftiger und auch unverständlich war dann die Reaktion des jungen Vaters, als er erfuhr, dass seine Frau einem rötlichblonden Knaben das Leben geschenkt hatte. Er mokierte sich über die Haarfarbe des Kindes, schaute das Baby kaum an und verließ wortlos den Raum, um zu einem Polospiel zu fahren. Von da an war die Rolle als rührender Vater für Charles beendet. Die Kinder überließ er weitgehend seiner Frau, obwohl sein älterer Sohn ihm noch immer sehr zugetan war, was Diana kaum verkraftete. Denn für sie bedeuteten die Kinder einen neuen Lebensinhalt. Daher entwickelte sie auf alle Personen, zu denen sich die Kinder hingezogen fühlten, eine Art Eifersucht. Auch Barbara Barnes, die die Kinder zärtlich Baba nannten und die sie liebten, fiel bei Diana in Ungnade, und sie entließ Barbara von einem Moment auf den anderen. Sie duldete keine Konkurrenz.
Diana war unberechenbar, wenn es darum ging, Leute abzuservieren, von denen sie annahm, dass sie mehr Einfluss auf die Familie, vor allem aber auf Charles nehmen könnten als sie selber. Und dabei bedachte sie nicht, dass es nicht schwer war, den Prinzen mit stichhaltigen und logischen Argumenten zu überzeugen, dass man in der Diskussion mehr von ihm erreichen konnte als mit herrischen Forderungen oder Geschrei. Der Friede zwischen beiden war nur kurz gewesen, hatte nur aus den ersten Lebensjahren ihres älteren Sohnes bestanden und ging dann wieder in einen erbarmungslosen Schlagabtausch über. Charles, der im Grunde seines Wesens friedfertig veranlagt ist, hasste die Szenen, die ihm seine Frau bei jeder Gelegenheit machte, ob es jetzt um seine Beziehungen zu seiner Vertrauten Camilla Parker ging oder um irgendwelche protokollarische Pflichten, die die Prinzessin an seiner Seite wahrnehmen sollte. Aber noch erreichte sie seltsamerweise relativ viel, sogar von der Königin, die versuchte, die überreizte Schwiegertochter doch noch irgendwie zu beruhigen und einen Konsens für alle zu finden. Dabei musste die Queen beinahe über ihren Schatten springen, denn Diana war in ihren Forderungen oft maßlos und richtete sich selten nach den Traditionen.

Und das war es, was die Presse an ihr besonders liebte. Die Reporter waren allgegenwärtig, wenn sie durch geheime Informanten in Erfahrung gebracht hatten, dass Diana irgendwo auftauchen würde. Tage- und Nächtelang lauerten sie ihr auf, um den Lesern in aller Welt das Neueste über die Prinzessin berichten zu können. Und Diana genoss den Ruhm, den ihr die Presse verschaffte. Sie war zu den Journalisten immer freundlich und glaubte, mit Menschlichkeit die Meute der Fotografen in den Griff zu bekommen. Immerhin hatte sie es geschafft, was noch keinem Mitglied der königlichen Familie gelungen war: Sie war die berühmteste Person der Royals geworden, ihre Bilder gingen tagtäglich um die Welt, sie war das begehrteste Fotomodell des britischen Empires.

Da konnte Charles nur im Schatten stehen. Blitzlichter, um ihn ins Bild zu bringen, flammten meist nur dann auf, wenn seine schöne Frau auch in der Nähe war. Dann wirkte er wie ein Statist – keine besonders glückliche Rolle für den zukünftigen König von Großbritannien!

Als das Kronprinzenpaar zu einer Reise nach Australien und Neuseeland aufbrach, hatte es Diana durchgesetzt, auch den kleinen William mitzunehmen, obwohl bis dahin kein zukünftiger Thronfolger zusammen mit seinen Eltern verreisen durfte. Aber Königin Elizabeth wollte keine Differenzen mit der Schwiegertochter. Sie war froh, dass gerade eine halbwegs ruhige Phase in der turbulenten Ehe eingetreten war und genehmigte die Reise ihres Enkels.

Auch sonst musste die Königin einiges hinterschlucken, denn die junge Frau nahm wenig Rücksicht auf die Vorstellungen der Schwiegermutter. Eines Tages provozierte Diana beinahe einen Eklat in der Öffentlichkeit. Der Prinz und die Prinzessin von Wales sollten zu einem alljährlich stattfindenden Empfang gehen, alles war vorbereitet. Im letzten Moment änderte Diana ihre Meinung und erklärte Charles, dass sie lieber zu Hause bleiben und sich das Fernsehprogramm anschauen wolle. Sie hatte gehofft, dass auch Charles kurzfristig absagen würde, aber zu ihrem übergroßen Ärger ließ er sich nicht von seiner Verpflichtung abbringen und fuhr wütend allein nach London. Kaum war er aus dem Haus, da warf sich Diana schnell in ihre Abend-robe, sprang in ihr Auto und raste, so schnell es ging, in die Albert Hall, wo das Royal British Legion's Annual Festival of Rememberance stattfand. Als sie zur Verwunderung aller eintraf, war die Königin schon anwesend, Diana war 15 Minuten zu spät gekommen, 15 Minuten nach der Queen! Dies war ein ganz außerordentlicher Fauxpas, denn niemandem war es bei einer Einladung erlaubt, nach der Königin von Großbritannien zu erscheinen. Alles hielt den Atem an, aber Königin Elizabeth schien diese Provokation der Schwiegertochter zu übersehen und lebenserfahren wie sie war, ignorierte sie den Vorfall.

Es war nicht leicht, mit Diana auszukommen, zu starrköpfig und zu herrschsüchtig zeigte sie sich ihrer näheren Umgebung gegenüber. Ganz anders allerdings trat sie in der Öffentlichkeit auf, sie wirkte immer noch leicht schüchtern, und niemand konnte sich vorstellen, dass diese schöne junge Frau mit den strahlend blauen Augen, die sie, wenn sie es für richtig hielt, beinahe verschämt niederschlug, hinter der sanften Schale einen beinharten Kern hatte. Diana hatte zwei Gesichter.

Aber vielleicht ist dies geradezu eine Notwendigkeit, wenn man, wie es bei der Prinzessin geschah, von der Presse so vereinnahmt wird. Die Welt erwartete von ihr das Bild des immer währenden »charming girls«, eine Klischeevorstellung, der sie wahrscheinlich nur mit größter Mühe gerecht werden konnte. Sie brauchte ein Ventil, um die Spannung abzubauen. Dass die Familie darunter leiden musste, dass sie nicht 24 Stunden am Tag lächeln konnte, war die Folge ihrer Popularität. Nach dem stundenlangen Stehen im Rampenlicht, musste sie auch Mensch sein können, auch wenn dies mit ernsten Schwierigkeiten für alle verbunden war. Sie hätte einen Mann gebraucht, der sie wirklich verstand, der diesen Dauerstress, in dem sie sich befand – auch wenn er selbst gemacht und gewollt war –, nachfühlen konnte und ihr half, in privater Atmosphäre sich zu entspannen. Aber in der königlichen Familie mit all ihren Vorschriften und Ressentiments, mit den Gewohnheiten aus längst vergangenen Zeiten fand die junge Frau keine Möglichkeit, sich zu erholen.

Erst als Sarah Ferguson als Frau des jüngeren Königssohnes Andrew ihren Einzug in die königliche Familie hielt – unkonventionell, wie sie war, wehte plötzlich ein frischer Wind in den verstaubten Mauern – fühlte sich Diana freier und lockerer. Zu ihr fühlte sich Diana hingezogen, denn sie merkte, dass sie an der Seite Sarahs Spaß haben konnte, etwas, was sie seit Jahren vermisst hatte. Endlich hatte sie einen Menschen gefunden, mit dem sie jung sein durfte.

Für ihre Ehe mit Charles allerdings war es längst zu spät. Sie hatten sich beide schon so auseinandergelebt und waren ihre eigenen Wege gegangen, dass es kein Zurück mehr gab. Die Schuld für das Scheitern ihrer Beziehung lag sicherlich auf beiden Seiten. Dabei konnte Diana aber in dieser Situation auf die Sympathien der Öffentlichkeit zählen. Millionen von wissbegierigen Lesern bedauerten die einsame, betrogene Prinzessin aus vollem Herzen, und Diana verabsäumte es nicht, in zahlreichen Interviews ihr Schicksal an der Seite des Prinzen von Wales als tragisch hinzustellen. Mit leiser Stimme gestand sie einige verzweifelte Selbstmordversuche, erklärte ihre Bulimie als Folge der Vernachlässigung durch ihren Mann und betonte immer wieder aufs Neue, wie sehr sie unter seiner Untreue gelitten hatte. Dass sie aber seinerzeit aus vielen Gründen und unersättlichem Ehrgeiz den britischen Thronfolger in ihre Netze gelockt hatte, davon wollte sie später in den Medien nichts mehr wissen. Reumütig gestand sie auch einige Seitensprünge ein, die sie aber, wie sie glaubwürdig darzustellen versuchte, sicherlich unterlassen hätte, wäre Prinz Charles ein aufmerksamer Ehemann gewesen.

Für Charles und Diana war es letztlich ein Glücksfall gewesen, dass die Königin eine Scheidung akzeptierte, denn einige Jahrzehnte vorher wäre die endgültige Trennung in dieser Form unmöglich gewesen. Es hätte unter allen Umständen der Schein gewahrt werden müssen. Was hinter so mancher brüchigen Fassade sich abspielte, ging niemanden etwas an. Wichtig war, dass die Ehepaare nach außen hin repräsentierten – die heile Welt musste in jeder Lebenslage demonstriert werden.

Doch ausgerechnet in der königlichen Familie ging aber alles drunter und drüber, sodass die Königin vor der zerrrütteten Ehe ihres ältesten Sohnes nicht mehr die Augen verschließen konnte. Die Reporter aus aller Welt hatten die Bettgeschichten von Charles und Diana genüsslich breitgetreten, Telefonleitungen waren angezapft worden, um privateste Gespräche abzuhören, und die teilweise degoutanten Enthüllungen steigerten die Auflagen der Boulevardblätter in astronomische Höhen. Vermeintliche Vertraute der beiden gaben ihre Geheimnisse gegen Unsummen preis, die ihnen von sensationslüsternen Journalisten und Zeitungsinhabern geboten wurden. Es war ein schmutziger Krieg, der Gefahr lief, in einer Schlammschlacht zu enden. Nur eine hatte die Möglichkeit, dem allen einen Riegel vorzuschieben: die Königin. Sie war für eine saubere Lösung. Eine Lösung, die es für einen britischen Kronprinzen bisher noch nie gegeben hatte: die Scheidung.

Das Leben Dianas änderte sich nach der Scheidung schlagartig. Aus dem ewig lächelnden, manches Mal sehr naiv wirkenden Covergirl, das höchstens irgendwelchen Repräsentationsaufgaben nachgekommen war, wurde beinahe über Nacht eine aktiv tätige Frau, die nicht nur an ihre eigene Person dachte. Dieses neue Gesicht Dianas unterschied sich grundlegend von den bisher bekannten Bildern. Es war ein lächelndes Gesicht, das sich tröstend über Kranke beugte, ein mitleidiges Gesicht beim schrecklichen Anblick der Mienenopfer und inmitten der Kriegsopfer in Bosnien und ein trauriges Gesicht inmitten todkranker Kinder.

Ein grundlegender Wandel hatte sich im Leben der exzentrischen Prinzessin, der cleveren jungen Frau, die lange nur ihren persönlichen Genuss und ihre privaten Amüsements in den Vordergrund gestellt hatte, vollzogen.
Viele, die Diana kannten, meinten, dass es die Bekanntschaft mit der Astrologin Penny Thornton gewesen war, die diese grundlegende Veränderung im Denken und Handeln der Prinzessin bewirkt hatte. Dianas Schwager Prinz Andrew hatte die Begegnung eingefädelt, nachdem er schon lange mit einiger Sorge die unglückliche Ehe seines Bruders beobachtet hatte. Vielleicht würde Penny Thornton, die als sehr begabte Astrologin galt, Diana in ihren Schwierigkeiten helfen. Und tatsächlich erkannte sie intuitiv den Urgrund für die Depressionen und Aggressionen der jungen Frau. Sie wies Diana einen völlig neuen Weg. Nur in sinnvoller Beschäftigung konnte sie Befriedigung finden. Sie sollte nicht nur die ihr vorgeschriebenen Repräsentationsaufgaben erfüllen, sie musste eigene Wege gehen.
Und – was kaum jemand für möglich gehalten hätte – Diana fand sie, ohne lange suchen zu müssen.
Nachdem sie sich für die ersten Wohltätigkeitsverbände engagiert hatte, merkte sie, wie leicht es ihr fiel, Gutes zu tun, denn sie hatte von Kindheit an die Gabe, sich den Menschen und ihren Problemen zuwenden zu können. Sie ging ohne Überwindung auf die Bedürftigen, Leidenden, Aussätzigen, Aidskranken zu, ergriff eine Hand oder einen Arm und streichelte einen Kopf, nicht weil ihr dies so vorgeschrieben war, sondern aus einem menschlichen Bedürfnis heraus. Sie hatte keine Scheu, mit Menschen in Kontakt zu kommen, um die sich bislang niemand so richtig gekümmert hatte, und sie machte die Organisationen, für die sie sich engagierte, in kürzester Zeit reich. Denn jeder, der hörte, dass die Prinzessin von Wales persönlich kommen und an dieser oder jener Veranstaltung teilnehmen würde, war gewillt, größere Summen zu spenden. Diana wurde zum größten Magneten für die verschiedenen Wohltätigkeitsorganisationen in aller Welt. Sie wusste dies natürlich und nützte es weidlich aus. Die internationale Presse half ihr wie stets dabei. Jetzt brauchte sie die Fotografen, die sie in Afrika mit Opfern von Landminen zeigte, und die Bilder von einem sterbenden Kind, das sie tröstend im Arm hielt, gingen genauso um die Welt wie die Fotos, die sie froh und glücklich mit ihren eigenen beiden Söhnen zeigte.
Diana hatte, wie es schien, ihre Lebensaufgabe gefunden. Wie ihr Schicksal an der Seite eines international bekannten Playboys, als Ehefrau Dodi al Fayeds, weitergegangen wäre, darüber gibt es nur Spekulationen.

Denn niemand weiß, wie sie beides, ein Leben in einer Gesellschaft der reichen Nichtstuer, die außer Luxus und Vergnügungen wenig kennt, und ihr Engagement für die Menschen, die auf der Schattenseite des Daseins stehen, vereinbart hätte. Vielleicht hatte ihr diese Frage selbst schon längst Kopfzerbrechen bereitet, denn es hatte den Anschein, dass sie einer neuerlichen festen Bindung eher skeptisch gegenüberstand.
Der Tod löste alle Fragen, auch die ganz privaten innerhalb der königlichen Familie. Es musste für die Königin ein Schock gewesen sein, als sie von dem tödlichen Unfall der ungeliebten Schwiegertochter erfuhr. Wahrscheinlich war man zunächst ratlos, was man tun sollte. Immerhin war Diana zusammen mit ihrem mohammedanischen Liebhaber in Paris ums Leben gekommen. Die Royals hatten aber nicht lange Zeit zu überlegen, in welcher Form Diana beigesetzt werden sollte, denn der Druck der Straße war gewaltig. Und die Queen erkannte rechtzeitig, dass man einen nicht wieder gutzumachenden Fehler begehen würde, der selbst die Existenz der Monarchie in Frage stellen konnte, würde man die Mutter des zukünftigen britischen Thronfolgers und die »Königin der Herzen« ohne große Zeremonien zu Grabe tragen. So wie Diana durch den Einfluss der Presse beinahe ein Leben lang in der Öffentlichkeit gestanden hatte, so wurde ihr letzter Gang zelebriert, wie sich das Volk die Beisetzung wünschte. Die königliche Familie war gezwungen, den Schein zu wahren. Bei dem spektakulären Staatsbegräbnis folgten dem Sarg nicht nur die beiden Söhne, die wirklich um ihre Mutter trauerten, auch die übrigen Mitglieder der Familie hatten sich eingefunden, um der Toten die letzte Ehre zu erweisen.
Das Volk aber nahm Abschied von einem Idol, von einer Frau, die ganz plötzlich von einem Glorienschein umgeben wurde. Es lag nicht die geschiedene Gemahlin des Prinzen von Wales in dem Sarg, der durch die Straßen von London gefahren wurde, es war Diana, die alle kannten und alle liebten, weil es ihr in ihren jungen Jahren gelungen war, den Weg zu finden von einem unerfüllten, egozentrischen Leben zu einer Wohltäterin mit Herz.